U0904571

山东省社科规划课题“中华传统文化融入社会主义核心价值观培育研究”(15CSZJ09)成果
山东省“十三五”人文社会科学研究基地:济宁医学院医学人文素质教育研究基地研究成果

融入与创新

——中华传统文化与大学生社会主义核心价值观培育

赵 敏 倪守建 陶圣叶 王汉苗 李善勇 著

山东大学出版社

图书在版编目(CIP)数据

融入与创新:中华传统文化与大学生社会主义核心价值观培育/赵敏等著.—济南:山东大学出版社,2019.2

ISBN 978-7-5607-6301-9

Ⅰ.①融… Ⅱ.①赵… Ⅲ.①中华文化—关系—高等学校—思想政治教育—研究—中国 Ⅳ.①K203②G641

中国版本图书馆 CIP 数据核字(2019)第 026860 号

责任编辑:王桂琴 肖淑辉
封面设计:牛 钧

出版发行:山东大学出版社
社 址 山东省济南市山大南路 20 号
邮 编 250100
电 话 市场部(0531)88364466
经 销:新华书店
印 刷:济南新科印务有限公司
规 格:720 毫米×1000 毫米 1/16
13.5 印张 245 千字
版 次:2019 年 2 月第 1 版
印 次:2019 年 2 月第 1 次印刷
定 价:38.00 元

目　录

导 论

文化是人类智慧的结晶，同时，人及人类社会又是自己文化形塑的结果。正是在此意义上，自觉地建设先进文化也就成为人促进自身和社会发展的重要方式。文化建设是在继承历史文化传统的基础上不断进行文化创新的过程，中国特色社会主义先进文化建设必须以传承中华优秀传统文化为基础。文化建设重点在于建设体现其精髓的核心价值观，社会主义先进文化建设必须以培育社会主义核心价值观为根本任务。这就要求，社会主义文化建设必须把弘扬中华优秀传统文化与培育社会主义核心价值观结合起来。文化建设的目的在于促进民族、国家和社会发展，为此必须通过多种方式让人民群众感受到社会主义文化。青年，特别是大学生是中国特色社会主义事业的建设者和接班人，所以，必须用社会主义先进文化来教育他们。为此，高校教育必须把中华传统文化教育融入社会主义核心价值观教育。

一、中华传统文化融入大学生社会主义核心价值观培育的理论基础

文化是人生活于其中的“第三世界”，也就是人在生活于其中的物质世界（第一世界）和精神世界（第二世界）的基础上建构起来的“精神客观化世界”。无论是在古代，还是现代，人在生产生活中都必然与周围的物质世界发生各种关系，同时产生了自身与物质世界关系的感受、认识、情感、想象、追求等，这就是赋予了这种关系以“意义”，从而就形成了人的心理、意识或精神世界。人的这些精神世界成果在人们的相互交往中，在长期的历史发展中，逐渐超越和独立于个人。一方面外化定型为人的行为模式、风俗习惯、制度规范等；另一方面通过语言、文字、器物、活动等符号形式固化表现为知识思想、科学教育、文学艺术、新闻媒体等。这两方面是相互作用的统一整体，共同构成了人们生活于其中的“意义世界”，也就是“文化世界”。可

见，文化世界的本质既不同于物质世界的那种先在性和实在性，也不同于精神世界的那种个体性和主观性，而是人们在改造物质世界的基础上形成的精神世界的客观化表现，也就是人们生活于其中的“精神客观化世界”。

具体来看，文化对个人、民族和国家都具有重要作用。首先，对个人来说，文化是个人的精神家园。人一出生就处在一定的文化环境之中，或者说每一个人都是一定文化环境塑造的产物，文化赋予人的生命生活以独特的“意义”，支配人的思维、情感、行为模式等，成为人生命生活的基础、依靠和寄托，在此基础上构建起维系自我生存生活的“精神家园”。这个“精神家园”是个人的高层需求，在一定程度上甚至比物质需求更为重要。在极端情况下，一些人甚至因为失去了这个“精神家园”而放弃了自己的生命。其次，对民族来说，文化是民族凝聚的根源。民族是在一定地域中共同生活的人们的共同体，一个民族的形成还包含他们共享历史上形成的独特的文化。这反映了一个民族的追求、尊严、创造和历史，是民族延续的血脉，是民族团结一致、奋发前进的动力。所以，民族文化是不同民族相互区别的标识和实现民族认同的基础。随着不同民族之间交流的扩大，文化矛盾和冲突甚至也成了民族之间矛盾和冲突的重要原因。最后，对国家来说，文化是国家的软实力。现代国家的综合实力不仅是指国家的军事力量、经济力量、科技力量等，而且文化合力也已经成为国家综合实力越来越重要的组成部分。国家的文化合力决定着国民对国家的认同，决定着国家的凝聚力和行动力，对国家综合实力的其他要素具有重要影响，已日益成为决定国家地位的关键要素。但又因为文化合力是国家发展中相对困难的部分，所以，文化发展也就成了现代国家发展的重要内容。

总体来看，文化对社会、历史和人类都具有重要作用。首先，对社会来说，文化是社会的精神结构。马克思主义唯物史观把社会分为经济结构、政治结构和文化结构（或精神结构）三层结构，在此基础上，不仅强调社会的经济结构对政治结构、文化结构的决定作用，而且还强调社会的文化结构对政治结构、经济结构的能动作用，认为社会的文化结构通过作用于劳动者和生产资料作用于社会的经济结构，通过作用于社会的制度、法律、道德、宗教等方式作用于社会的政治结构，合理的、先进的社会文化结构能促进社会经济结构、政治结构的发展，从而能推动整个社会的发展。其次，对历史来说，文化是历史延续的纽带。文化以语言、文字、器物等客观化的符号形式表现出来、保留下来，人类通过文化的交流与流传作用才成了互联互通的社会，才有了承前启后的历史，文化是人类社会过去、现在与未来延续的纽带。正是文化的交流和流传作用，文化的继承和创新机制，才使人类能在他人和前人的基础上不断积累前进，文化是连接人类历史、现实与未来的精神纽带。最后，对人类来说，文化是人类的发展能力。人类在与外在环境相互作用的过程中，在语言、文字等符号的基础上创造和建构起自然界所没有的属于自己的“意义世界”，并在此基础上建构起一个物质化的客观的“文化世界”，这是人类从对自然界的依赖中挣脱出来、与动物的本能生活区别开来的显著特征，这是人的主体性、能动性、创造性和自由性等本质能力的发展。文化的继承和创新机制使人类的经验和智慧突破了个人的局限，突破了区域和时代的界限，在学习前人和他人成果的基础上，使人类改造世界的能力不断加速积累和丰富发展。所以说，文化的发展是人类改造世界能力的发展。

文化的重要作用要求人们自觉进行文化建设，不断促进文化发展。文化建设一个是由文化自觉、文化评价、文化创新、文化传播等环节组成的相互联系的整体。其一，文化自觉是文化建设的前提。“文化自觉只是指生活在一定文化中的人对其文化有‘自知之明’，明白它的来历，形成过程，所具有的特色和它发展的趋向。”[①]人们只有对生活于其中的文化有较为明确的认识才有可能对其进行评价、反思、创新和发展。其二，文化评价是文化建设的条件。只有在文化自觉的基础上对文化的经济、政治、社会等各方面作用进行分析，对文化满足人和社会发展需要的状况进行反思，也就是对文化作用的性质进行评价和再评价，才能决定对文化的不同要素、不同形态的态度，或坚持、继承，或批判、淘汰，或创新、发展。其三，文化创新是文化建设的关键。文化只有在批判地继承已有成果基础上不断解决新问题、创造新内容、使用新形式，才能为既有文化不断注入新活力和新生机，才能实现文化的不断改造、创新和发展。其四，文化传播是文化建设的保证。只有通过人际交往、大众传媒、学校教育等方式不断传播，才能使文化为更多的人所理解、接受和喜爱，才能为文化建设和发展增添越来越多的动力。尤为重要的是，当一种文化在与他种文化相遇、交流甚至冲突时，更容易引起人们对自身文化的自觉、反思，对他种文化的借鉴、吸收，从而促进自身文化的创新和发展。如在中华民族文化发展的历史进程中，当印度佛教文化、西方文化、俄国社会主义文化传入中国时，就引致了中华民族文化对自身的自觉、反思，并主动对其他文化进行了借鉴、吸收，从而促进了中华民族文化的飞跃和发展。

文化建设是统治阶级意识形态领导多元文化发展的需要。在一个社会中，通常存在多种阶级、阶层、民族和宗教等群体，他们都有自己的特殊性，

---

① 费孝通:《反思·对话·文化自觉》，载《北京大学学报》(哲学社会科学版)1997年第3期。

体现着文化的多元化。如果各种文化之间存在激烈的矛盾和冲突，就有可能引发这个社会的冲突和动荡。同时，统治阶级由于在经济和政治生活中处于主导地位，其必然要建立维护自己利益的意识形态和文化，并使之在社会总体文化中处于主导地位，但其他各种文化可能会对统治阶级的意识形态和主导文化产生消极、批判甚至否定的作用。在这种情况下，统治阶级既不可能用武力强制消除其他文化，也不能让多种文化相互冲突而陷入混乱，更不能让其他各种文化批判甚至否定自己的意识形态和主导文化，而只能通过对自身意识形态和文化的自觉、建设和发展，对其他多种文化进行批判、改造和吸收，来引导其他多种文化的发展，从而使统治阶级的意识形态和主导文化为社会上大多数人所认同和接受，使多种文化之间形成有序和谐的状态，使社会文化不断繁荣发展，最终实现统治阶级要求的稳定秩序。

文化建设需要以弘扬优秀传统文化为基础。文化的客观性使文化成果能够保存、传播、传承，使文化的生产、交流和传播活动逐渐独立化、职业化、产业化。文化成果快速累积起来，最终成为人类日益庞大的传统文化。传统文化是一个民族、国家和社会发展的既定前提、基础和条件，任何民族、国家和社会的发展都必然以传统文化为前提、基础和条件，这是不可选择的，是不可超越的。正如马克思所说："人们自己创造自己的历史，但是他们并不是随心所欲地创造，并不是在他们自己选定的条件下创造，而是在直接碰到的、既定的、从过去承继下来的条件下创造。一切已死的先辈们的传统，像梦魇一样纠缠着活人的头脑。"[①]传统文化在其形成和发展过程中，不可避免地会受到当时的时代条件、社会环境、认识水平的制约，因而也不可避免地会存在过时的、错误的思想文化甚至糟粕。这就使传统文化对现实社会不仅有积极的促进作用，而且还可能会有消极的限制、阻碍甚至破坏作用。这就要求人们对传统文化自觉进行评价、鉴别，采取一种兴利除弊的态度，并结合新的实践和时代要求取其精华、去其糟粕，有扬弃地继承传统文化中的积极成分、优秀因素，做到古为今用、推陈出新。

文化建设需要以培育核心价值观为重点。价值观是人们对外部事物满足自身需要的价值关系的认识的总体观点，它通过人们的理想追求、得失比较、利弊权衡、好坏辩评、善恶判别、美丑区分、荣辱爱憎等表现出来，决定着人们实践活动的目的、动力和意志等。价值观是文化的核心、精髓和灵魂。首先，价值观是文化结构的核心。文化可看作是一个多层次的环形结构体系，总体上由内而外，即由思想观念、制度规范、文化活动、文化产品四种要

① 《马克思恩格斯选集》第1卷，人民出版社1995年版，第585页。

素构成，各层次之间形成决定与被决定的关系，而在处于文化结构内核的思想观念中，价值观又是其核心。所以，价值观就成为整个文化结构体系的核心。其次，价值观是文化体系的精髓。价值观反映了一种文化体系的追求和目的，决定了文化体系的性质，最能表现文化体系的特征，是一种文化体系的精髓。再次，价值观是文化要素的灵魂。价值观渗透在一种文化的诸要素中，文化诸要素都从不同方面、在不同程度上表现了共同的价值观，或者说，价值观像灵魂一样统摄着文化诸要素。正是由于价值观在文化中的重要地位和作用，所以文化自觉的重点是价值观自觉，文化建设的重点是价值观建设。同时，一种文化所体现的价值观也是多维多层的体系，包括核心价值观、原则价值观、具体价值观等。其中，核心价值观最能表现价值观体系的性质和特点，对其他价值观起主导作用，影响甚至决定其他价值观。因此，价值观建设的重点应是核心价值观建设。“核心价值观是文化软实力的灵魂、文化软实力建设的重点。这是决定文化性质和方向的最深层次要素。一个国家的文化软实力，从根本上说，取决于其核心价值观的生命力、凝聚力、感召力。培育和弘扬核心价值观，有效整合社会意识，是社会系统得以正常运转、社会秩序得以有效维护的重要途径，也是国家治理体系和治理能力的重要方面。历史和现实都表明，构建具有强大感召力的核心价值观，关系社会和谐稳定，关系国家长治久安。”①

二、中华传统文化融入大学生社会主义核心价值观培育的内在根据

民族性是文化的突出特点。一个民族，由于其所处的地理条件、生存环境不同，形成的生产、生活方式也不尽相同，文化的内容和形式也相应地呈现出多样化的特点。中华民族在五千多年的历史发展中创造和积累了博大精深的文化，是世界上历史最悠久、影响最广泛的文化之一。中华民族文化在形成和发展的过程中，融合了不同民族的文化，吸收了许多外部文化，形成了多元一体的格局，具有开放、包容和与时俱进的特质，这也是其源远流长、绵延不绝的根源所在。在中华民族文化发展中，形成了以爱国主义为核心，团结统一、爱好和平、勤劳勇敢、自强不息的民族精神，形成了讲仁爱、重民本、守诚信、崇正义、尚和合、求大同的价值理念，形成了自强不息、敬业乐群、扶危济困、见义勇为、孝老爱亲的道德规范。连绵五千多年、博大精深的中华文化，积淀着中华民族最深沉的精神追求，包含着中华民族最根本的精神基因，代表着中华民族独特的精神标识，是中华民族生生不息、发展壮大

① 习近平:《把培育和弘扬社会主义核心价值观作为凝魂聚气强基固本的基础工程》，载《人民日报》2014年2月26日。

的丰厚滋养。“从历史的角度看，包括儒家思想在内的中国传统思想文化中的优秀成分，对中华文明形成并延续发展几千年而从未中断，对形成和维护中国团结统一的政治局面，对形成和巩固中国多民族和合一体的大家庭，对形成和丰富中华民族精神，对激励中华儿女维护民族独立、反抗外来侵略，对推动中国社会发展进步、促进中国社会利益和社会关系平衡，都发挥了十分重要的作用。”①

近代中国遭受帝国主义的侵略和压迫，中华民族和中华文化面临着空前的危机。一些封建官僚希望用“中学为体，西学为用”的方法解决危机，在继续维持中国传统的制度和文化的情况下，同时学习西方的科学技术来解决危机。但甲午战败不仅说明这种方法是行不通的，而且进一步突显出中国传统制度和文化的缺陷。后来的维新变法和清末新政开启学习西方制度和文化的潮流，一些先进的知识分子开始进行新文化运动，宣传西方的“民主”“科学”思想。但此时的世界已处于社会主义革命时代，指导俄国社会主义革命胜利的马克思主义思想对中华民族显示出不可遏制的吸引力，宣传马克思主义思想成了新文化运动后期的主流。此后，以马克思主义为基础的社会主义思想文化以其不可比拟的科学性、现实性和优越性指导新民主主义革命取得胜利。1949 年，中华人民共和国成立，以马克思主义为指导，社会主义制度在中国确立并发展起来。改革开放后，随着中国特色社会主义道路在中国的确立，建设中国特色社会主义文化成为建设中国特色社会主义的重要方面，为中国特色社会主义发展提供方向保证、精神动力和智力支持。但随着中国对外交流的增多，西方自由主义文化之风开始在中国甚嚣尘上，针对中华优秀传统文化产生的虚无主义思想也随风起舞。另外，以海外新儒家为代表的文化保守主义传入中国，导致中国本土一些学者也产生了文化复古主义思想。这些都说明，中国特色社会主义文化建设需要正确认识中华传统文化，正确认识马克思主义与中华传统文化的关系。

发挥马克思主义对文化建设的指导作用需要结合中华传统文化。马克思主义是关于人类社会发展和社会主义发展的科学理论，是中国特色社会主义发展的根本指导思想，也是中国特色社会主义文化建设的根本指导思想。发挥马克思主义对文化建设的指导作用，就要从中国实际出发，从中华优秀传统文化出发。发挥马克思主义的指导作用必然要掌握人民群众才是改造现实的物质力量。这就需要用中华优秀传统文化的表达方式和中国百

① 习近平：《从延续民族文化血脉中开拓前进　推进各种文明交流交融互学互鉴——在纪念孔子诞辰 2565 周年国际学术研讨会暨国际儒学联合会第五届会员大会开幕会上的讲话》，载《党建》2014 年第 10 期。

姓喜闻乐见的语言，深入浅出地阐述马克思主义，使其具有鲜明的“中国特色”，更加贴近人民生活实际。在发展中国先进文化的过程中，汲取中华传统文化的精华，同时适应时代和实践的发展，不断赋予中华传统文化以新的时代内涵。这样，一方面使马克思主义因吸收中华优秀传统文化因素而不断丰富和发展；另一方面也使中华优秀传统文化因接受马克思主义指导而不断创新和发展。

中国特色社会主义文化建设应以弘扬中华优秀传统文化为基础。“不忘历史才能开辟未来，善于继承才能善于创新。优秀传统文化是一个国家、一个民族传承和发展的根本，如果丢掉了，就割断了精神命脉。我们要善于把弘扬优秀传统文化和发展现实文化有机统一起来，紧密结合起来，在继承中发展，在发展中继承。”①中华传统文化是中华民族的精神财富和突出优势，具有重要的时代意义和时代价值。中华传统文化是中华民族共有的精神家园，是增强文化自信、民族自信的重要根基，是中华民族薪火相传、团结奋进的不竭动力，是维护民族团结和社会和谐的精神纽带，是增强国家文化软实力和综合实力的重要因素，是增强民族精神、实现中华民族伟大复兴的精神动力。中华优秀传统文化可以为人们认识和改造世界提供有益启迪，可以为治国理政提供有益借鉴，也可以为道德建设提供有益启发。建设中国特色社会主义文化必须弘扬中华传统文化，使中华传统文化与当代文化相适应、与现代社会相协调，实现中华传统文化的创造性转化、创新性发展。

中国特色社会主义文化建设应以培育社会主义核心价值观为重点。“我国是一个有着13亿多人口、56个民族的大国，确立反映全国各族人民共同认同的价值观‘最大公约数’，使全体人民同心同德、团结奋进，关乎国家前途命运，关乎人民幸福安康。”②党的十八大提出“三个倡导”的社会主义核心价值观，其中，富强、民主、文明、和谐是国家层面的价值目标，自由、平等、公正、法治是社会层面的价值取向，爱国、敬业、诚信、友善是公民个人层面的价值准则。社会主义核心价值观体现了我国意识形态的本质要求，是中国特色社会主义道路、理论体系和制度的价值表达，是决定社会主义文化性质和方向的最深层次要素，是中国特色社会主义文化的核心、灵魂和精髓，是实现中华民族伟大复兴和中国梦的价值引领。培育社会主义核心价值

① 习近平：《从延续民族文化血脉中开拓前进 推进各种文明交流交融互学互鉴——在纪念孔子诞辰2565周年国际学术研讨会暨国际儒学联合会第五届会员大会开幕会上的讲话》，载《党建》2014年第10期。

② 习近平：《青年要自觉践行社会主义核心价值观——在北京大学师生座谈会上的讲话》，载《中国高等教育》2014年第10期。

观，对于巩固马克思主义在意识形态领域的指导地位，对于保证中国特色社会主义文化发展的方向和性质，对于巩固全党全国人民团结奋斗的共同思想基础，对于促进人的全面发展和引领社会全面进步，对于集聚全面建成小康社会、实现中华民族伟大复兴和中国梦的强大正能量，具有重要的现实意义和深远的历史意义。建设中国特色社会主义文化，必须把培育和弘扬社会主义核心价值观作为凝魂聚气、强基固本的基本工程，“要以培养担当民族复兴大任的时代新人为着眼点，强化教育引导、实践养成、制度保障，发挥社会主义核心价值观对国民教育、精神文明创建、精神文化产品创作生产传播的引领作用，把社会主义核心价值观融入社会发展各方面，转化为人们的情感认同和行为习惯”①。

培育社会主义核心价值观应与弘扬中华传统文化联系起来。一方面，培育社会主义核心价值观应弘扬中华传统文化。首先，中华传统文化是社会主义核心价值观的根基，社会主义核心价值观必须与中华优秀传统文化相承接。“中国人民的理想和奋斗，中国人民的价值观和精神世界，是始终深深植根于中国优秀传统文化沃土之中的，同时又是随着历史和时代前进而不断与日俱新、与时俱进的。”②其次，中华优秀传统文化与社会主义核心价值观相契合，二者所体现的核心价值观有相通、相近之处。“我们生而为中国人，最根本的是我们有中国人的独特精神世界，有百姓日用而不觉的价值观。我们提倡的社会主义核心价值观，就充分体现了对中华优秀传统文化的传承和升华。”③再次，中华优秀传统文化是涵养社会主义核心价值观的源泉，培育社会主义核心价值观应利用中华优秀传统文化丰富的资源。“中华优秀传统文化已经成为中华民族的基因，植根在中国人内心，潜移默化影响着中国人的思想方式和行为方式。今天，我们提倡和弘扬社会主义核心价值观，必须从中汲取丰富营养，否则就不会有生命力和影响力。”④另一方面，弘扬中华优秀传统文化应培育社会主义核心价值观。中华优秀传统文化要继续发挥积极作用，就必须能够适应中国特色社会主义发展，为此就需

① 习近平：《决胜全面建成小康社会　夺取新时代中国特色社会主义伟大胜利——在中国共产党第十九次全国代表大会上的报告》，人民出版社 2017 年版，第 42 页。

② 习近平：《从延续民族文化血脉中开拓前进　推进各种文明交流交融互学互鉴——在纪念孔子诞辰 2565 周年国际学术研讨会暨国际儒学联合会第五届会员大会开幕会上的讲话》，载《党建》2014 年第 10 期。

③ 习近平：《青年要自觉践行社会主义核心价值观——在北京大学师生座谈会上的讲话》，载《中国高等教育》2014 年第 10 期。

④ 习近平：《青年要自觉践行社会主义核心价值观——在北京大学师生座谈会上的讲话》，载《中国高等教育》2014 年第 10 期。

要以社会主义核心价值观为导向来升华中华优秀传统文化，不断赋予其新的时代内涵和现代表达形式，用社会主义核心价值观引领中华优秀传统文化发展。因此，必须把培育社会主义核心价值观与弘扬中华优秀传统文化结合起来，使二者在相互促进过程中发挥合力作用。

三、中华传统文化融入大学生社会主义核心价值观培育的现实依据

文化建设与价值观建设的目的不在于其本身，而在于促进社会发展。文化和价值观要对社会发展发挥作用，必须能够掌握人民群众，内化为人民群众的思想、观念和心理，才能指导人民群众的行为、活动和实践，才能转变成改造现实的物质力量。学校教育是有组织、有目的、有系统的社会实践活动，学校教育必须自觉地把传播传统文化作为自己的重要责任和任务。高校应把培育社会主义核心价值观和弘扬中华优秀传统文化作为自己的重要责任和重要任务，这是由高校的社会作用和社会职责决定的。一方面，高校是国家和社会进行文化传承传播的主要载体，是国家和社会促进文化创新发展的主要力量。高校要发挥这种作用，必须自觉把传承传播文化、创新发展文化作为重要任务，必须自觉把培育社会主义核心价值观和弘扬中华优秀传统文化作为重点工作。另一方面，培养社会主义合格建设者和可靠接班人是高校的社会职责。“青年兴则国家兴，青年强则国家强。青年一代有理想、有本领、有担当，国家就有前途，民族就有希望。中国梦是历史的、现实的，也是未来的；是我们这一代的，更是青年一代的。中华民族伟大复兴的中国梦终将在一代代青年的接力奋斗中变为现实。”[①]这其中的青年当然包括高校青年学生，他们学有所成后将走上工作岗位，成为国家和社会发展的主体力量。只有用社会主义核心价值观和中华优秀传统文化教育高校青年学生，才能使他们真正成为社会主义的合格建设者和可靠接班人。

社会主义核心价值观教育对促进大学生发展具有重要意义。首先，社会主义核心价值观教育能够使大学生树立正确的价值观。社会主义核心价值观体现了国家层面、社会层面、个人层面的价值追求。“因为青年的价值取向决定了未来整个社会的价值取向，而青年又处在价值观形成和确立的时期，抓好这一时期的价值观养成十分重要。这就像穿衣服扣扣子一样，如果第一粒扣子扣错了，剩余的扣子都会扣错。人生的扣子从一开始就要扣

---

① 习近平：《决胜全面建成小康社会 夺取新时代中国特色社会主义伟大胜利——在中国共产党第十九次全国代表大会上的报告》，人民出版社 2017 年版，第 70 页。

好。”[①]其次，社会主义核心价值观培育能够增强大学生的学习动力。社会主义核心价值观能够使大学生树立马克思主义的坚定信仰、共产主义的远大理想和中国特色社会主义的共同理想，增强责任意识和担当精神，认真学习和积极实践，为将来参加工作、服务人民、奉献社会奠定基础。最后，社会主义核心价值观能够使大学生为将来的工作生活做好准备。社会主义核心价值观能够使大学生了解和认识中国特色社会主义文化，了解和认识中国特色社会主义思想体系、制度规范、行为模式等，从而为他们将来更好地参加工作和生活做好准备。因此，高校应坚持不懈地弘扬社会主义核心价值观，引导广大师生做社会主义核心价值观的坚定信仰者、积极传播者、模范践行者。

中华优秀传统文化培育对促进大学生发展具有重要意义。首先，中华优秀传统文化教育能够塑造大学生的民族精神。中华民族精神是维系中华民族薪火相传、生生不息的精神纽带，是促进中华民族团结一致、继续前进的强大动力。用中华优秀传统文化教育大学生，能使大学生认知认同中华民族精神，从而能自觉维护民族的利益、尊严和荣誉等，自觉为实现中华民族伟大复兴和中国梦贡献力量。其次，中华优秀传统文化教育能够提高大学生的道德修养。中华优秀传统文化的突出特点是其体系完备、博大精深的伦理道德思想，对于维护社会的稳定、团结、进步发挥了重要作用。用中华优秀传统文化培育大学生，有利于他们认识并认同中华民族传统美德，从而能够不断提升自己的道德修养，成为讲道德、守道德的人。最后，中华优秀传统文化教育能够涵养大学生的文化素养。中华优秀传统文化中包含丰富的诗词曲赋、风俗人情等，充分表现了中华文化的发展水平。用这些优秀文化成果培育大学生，对于提升大学生的文化素养，陶冶大学生的审美情操，使其成为全面发展的人具有重要意义。

高校应把社会主义核心价值观教育与中华优秀传统文化教育融合起来，使二者在相互促进过程中发挥合力作用。一方面，高校应把社会主义核心价值观教育作为主要任务，这是由高校教育的性质、方向和目标决定的。同时，社会主义核心价值观教育应以中华优秀传统文化教育为基础，吸收借鉴中华优秀传统文化的丰厚资源，通过弘扬中华优秀传统文化涵养社会主义核心价值观。另一方面，高校应把加强中华优秀传统文化教育作为重要任务。同时，以社会主义核心价值观教育为导向，以社会主义核心价值观教育来引领、升华中华优秀传统文化教育，促进中华优秀传统文化的创造性转化、创新性发展。因此，高校在教育实践过程中应避免片面化倾向，避免过

---

① 习近平:《青年要自觉践行社会主义核心价值观——在北京大学师生座谈会上的讲话》，载《中国高等教育》2014 年第 10 期。

于强调社会主义核心价值观教育而忽视中华优秀传统文化教育，使社会主义核心价值观教育缺少资源而贫乏无力；避免过于强调中华优秀传统文化教育而忽视社会主义核心价值观教育，使中华优秀传统文化教育失去导向。

四、中华传统文化融入大学生社会主义核心价值观培育的研究思路

研究中华传统文化融入大学生社会主义核心价值观的培育，需要综合运用理论分析、实证分析和规范分析的方法。首先，需要对中华传统文化和社会主义核心价值观有全面而深刻的理论认识，在分析研究的基础上，明确其基本内涵、主要特征和现实意义等。其次，需要将大学生对中华优秀传统文化和社会主义核心价值观的认知、认同和接受情况进行实证分析，通过观察、调查和访谈等方式，了解大学生对中华传统文化和社会主义核心价值观的认知情况。最后，规范分析并建构操作体系，也就是分析促进大学生认知、认同和接受中华优秀传统文化和社会主义核心价值观的规律、原则、方法、路径等。

在这个总体研究思路和方法的基础上，我们把这一研究分为六个部分：第一章是对中华传统文化的概述，主要分析中华优秀传统文化的基本内涵、显著特征、主要内容和当代价值。第二章是对社会主义核心价值观的理论解析，主要分析社会主义核心价值观的基本内涵、主要内容和现实意义。第三章是大学生价值观的现状及成因，主要分析大学生对中华优秀传统文化和社会主义核心价值观的认知现状和形成原因。第四章是对中华优秀传统文化融入大学生社会主义核心价值观培育的理论建构与学理分析，主要分析中华优秀传统文化融入大学生社会主义核心价值观培育的总体目标、具体内容。第五章是中华传统文化融入大学生社会主义核心价值观培育的原则。第六章是中华优秀传统文化融入大学生社会主义核心价值观培育的路径，主要分析中华优秀传统文化融入大学生社会主义核心价值观培育的具体路径、实施方法。另外，还探讨了中华优秀传统文化融入大学生社会主义核心价值观培育的几种具体模式。

总起来看，本研究在以下几个方面凸显了自己的特色和创新：首先，对大学生对中华优秀传统文化和社会主义核心价值观的认知现状进行了实证分析，从而为研究奠定了坚实基础，避免了空泛的理论分析和规范分析。其次，对中华优秀传统文化融入社会主义核心价值观的具体内容进行了深入分析，明确了教育目标的针对性，为研究转化为实践奠定了基础。最后，对中华优秀传统文化融入社会主义核心价值观的实现路径进行了创新分析，为提高教育的实效性奠定了坚实基础。

第一章　中华传统文化概述

文化是一个民族的血脉，是人们生存发展的精神家园，是改造世界的一种强大的力量。中华传统文化又名“华夏文化”，是中华民族5000多年以来的优秀文明成果，是体现不同民族特质和古圣先贤集体智慧的大一统文化。党的十八大以来，以习近平同志为核心的党中央高度重视中华优秀传统文化的继承与创新，将其视为治国理政的文化渊源，使之成为加深民族文化认知能力与强化民族命运共同体认同感的催化剂。

第一节　中华传统文化的内涵

中华传统文化是在中华民族几千年文明发展史中逐渐形成、积累和流传下来的丰厚遗产和文明结晶，是维系中华民族内在情感因素的精神纽带和思想基础。中华传统文化作为世界文化百花园中的一幅壮丽图景，溯本追源，其本质上是一种文化存在。因此，要想系统地认识、了解中华传统文化的基本内涵，必须厘清文化的内涵。只有正确认识究竟什么是文化，才能够真正厘清中华传统文化的内涵。

一、文化的内涵

“文化”一词，来源于《周易·贲·象》：“刚柔交错，天文也；文明以止，人文也。观乎天文，以察时变，观乎人文，以化成天下。”即文化就是以“文”来化育天下。可见，文化是历史凝结成的生存方式，是人类认识世界和改造世界的产物，它对生活于其中的人的社会行为方式产生深刻影响。

文化有广义和狭义之分。广义的文化，兼及物质与精神两个层面，是指人类物质创造和精神财富的总和，包括人类通过改造自然创制的各种器物，在社会实践中建立的各种社会规范以及价值观念、思维方式等内容。狭义的文化，则侧重于精神层面，是指排除人类社会、生活中关于物质创造活动及其结果的部分，专注于精神创造活动及其结果。①

广义层面的文化又称“大文化”，兼及物质创造与精神创造两个层面，主要包括物质文化、制度文化和心理文化三个方面。其中，物质文化是指人类物质创造的成果，例如技艺文化、服饰文化、饮食文化和建筑文化等看得见摸得着的现实存在；而制度文化和心理文化则侧重于精神层面，主要是指人类精神创造的产物。其中制度文化包括礼制、官制、法制、兵制和经济制度等具体内容，心理文化则侧重于个体认识世界、他人、社会和自我过程中的精神产物。

狭义层面的文化，又称“小文化”，侧重于精神层面，是指排除人类社会生活中关于物质创造活动及其结果的部分，主要包括生产文化和精神文化。生产文化，主要是指人类对认识世界和改造世界的经验总结，例如天文历法、科学发明、技巧工艺等；精神文化则具体指人类的精神文化创造，具体表现为与生活密切相关的情感、风俗、习惯、信念，等等。

---

① 参见张岱年、方克立：《中国文化概论》，北京师范大学出版社 2004 年版，第 5 页。

毋庸置疑，狭义文化从属于广义文化的范畴。两者共同揭示了人类在认识世界和改造世界的过程中产生的文明成果，是人类创造的财富。因此，在认识文化的内涵时，不能简单地将两者割裂。

二、中华传统文化的内涵

中华传统文化是在5000多年的文明发展进程中形成并发展成熟的，是中华民族独特的精神标识，是儒、释、道三者融合的产物，其内容博大精深，含括丰富。因此，要全面了解中华传统文化，必须从思想内涵、表现形式等角度去作深入的分析。同时，也要从人的两大任务，即认识世界和改造世界的层面去看待文化。基于这些视角，我们可以把中华传统文化的内涵概括为以下三个方面：

（一）以民为本

《周易·系辞下》云："有天道焉，有人道焉，有地道焉。兼三才而两之，故六六者，非它也，三才之道也。"所谓"三才"，即天、地、人；"三才之道"，即天道、地道、人道。这说明在《周易》中，就已经有了将人放于宇宙发展历史中的思想，这种重视人的思想，集中体现为中华传统文化中的民本思想。

"民本"一词，最早可见于《尚书·夏书·五子之歌》："皇祖有训，民可近，不可下，民惟邦本，本固邦宁。"据史书记载，太康为王之初，只图安乐，不理朝政，最终导致"失邦"，故其母带领太康的五位弟弟作《五子之歌》，追述皇祖大禹之训诫，表达对太康不重德行、不得民心而失帝位的指责与怨恨。这种以民为国之本的思想，正契合《礼记·大学》所载"物有本末，事有终始，知所先后，则近道矣"的箴言，并认为唯有人"可以赞天地之化育""可以与天地参矣"（《礼记·中庸》），摆正了人在认识世界和改造世界过程中的地位和作用。

周公提出了"敬德保民"的思想，倡导"若保赤子，惟民其康乂"（《尚书·康诰》），强调"宏于天若德，裕乃身不废在王命"（《尚书·康诰》）。孔子对马厩失火后"伤人乎"（《论语·乡党》）的发问，突出了在人与物相比较和情况下，人的主体地位和重要性。老子所言"贵以贱为本，高以下为基"（《老子·第三十九章》），突出了人民才是君主的根本，没有民便没有君。老子主张君主要以民为本，否则便有被推翻的危险。针对统治者残民、暴民的行为，老子提出了严正警告："民不畏死，奈何以死惧之。"（《老子·第七十四章》）

民本思想被孟子及后世历代学者、政治家所推崇，孟子的"民为贵，社稷次之，君为轻"（《孟子·尽心下》）之说，更是把民本思想推向了更高的发展阶段。其民贵君轻的思想，甚至为封建君主所不容。据清代学者全祖望在

《鲒埼亭集》引《典故辑遗》记载:“上(明太祖)读《孟子》,怪其对君不逊,怒曰:‘使此老在今日,宁得免耶?’”农民出身的明太祖朱元璋对孟子恨之入骨,以不能亲手诛杀为憾。但从历史发展的长河中,我们发现,以民为本的思想,虽然对专制主义是一种触动,但为政者都认识到了人民的拥护是长治久安的必要基础,进而都会采取措施以保障人民的利益。

中国共产党自其诞生之日起,就是全国各族人民利益的忠诚代表,将全心全意为人民服务视为根本宗旨。为人民服务,是党的事业永远立于不败之地的深厚根基。党的十八大以来,习近平总书记注重对儒家民本思想的运用,在实践中关注民生疾苦,切实地采取改革措施来发扬民主和保障民生,并形成了具有时代价值的民生观,这是对传统民本思想的继承与发展。

(二)“天人合一”

在人与自然的关系层面,中华传统文化讲求“天人合一”,其价值旨趣在于人与自然的和谐统一。道家主张“人法地,地法天,天法道,道法自然”(《老子·上篇》);孟子提出“不违农时”的观点;荀子倡导“草木荣华滋硕之时则斧斤不入山林”(《荀子·王制》)。这些都体现出了中华传统文化尊重自然,即追求人与自然和谐统一的价值旨趣。

对待自然的不同态度体现出中西文化的分野。与强调征服自然、改造自然的西方文化不同,中华传统文化追求人与自然和谐统一的精神特质,体现在“天人合一”的命题中。《易传》有言“夫大人者,与天地合其德,与日月合其明,与四时合其序,与鬼神合其吉凶”,传达出精湛的“天人合一”思想。及至西汉,董仲舒将“天人合一”的思想进一步发展为“天人感应论”,把人体与自然界的时令相比较,提出“以类合之,天人一也”(《春秋繁露·阴阳义》)的思想。宋代大儒张载在其《正蒙·乾称》中言“因明致诚,因诚致明,故天人合一,致学而可以成圣,得天而未始遗人”,传达出“天人一体”的精神意蕴。

中华传统文化的“天人合一”思想,还表现在以辩证综合与和谐共生的思维方式探索世界。中国古人以一种“会通”的方式观察宇宙人生,通过类比的方式,视天地为大宇宙,人体是小宇宙,并且认为二者都是有机联系的整体,在这一整体中,系统内外各要素相互依存、相互转化。“一阴一阳谓之道”(《周易·系辞上》)“反者道之动”(《老子·第二十八章》)等思想,都反映出中华传统文化并未把矛盾双方的对立视为绝对的、机械的,而是把矛盾双方看作互相补充、互相依存、互为转化的。

中华传统文化作为儒、释、道三个学派融合的产物,鲜明地体现出中华传统文化和谐共生的精神特质。“和”作为中国古代哲学的核心范畴,贯穿于中华传统文化之始终。这种“和”的思想，首先表现在，视“和”为事物发展的动力。《国语·郑语》云：“夫和实生物，同则不继。以它平它谓之和，故能丰长而物生之；若以同裨同，尽乃弃矣。”史伯区别了“和”与“同”，传达出“和”是事物发展动力源泉的要义。其次，和谐共生的思维方式，还表现在中华文化“贵和尚中”的精神。孔子承继了史伯的上述思想，并以小人与君子来区分二者，提出了“君子和而不同，小人同而不和”(《论语·子路》)的主张；孔子弟子有子则提出了“礼之用，和为贵”(《论语·学而》)的思想，认为礼的应用，要以能够斟酌损益，从容中和为最可贵，而且是礼最终要达到的目的。恰如《礼记·中庸》所说：“喜怒哀乐之未发谓之中，发而皆中节谓之和。中也者，天下之大本也；和也者，天下之达道也。致中和，天地位焉，万物育焉。”由此可见，人们认为达到“中和”就可以使天地万物各安其位、各得其所，反映出古人将“和谐”视为最佳状态和秩序的价值取向。

(三)“礼法合治”

个体的发展方式以及人与自然关系的实践指向人的社会性，本质上归为社会治理。在社会治理层面，中华传统文化素有讲求“礼法合治”的鲜明特点。“礼法合治”作为中国传统政治的鲜明特点，其要义在于作为内在柔性规范的“礼”和作为外在刚性约束的“法”在治国理政中共同发挥作用。中国传统社会“礼法合治”的治理方式就是建立在儒家的“德治”与法家的“法治”的基础之上的。

儒家强调“德治”。关于儒家的德治思想，“现代学界往往认为儒家‘德治’将治国安邦的希望寄托在圣君明主身上，因而是一种典型的‘人治’思想。实际上，儒家‘德治’思想一方面以儒家伦理重塑传统法律的基本结构与内容，另一方面通过儒家德教提高百姓的道德素质，最终使国家通过公权力所建构的法律秩序与民间社会的伦理秩序形成最大限度的共识”①。“德治”思想的历史源远流长。西周初年，周人发展的“敬德保民以维系天命”的观点就蕴含了“德治”思想。孔子所云“为政以德，譬如北辰，居其所而众星共之”(《论语·为政》)“道之以政，齐之以刑，民免而无耻；道之以德，齐之以礼，有耻且格”(《论语·为政》)，就道出了以德治国必然会得到民众拥戴的思想。并且，相较于以刑罚教化民众只能使人避免犯罪，道德教化既会使百姓遵守社会规则，又会使生民有知耻之心。由此可见，以德治国，既有利于维护统治又有利于教化百姓。

孟子继承和发展了孔子的思想，提出了完整的“德治”思想体系。他从

① 李德嘉：《儒家“德治”思想的社会治理创新价值》，载《理论与改革》2016年第1期。

夏桀、商纣因失民心而失天下的史实中，得出了得天下之道，即“得天下有道：得其民，斯得天下矣。得其民有道：得其心，斯得民矣。得其心有道：所欲与之聚之，所恶勿施尔也”（《孟子·离娄上》）。孟子认为，得到天下老百姓的支持就取得了天下，而得到天下老百姓的支持是有方法的，即获得民心。而获得民心是有方法的，就是民众想要的，就给他们积蓄起来；民众憎恶的，不要强加给他们。据此，孟子强调，“德治”应该修德性、正君心、施仁政，“圣人之行不同也，或远或近，或去或不去，归洁其身而已矣”（《孟子·万章上》）。

法家主张将法律作为治国重器，与儒家的“德治”主张大异其趣。商鞅提出了“治世不一道，便国不必法古”（《商君书·更法》）之说，指出治理人民并非只有一个方法；为国家谋利益，不必效法古人，而要根据形势的变化，选择合适的治国方式，故而有了“三代不同礼而王，五伯不同法而霸”（《史记·商君列传》）的现象。韩非则提出了“今欲以先王之政，治当世之民，皆守株之类也”（《韩非子·五蠹》）的观点，指出若不知变通，用古代帝王的政策来治理现在的人民，与守株待兔的蠢人相似。而“法治”能够使今世之民不敢为非作恶，因此提倡“法治”。地处西北一隅的秦国采纳了法家“严刑峻法”的主张，国力日益强盛，最终横扫六合，建立了大一统的秦王朝。但是，秦王朝只存在了短短 14 年而亡，深深震撼了后世统治者，使他们认识到只靠严刑酷法难以实现长治久安。

及至西汉，董仲舒在“德治”和“法治”的基础上综合创造，提出了“礼法合治”的主张。他认为，“教，政之本也；狱，政之末也。其事异域，其用一也。不可以不相顺，故君子重之也”（《春秋繁露·精华》），即治国理政要以道德教化为主，刑罚为辅，原因在于道德教化是为政的理想形态，而牢狱刑罚则是为政的较差选择。无论在什么地方，运用道德教化这一治国理政的理想方式，人民都不会不顺从。所以，身居高位的人应重视运用道德教化这一方式。

“礼法合治”的提出“标志着儒、法两家思想经过长期的斗争与融合终于形成一套行之有效的治国方略。它代表了一种兼容并蓄的政治心态，这样既避免了纯儒家的迂阔柔弱，也避免了纯法家的苛察严酷”[①]。这种集教化、政治与法律功能于一体的治国理念，随着历史的演进而不断完善发展，直至当下，它依然是我们进行社会主义和谐社会建设的重要思想。

① 丁鼎、王聪：《中国古代的“礼法合治”思想及其当代价值》，载《孔子研究》2015 年第 5 期。

第二节　中华传统文化的基本内容

中华传统文化内容丰富多彩、博大精深，它主要包括物质文化、制度文化和精神文化三个层面。物质文化是人类在生产活动中所创造的全部物质产品；制度文化是维护社会有序运行的行为规范体系；精神文化是人类行为的情感意识指引系统，主要包括民俗宗教、伦理道德、文学艺术和教育方式等。

一、典章制度

典章制度是中华传统文化的重要组成部分，它与国家、社会、家庭、个人都息息相关，是中国历史上诸多社会形态、经济发展状况以及民族特性的集中表征，是上层建筑各要素中的重要组成部分。

（一）礼制

钱穆曾说过："要了解中国文化必须站得更高来看到中国之心。中国的核心思想就是'礼'。"[①]此句一语道出了"礼"文化在中华传统文化中的地位。我们都知道，中国是四大文明古国中唯一一个文明未曾中断的国家。在几千年文明演进的过程中，中华民族创造了光辉灿烂的文化，形成了优秀的传统美德，中国被称为"礼仪之邦"。孔子云："一日克己复礼，天下归仁焉。"（《论语·颜渊》）意即如果人人都能克制自己，遵守礼的规定，那么天下也就归于仁了。荀子认为：人生而有欲，欲得不到满足，就会产生争夺与混乱。因此，先王制礼，就是为了调节人的欲望，避免纷争，保持安定。由此，他指出，礼是治理天下的根本，是"人道之极也"（《荀子·礼论》）。

"礼"字之原型为"豊"，在甲骨文中就已出现，但卜辞中的"豊"，大多数情况下是指一些具体的器物或豊酒。自周朝以后逐渐有了礼仪、礼乐之意，春秋时期，"礼"开始被赋予了社会政治等级及伦理道德的含义，包括不同场合的礼节仪式和相关制度。礼制就是"国家颁定的政治制度化了的礼仪"[②]，内容非常烦琐，故有"礼仪三百，威仪三千"（《礼记·中庸》）之说，如在避讳、谥法、婚姻、丧葬、祭礼等方面都有礼仪规范。以避讳及谥法谥号为例，浅谈中国古代的礼制。

避讳主要分为国讳与家讳，当然，国讳是较为重要的。国讳，即国家层面上的避讳，是指不能与在位皇帝及皇帝七代以内的祖先名字相同，即使是

---

① ［美］邓尔麟：《钱穆与七房桥世界》（第2版），蓝桦译，社会科学文献出版社1998年版，第9页。

② 胡新生：《礼制的特性与中国文化的礼制印记》，载《文史哲》2014年第3期。

相近的同音字也应当避讳。汉代以后，孔丘的“丘”字也成为国讳。家讳，即家庭层面上的避讳，规定官僚士大夫要对其父亲、祖父等长辈的名字有所避讳。古代常见的避讳方法有改字、空字、缺字三种。

谥号是古代名人去世后得到的带有褒贬色彩的特殊称号，如西汉武帝被谥为“孝武皇帝”。谥法是关于给谥的具体规定，分为官谥与私谥。其中朝廷正式授予的官谥更为重要。官谥的对象一般为帝王、后妃、高级官员等。私谥，即门生弟子给老师谥号、宗族亲友给老人长辈谥号等。私谥在宋代极为流行，如有“宋初三先生”之称的胡瑗、孙复、石介就分别被后世称为“安定先生”“泰山先生”“徂徕先生”。

（二）官制

官职的设置是随着国家的产生才出现的，中国古代官制经历了一系列的发展过程，形成了一套完备的官僚制度体系。《周礼》一书是目前记录西周官制的最完备的文献，书中按天地四时分设六卿，分掌六典，以天官冢宰为六卿之首而执政，向人们展示了一幅完整系统的国家机器的构图。春秋战国时期，“礼崩乐坏”，官制随之发生变化。秦统一后，形成了较为健全的官僚体系，为中国古代官制的发展奠定了基础。具体来说，中国古代传统的官制主要包括中央与地方两部分。

中央官制。中国古代中央官制演变经历了从秦汉时期建立的以皇帝为中心的三公九卿制到隋唐时期的三省六部制，再到明朝的内阁制和清代军机处等四个过程。其中皇帝制度是中国古代中央官制的重要组成部分。自秦始皇即位首次使用“皇帝”之称，至 1912 年清朝皇帝退位的 2000 多年中，皇帝作为最高统治者，其权威至高无上，是国家权力的中心。

地方官制。中国古代地方制度有分封制、郡县制、州郡制、道路制、行省制五个阶段。各制度既有继承，又有发展。分封制是指西周时期实行的地方政治制度。秦始皇统一全国后，为方便管理幅员辽阔的疆域，在各地设置直属于中央的郡、县。西汉基本遵循秦朝的官制，东汉末年形成了州、郡、县三级地方政治制度，各州均置行政机构和长史等官属僚佐。道路制指唐代的道制和宋代的路制。唐初为加强管理，按山川地形分全国为 10 道，后增至 15 道，形成道（方镇）一府、州一县三级政区。北宋统一中原后，为改变“方镇割据，君弱臣强”的局面，除收军权于中央外，对地方行政机构采取分路而治，形成路—府、州、军、监—县三级政区。元朝以后，实行以省为领，省、府（直隶州）、县（散州）的行省制。

（三）法制

法律是随着国家的产生而制定的。随着时代和社会的发展，中国古代法律也日益完善，并形成了较为完备的法律体系。

日渐严谨的法律。古代法律形式总结起来有如下几种：刑、法、律、令、典、式、格、诏、诰、科、比、例。在一个朝代，经常有几种法律形式同时使用，组成该朝代的法律体系。夏王朝制定了《禹刑》，商、周时期，在《禹刑》的基础上制定了《汤刑》《九刑》《吕刑》，包括对古代刑律条文和审理案件方法、原则的阐述。战国时期李悝的《法经》是中国历史上第一部比较系统的封建成文法典，为后世封建成文法典的进一步完善奠定了重要的基础。秦国商鞅变法后产生了《秦律》，《秦律》的内容是相当丰富的，包括盗、贼、囚、捕、杂、具。在中国以《唐律》最为出名，其以律、令、格、式为基本形式。

刑罚制度的演变。中国古代的五刑制度是中国古代法律制度的重要组成部分，也是中国古代法律体系的核心内容。① 古代五刑从上古时期，就已具雏形，《尚书・吕刑》记载："苗民弗用灵，制以刑，唯作五虐之刑曰法。杀戮无辜，爰始淫为劓刵椓黥。"劓、刵、椓、黥四刑加上杀戮，就是五刑的雏形。西周时期，五刑不断发展，《周礼・秋官・司刑》有"墨罪五百，劓罪五百，宫罪五百，刖罪五百，杀罪五百"之说。在周朝，处以墨刑、劓刑、宫刑、刖刑、死刑的律法各500条。至此，墨、劓、刖、宫、杀这五种刑罚得以定型，并对后世专制王朝的刑罚制度产生了深远影响。

战国、秦朝的刑罚很重，汉代则废除了肉刑。魏晋隋唐时期的刑罚制度达到了成熟，笞、杖、徒、流、死五种刑制日趋规范化。唐代以后的刑罚，大都继承了《唐律》中的五刑。

（四）兵制

国家的出现以及随之而来的保卫国家的需要，使军队应运而生。中国古代的兵役制度主要有兵农合一制、全民皆兵制、征兵制、军户制、团结兵制、民兵制、募兵制、卫所制、八旗绿营制等。各朝代兵制并非都是单一的，有时是多种兵制并存。

兵制的演变。在春秋以前，兵制主要是寓兵于农。所谓"寓兵于农"，就是农民平时耕种，战时参战。随着时代发展，到春秋战国时出现了征兵制。征兵制即征招义务兵，在中国古代广泛存在，几乎各朝都有。西周建立后，正式组织了六军和八师，但六军和八师是平时生产，战时打仗的半常备军。到了战国，战争规模扩大，原来基本不能作为兵源的奴隶成为兵源，大规模的征兵制形成。到了汉代，中央政府基本建立了普及义务兵役制度。三国以后的各个朝代有的实行军户制，有的实行募兵制，但征兵制一直存在。军

① 参见陈佳维：《略论中国古代的五刑制度》，载《社会科学论坛》2014年第7期。

户制，就是把军籍与民籍分开，列入军户的人家世世代代要出人当兵，而民户则只纳租调，不用服兵役，中国历史上采用这一制度的大体上是南北朝、隋朝、唐朝、明朝时期。在武后时期，地方上出现了团结兵制度，团结兵是地方兵，主要负责地方治安等事务。宋朝王安石变法时实行民兵制，和保伍之制连带，家有两丁的，以其一为保丁，教以武艺，籍为民兵。募兵制也就是雇佣兵役制度，我国历史上实行募兵制最典型的例子是宋、元、清时期。宋代的募兵制，在很大程度上是为了使兵无常将，将无常兵，目的是避免出藩镇割据的局面。元朝的情况又有不同，元朝的军队主力是蒙古、色目军，主要任务就是镇压汉人、南人。明代的卫所制和元朝的军户制大体相同，兵籍也是可以世袭的。清代前期的兵制以八旗和绿营为主。清代的汉军，谓之“绿旗”，亦称“绿营”。满洲八旗是世代为兵，国家按人头给月例，实行军户制。到了清中期以后，旗兵战斗力下降，作战主要靠汉军绿营，变为募兵制。如，太平天国之后，清军主力以湘军、淮军为主。

军事指挥制度的发展。毛泽东曾提出“枪杆子里面出政权”的思想，这种思想在古代也是存在的。军队的指挥权掌握在谁的手中，谁就是政权的指挥者。中国古代统治阶级为夺取和巩固政权，在组织、管理、使用、发展和储备军事力量的活动中形成的一整套制度。夏王朝建立后，军队也同时产生，制定了战时军队编组与奖惩制度。王掌国家军政大权，战时是统军将领。奴隶社会军制的特点是与王权为中心的政治制度相适应，王是最高军事统帅，常备军由王卫队发展演变而来，并不断扩大，在征战中起主要作用，战时军队主要靠临时征发。秦统一六国后，为适应君主集权制封建国家政体的需要，逐步确立了以皇帝为统帅，中央军为主力，中军与外军互为表里，地方军与边防军相呼应，正规军与地方武装相结合，内重外轻、以重驭轻的武装力量体制，并为历代封建王朝所继承和发展。封建军制的核心是与君主专制主义政治制度相配合的军事集权制，表现为皇帝是最高军事统帅，一般亲掌军队的组建、调动、命将与指挥权。

（五）经济制度

经济活动与人们的生活休戚相关，为了保障经济活动的顺利开展，相应的经济制度便诞生了。《尚书·万方》有“惟有先人，有典有册”的记载，典册即为典章制度，而经济制度必然是不可或缺的，与经济制度关系最为密切的首推货币。

货币。中国的货币不仅历史悠久而且种类繁多，形成了独具一格的货币文化。先秦时期，各诸侯国实行不同的货币制度，不同地区使用形制各异的刀币、布币、环钱等。秦统一后，在全国推行使用圆形方孔的秦半两。古代的纸币最早出现于北宋时期，但流行范围有限。明朝中期以后，白银成为主要的流通货币。

赋役。中国古代赋役制度是指为巩固国家政权而向人民征课财物、调用劳动力的制度。先秦时期，役重于赋，特别是因为各国互相攻伐，军役更为频繁。鲁宣公十五年(前594)，鲁国实行“初税亩”，即按平均产量规定一亩的税率，后发展为以收益为基础的田赋税制。

秦朝的赋役是极为繁重的，男子只要年满16周岁，就得开始承担徭役和兵役。汉代的赋役较之前者的标准大为降低。魏晋时期实行按户征收的田租及户调制。[①] 唐朝主要实行两税法，且两税法成为了以后各朝赋役制度的蓝本。宋代的商品经济极度繁荣，相应地人们的赋役也有所减轻。但是到了元朝，赋役制度又有所倒退了，规定民众都要服徭役。明朝中期以后，实行赋役征银制度，使赋役制度发生了重大的变化。清朝了沿袭了明朝的一条鞭法，并且推行了摊丁入亩和地丁银制度。[②]

二、民俗文化

民俗文化，通俗地说，就是与人民生活生产相关的文化，是风俗生活的总称。民俗文化具体包括人生礼仪、婚丧嫁娶、风俗习惯、日常生活、宗教及巫术等。

(一)人生礼仪

作为礼仪之邦，“礼仪制度是华夏文明的根本特征之一，它具有等级性、象征性和政治性三个特点，这从礼器、礼物、礼辞、礼仪动作、行礼的时间和空间等要素中都可得到说明”[③]。在等级森严的古代社会，形成了形形色色的礼仪制度。在“十三经”中，有关礼的就有三部，即《周礼》《仪礼》《礼记》，它们对我国古代的礼法、礼仪作了较为详细的记载和解释。

在人生礼仪方面，有诞生礼、成年礼、拜师礼、飨燕饮食礼仪、宾礼、傩礼等，本文就比较重要的诞生礼、成年礼、拜师礼作简单介绍。

诞生礼。诞生礼是中国传统的诞生礼俗之一，在小孩出生不久后举行，不同的民族与地区，有不同的礼仪。在传统社会，儒家对诞生礼非常重视。《诗经》《礼记》中也记载了相应的礼仪与风俗。如《诗经·小雅·斯干》曰：“乃生男子，载寝之床。载衣之裳，载弄之璋。”“乃生女子，载寝之地。载衣之裼，载弄之瓦。”《礼记·内则》亦有“子生，男子设弧于门左，女子设帨于门

---

① 参见邝士元：《中国经世史》，上海三联书店2013年版，第65页。

② 参见曾国祥：《赋税与国运兴衰》，中国财政经济出版社2013年版，第101页。

③ 杨华：《中国古代礼仪制度的几个特征》，载《武汉大学学报》(人文科学版)2015年第1期。

右”之说。从文献记录可见，生男生女是区别对待的，首先是称谓不同：生男孩子称之为“弄璋之喜”，生女孩子称之为“弄瓦之喜”。其次，所给予的待遇也有着很大差别：生男孩就让他睡在床上，给他穿华美的衣服，给他玩白玉璋；生女孩就让她睡在地上，把她包在襁褓里，给她陶制的纺锤玩。这一做法，凸显了传统社会重男轻女的思想。

成年礼。《淮南子·齐俗训》云：“中国冠笄，越人劗发。”冠、笄即“冠礼”与“笄礼”，分别为男子与女子的成年礼。《礼记·内则》有“二十而冠”之说，即男子在20岁时举行成人礼，“责成人礼焉者，将责为人子、为人弟、为人臣、为人少者之礼行焉”(《礼记·冠义》)。举成完冠礼后，男子就要充分履行孝敬父母、敬爱兄长，忠诚国君，尊敬长辈的责任和德行。所以说，冠礼是“最具有个体性的礼，是社会、家族把个人作为最小组成分子，通过仪式正式纳入社会结构中的有效手段”①。

与男子的冠礼相对应的是女子成人礼，即“笄礼”。《礼记·内则》亦有“十有五年而笄”之说。笄，即簪子。自周代起，女子年过十五，如已许嫁，便得举行笄礼，将发辫盘至头顶，用簪子插住，以示成年及身有所属。

成人礼历史悠久，商周时期的青铜器上就绘有人物束发结冠的图案。随着社会变迁，成人礼日渐衰落。及至当代，成人礼又被重视起来。青年男女到18周岁举行成人礼，标志着他们迈向成人的行列。尽管形式、年龄有所变化，但其中蕴含的意义是不变的。

拜师礼。俗话说：“一日为师，终身为父。”这是自古以来人们对师生关系的定义，并且有隆重的礼仪来强化这一重要关系。拜师礼的流程为，首先是拜祖师爷及行业保护神；其次是拜师父；最后是聆听师父教诲。②

(二)风俗习惯

风俗可定义为：“人民群众在社会生活中世代传承、相沿成习的生活模式。”③风俗可分为风气与习俗两部分。风气是指在一定的时期，人们在社会生活中形成的思想与言行方面的习惯，如生活上追求安逸，追求幸福等。习俗则是指在一定区域共同生活的人们，在物质文化生活方面形成的共同生活习惯，比如婚丧、节庆、禁忌、信仰，等等。

婚俗。先秦婚礼风俗以一夫一妻制为主导，以娣媵制与烝报制为补充。娣媵制是婚姻制度的一种风俗，是指妹随姊嫁之俗，是古代贵族实行的一种

---

① 周倩平：《冠礼文化探微——中国古代成年礼的文化特征》，载《文艺评论》2011年第8期。

② 参见雅瑟、袁钰：《中国古代常识1000问》，新世界出版社2011年版，第164页。

③ 赵世瑜：《田野工作与文献工作——民间文学史研究的一点体验》，载《中国民俗学研究》第2辑，中央民族大学出版社1996年版，第67页。

以媵妾随嫁的多妻制婚姻，盛行于春秋战国时期。而烝报制则是指子娶后母、弟娶兄嫂之俗。如《汉书·匈奴传》有“父死，妻其后母；兄弟死，皆取其妻妻之”的记载。

婚姻礼仪是民俗文化的重要内容，是婚姻家庭文化的核心，是中华传统文化深入老百姓生活中的成功典范。《礼记·昏义》云：“昏礼者，将合二姓之好，上以事宗庙，而下以继后世也，故君子重之。”由于婚礼是使两个不同姓氏的家族交好，对上告慰祖宗家庙，对下又能延续家族香火，所以备受重视。

婚礼在古代就经过了多次的变化发展。先秦时期，男女在婚姻中有较多的自主权，其后朝代的婚礼更趋于规范化。总的来说，古代婚礼要经历六个环节，又称“六礼”，分别是纳采、问名、纳吉、纳徵、请期、亲迎。秦汉时期的婚礼风俗沿袭先秦的六礼，但又有所补充，比如媒人的作用被加强、婚姻禁忌进一步增多、帝王贵族实行一夫一妻多妾制。隋唐五代时期与之前的婚礼风俗大体相同，但又有了新的特点，即门第婚姻极为盛行，早婚现象较多，婚姻不计辈分，冥婚成为普遍现象。宋元时期，将六礼简化为纳采、纳币、亲迎三礼，政府尊重各个民族自己的婚俗。明清婚俗仍以六礼为基调，变化不大。

丧俗。丧葬礼俗根源于古代灵魂不灭的观念。儒家认为“慎终追远，民德归厚矣”（《论语·学而》），要慎重地对待父母的丧事、追忆祖先，民风就会变得淳厚，并且强调“生，事之以礼；死，葬之以礼”（《论语·为政》）。秦汉时期的丧葬礼仪大致分为三个阶段：一是葬前之礼，包括停尸、招魂、沐浴、饭含、大殓、小殓、哭丧等；二是葬礼，包括告别祭奠、送葬、下棺；三是葬后服丧之礼。[①] 死后满一、二周年要小祭，三周年时要举行除丧的祭祀活动。秦汉以后，与之前相比的创新之处在于用陶器取代贵重器物随葬。隋唐五代时，厚葬之风盛行。宋元丧俗与前代大致相同。

岁时节令。中国古代的岁时节令最基本的就是“四时”“八节”。“四时”即春、夏、秋、冬四个季节，“八节”即立春、春分、立夏、夏至、立秋、秋分、立冬、冬至八个节令。在岁时节令的时候，一般会举行活动，表达人们的美好愿望，比如有祭祀方面的社祭、蜡祭；有按时间推移具有纪念与庆祝意义的节日，如元日、元宵、上巳、寒食、端午、七夕、中秋、重阳、腊日、除夕；也有一系列寄托古代中国劳动人民一种祛邪、避灾、祈福等美好愿望的节令表现形式，如门神钟馗、春联、晦日送穷、中和节、扫墓。

---

① 参见高奇等：《走进中国民俗殿堂》，山东大学出版社 2008 年版，第 197 页。

(三)日常生活中的衣食住行

中华传统文化包含物质文化、制度文化及理念文化三个层面。不同层面的文化,在日常生活中都有所渗透,从而反映着传统文化对人们日常生活的影响。

服饰。服饰最初是为了护体、遮羞,但在满足了遮羞需求后,人们开始朝着美观的方向发展。“束发为髻、冠冕弁帻、上衣下裳、束带系芾”[①]这种服饰特征,从原始社会末期到商周时代开始出现,其间虽有一定变动,但基本延续到明朝时期。在此期间,随着对外交流的发展,以上衣下裳为主的汉服、自由与丰满的唐服、衣皆连裳的旗服等不断出现,而近代又出现了剪发易服风潮,中国人的服饰特点越来越世界化。

饮食。由于中国幅员辽阔,民族众多,因而在饮食等方面存在着巨大差异。如北方人多以面食为主,而南方人则喜爱米饭;北方人“口重”爱吃咸,而南方人则多爱甜食。唐宋以前中国北方的主粮以粟、麦为主,南方以水稻为主。宋代被誉为中国饮食业的高峰期,面食主要有饼、包子、馒头等,如芙蓉饼、春饼、油酥饼、薄皮春卷、蟹肉包等。中国菜肴烹制重视刀工、火候、调料的共同作用,人们常说的中国“八大菜系”为鲁、川、粤、闽、苏、浙、湘、徽八个菜系。[②]

住。人们居住风格有一定差异的,比如北方流行四合院,西北常见窑洞,南方是正房三两间、偏房两三间;少数民族的住宅更是别具风格,如新疆维族的土拱、蒙古族的毡包等。

行。在古代,出行是件大事,行必有因。服役、游学、经商、出巡、做官等是中国人出行的几个重要原因。为了减少出行的危险和意外伤害,古代人们只好祈求某些神灵和巫术的保护,久而久之,便形成了一些出行的禁忌和信仰,构成了中国人独具特色的行旅文化。在古代已经有了一些交通规则为人们所尊奉。秦汉时期有驿道,通达四方的馆驿制度就是当时交通发达的标志。古代出行途中,由于各自的身份、官职大小不同,必须严格地在一定的道路上行驶。宋代除在官方驿路上有交通法规外,还有明确的公共交通规则,即“贱避贵,少避长,轻避重,去避来”。船在出行之前有许多的忌讳,由此形成了水神崇拜的交通习俗。[③]

(四)民间宗教、民间信仰及民间禁忌

民间宗教。民间宗教即非官方宗教,主要有白莲教、明教、八卦教等。

---

① 秦永洲:《中国社会风俗史》,武汉大学出版社 2015 年版,第 3 页。

② 参见高奇等:《走进中国民俗殿堂》,山东大学出版社 2008 年版,第 43 页。

③ 参见高奇等:《走进中国民俗殿堂》,山东大学出版社 2008 年版,第 93 页。

白莲教是唐、宋以来流传民间的一种秘密宗教结社，源于佛教的净土宗。早期的白莲教要求信徒念佛持戒（不杀生、不偷盗、不邪淫、不妄语、不饮酒），以期往生西方净土。明教是起源于波斯的摩尼教，因其崇拜光明，故名为“明教”，该教的斗争精神为除恶扶善、驱暗求明，所以常被下层劳苦民众用来作为推翻暗黑的统治的依据。八卦教又称“五荤道”“收元教”或“清水教”，是康熙年间山东单县人刘佐臣创建的教派。八卦教在创教时并没有明显的政治色彩，目的只在于传教敛钱。乾隆三十七年（1772），遭到清廷取缔，而处于秘密传布状态。

民间信仰。中国的民间信仰，通常称为“鬼神信仰”。在中国古代，民众常将神灵与传统的信仰相结合，形成独具风格的民间鬼神信仰，比如“见庙烧香，见神磕头”。他们可能对自然物有崇拜信仰，如对神仙、山石、草木等的崇拜；还可能对幻想物有着信仰，如对祖先、地狱、巫术等的信仰；还对超自然幻想附在一定人物身上的崇拜，如对十八罗汉、济公、关羽等的信仰。

民间禁忌。民间禁忌即受民间宗教与民间信仰的影响所形成的在社会生活中约定俗成的禁忌。在古代，禁忌是一种常见的文化现象，更被人们视为一种生活的准则。如古人认为，身体发肤受之父母，保护身体是行孝之始。因此，女性的裸体禁忌、不洁人体禁忌和人体器官禁忌等，是人们在身体问题上的禁忌；同姓不婚、生肖相克不婚、特殊年月不婚等，是人们在婚姻问题上的禁忌；民间忌用黄、紫等皇族专用色，喜事忌用丧色，丧事忌用喜色，男子不戴绿色的帽子等，是人们在服饰问题上的禁忌；因有“过得了初一，过不了十五”之说，故探病忌在农历的初一和十五，也不能在下午或者晚上，因下午和晚上蕴含着走向末了、结束的含义，等等。

民俗文化。民俗文化是传统文化的重要组成部分，在一定程度上规范着人们的生活，对于维护社会的正常运行，起到了一定的促进作用。但随着社会的发展，有些民俗文化却呈现出迷信、愚昧、颓废、庸俗化的倾向，这就需要我们加以鉴别，批判地加以继承与发展。

三、文学与科技文化

中华传统文化内容博大精深，涉及方方面面，在文学与科技文化领域，就包含着诸如学术文化、教育文化、文学艺术、科学技术等内容。

（一）学术文化

学术是指专业性、系统性较强的学问，主要包括语言文字、图书典籍、哲学和史学等内容。

语言文字。文字的产生标志着人类进入文明时期，甲骨文是我国目前发现的最古老的文字，出现于商朝。《礼记·表记》云："殷人尊神，率民以事神，先鬼而后礼。"殷人尚鬼，遇事好占卜，卜辞往往刻在龟甲或兽骨之上，这就是甲骨文。古人解说汉字的结构和使用方法的系统理论被称为"六书"，分别是：象形、指事、会意、形声、转注、假借。

东汉学者许慎对"六书"的定义如下："象形者，画成其事，随体诘诎，日月是也；指事者，视而可识，察而见意，上下是也；会意者，比类合谊，以见指㧑，武信是也；形声者，以事为名，取譬相成，江河是也；转注者，建类一首，同意相受，考老是也；假借者，本无其字，依声讬事，令长是也。"①

汉字经历了甲骨文、金文、大篆、隶书、草书、楷书、行书的演变过程。除此之外，少数民族也有自己的文字，如女真文字、蒙古新字等。

语言是思维的口头表现形式，是人与人交流的必备工具，是民族历史与文化的载体。北方方言、粤方言、吴方言、闽方言、赣方言，还有少数民族语言中的藏语、维语、蒙古语、朝鲜语等，共同构成了中华民族丰富各异的语言文化。

典籍。"典籍之'典'，指记载法则、制度的重要文献，'籍'字即簿册、书册意。典籍两字联起来并作为一种名称大概始于战国时期，只是到了汉代以后，典籍才用作各种书籍的统称。"②如荀悦《汉书·成帝纪》云："光禄大夫刘向校中秘书，谒者陈农使，使求遗书于天下，故典籍益博矣。"

我国先民一直在尝试不同的书写载体，从玉、石、青铜器到帛、竹、木牍等，造纸术与印刷术发明以后，中国典籍旧有新传、代有新作，浩如烟海，使先人的睿智思维物质化，为文化的传承奠定基础。

古籍是人类智慧的结晶，是社会的精神财富、知识宝库、历史进程的记录。中国传统文化典籍主要分为经、史、子、集四大部分，历代产生的典籍难以数计。它创造、积累和传播着人类文明，源远流长，是历史的印记，民族精神的积淀，为我们继往开来提供着智力支持。

哲学。中国哲学是世界三大传统哲学体系之一，凝聚了中华传统文化的基本精神，是中华民族的精神引领。中国古代主要的哲学思想有先秦时期儒家的"仁"学思想、墨家的"察类明故"、道教的以"道"为核心、阴阳家的"五德始终说"、法家的"法治"思想；汉代黄老之学、董仲舒"天人感应"哲学、王充的无神论哲学，魏晋玄学和反玄学，东晋南北朝佛教思想与反佛思潮；唐代的反佛和韩愈和李翱的"道统""复性"说，柳宗元、刘禹锡的唯物主义无

---

① （汉）许慎撰，（宋）徐铉校定，王宏源新勘：《说文解字》（现代版），社会科学文献出版社 2005 年版，第 841 页。

② 陈薛俊怡：《中国古代典籍》，中国商业出版社 2015 年版，第 2 页。

神论；宋明理学、明末清初的实学思想等。

史学。中华民族是历史悠久的民族，在漫长的发展中涌现了大量的史学家和史学作品。梁启超在《中国历史研究法》中说："中国于各种学问中，惟史学为最发达；史学在世界各国中，惟中国最发达。"[①]史学内容丰富，形式多样，主要有以年代为线索编排有关历史事件的编年体，如《春秋》《左传》《资治通鉴》等；通过记叙人物活动反映历史事件的纪传体，如《史记》《汉书》《清史稿》等；以历史事件为主的史书体裁纪事本末体，如《通鉴纪事本末》《宋史纪事本末》等；以典制为中心，记述历代典章制度及其因革损益的典制体，如《通典》《通志》《文献通考》；记述学术源流的学案体，如《明儒学案》《宋元学案》等；以国家为单位，分别记叙历史事件的国别体，如《战国策》《国语》等。

（二）教育文化

古代中国之所以被称为"文明古国""礼仪之邦"，与其重视教育是分不开的。古代教育既是中华传统文化的重要内容，又是中华传统文化传承与发展的有力保障。

我国教育具有悠久的历史。据《尚书・舜典》记载，虞时就设有学官。夏朝时教育发生了质变，首次出现了学校。商代，学校有了右学与左学之分，即大、小学之分，这表明商代已经根据学生的实际年龄来区别教育，且已经初具"六艺教学"的模式。到了西周，官学分为国学和乡学：国学一般设在首都和诸侯的国都里，属于中央官学；乡学设在州、乡等小区域，属于地方官学；教育内容主要为"六艺"，即礼、乐、射、御、书、数。春秋战国时期，教育制度逐渐成熟，私学开始出现并逐步取代官学。私学的蓬勃发展与"百家争鸣"的出现，使教育理论与实践都有了较前代更大的进步。

孔子创办私学，是我国教育史上开天辟地的大事。他打破了贵族垄断教育的局面，使庶人百姓的孩子有了接受教育的机会，从而为他们开辟了一条改变命运的途径，也为中国文化和社会的发展做出了突出贡献。他所倡导的"诲人不倦""有教无类""因材施教"等教育思想以及他开启的道德教育，在两千多年来一直深深地影响着我国教育的发展。儒家重"成人"教育，培养君子人格，追求"内圣而外王"；墨家以"兼爱"为出发点，主张教育应培育"兼士"，重视科技与武艺的教育；法家倡导以法制为核心，以富国强兵为己任，突出教育应培育"耕战之士"。

魏晋时期，由于经学衰落，玄学兴起，教育也发生了重要变化。这一时

① 梁启超：《中国历史研究法》，中国华侨出版社 2013 年版，第 6 页。

期教育的总特点是官学时有时无，私学与家学成为主流。元嘉十五年(438)，宋文帝下令设立儒学馆、玄学馆、史学馆和文学馆等四馆，各就其专业招收学生进行教学和研究，这是我国最早的分专业的综合学校。同时，玄学、史学、文学与儒学并列，是为古代学制上的一大改革，反映了当时思想文化的实际变化。

隋唐时期总结历代以来的教育成果，创立了从中央到地方的比较完备的教育体制，其最重要的创新之处在于科举制的实行，教育内容也必然以科举考试的内容为主。唐朝时，随着国力的强盛，中外交流得以广泛发展，也引发了教育领域更为广泛的发展。到了宋代，由于其国策为“兴文教，抑武事”，所以更加注重培养文人。宋代教育最突出的特点就是出现了书院，如岳麓书院、白鹿洞书院、茅山书院等都建立于这一时期。明代大兴文字狱，使得教育只是极端的教授专制文化，失去了自由与灵活。清代继续实行科举制，但以梁启超、康有为为代表的维新派批判科举制，提倡资产阶级式的教育。1902 年，我国推行了第一个比较系统的法定学制“壬寅学制”，1904 年施行了“癸卯学制”。

“壬寅学制”即为《钦定学堂章程》，是清末第一个规定学制系统的文件。光绪二十八年(1902)，由张百熙拟订、清政府颁布，包括《京师大学堂章程》《大学堂考选入学章程》《高等学堂章程》《中学堂章程》《小学堂章程》及《蒙学堂章程》。教育年限共二十年：初等教育十年、中等教育四年、高等教育六年，入学年龄为六岁。这一学制未得实行，1904 年再颁布《奏定学堂章程》。①

“癸卯学制”即为《奏定学堂章程》，是 1904 年 1 月 13 日由张百熙、张之洞、荣庆拟订、清政府颁行的中国教育史上第一个完整的学制系统，包括从初等小学堂到高等学堂章程、《蒙养院及家族教育法》《译学管章程》等，规定学制为小学为九年，中学五年，高等学堂及大学堂六至七年，入学年龄为六岁。它的颁行真正把中国教育推上了近代化轨道，对中国近代教育体系的产生和发展具有奠基的作用。②

与教育相伴，中国历史上出现了一批伟大的教育家，其中，最有名的便是被誉为“伟大导师”的孔子。③《史记·孔子世家》记载：“孔子以诗书礼乐教，弟子盖三千焉，身通六艺者七十有二人。”他创立儒家学说，创办私学，强

① 参见夏征农、陈至立主编：《大辞海》(中国近现代史卷)，上海辞书出版社 2013 年版，第 80 页。

② 参见王炳照、李国均、阎国华：《中国教育通史》(清代卷下)，北京师范大学出版社 2013 年版，第 289 页。

③ 参见[英]H. G. 威尔斯：《世界简史》(修订本)，卜仙元译，新世界出版社 2016 年版，第 123 页。

调人格，其教育思想在2000多年来一直影响着我国教育的发展。

在教育学生方面，他强调“因材施教”，根据学生的不同性格特征、认知水平、学习能力以及自身素质，选择适合学生的教育方法，扬长避短，树立学习信心、激发学习兴趣。《论语·先进》记载：

子路问：“闻斯行诸？”子曰：“有父兄在，如之何其闻斯行之！”

冉有问：“闻斯行诸？”子曰：“闻斯行之。”

公西华曰：“由也问：‘闻斯行诸？’，子曰：‘有父兄在。’求也问：‘闻斯行诸？’子曰：‘闻斯行之！’赤也惑，敢问。”子曰：“求也退，故进之；由也兼人，故退之。”

大意是：子路与冉有向孔子请教同样的问题：“听到就去实践吗？”孔子给出了不同的回答。公西华很纳闷，孔子便告诉他，冉有平日做事退缩，所以要给他壮胆；仲由的胆量惊人，勇于作为，所以要压压他。正是孔子能抓住学生的特征，采取因材施教的方式，才能培养出一大批贤者。

孔子还强调要实行启发式教学，认为“不愤不启，不悱不发，举一隅不以三隅反，则不复也”（《论语·述而》）。他注重言传身教，提出“其身正，不令而行；其身不正，虽令不从”（《论语·子路》）的观点，主张为师者应特别注重言谈举止对学生的影响，这对后世教育发展产生了极其深远的影响。

（三）文学艺术文化

中华民族的文学艺术经历了5000年发展，形成了诗、歌、舞、乐、神话传说、建筑、雕塑、工艺美术、园林艺术、书法艺术、散文、戏曲、小说等不同的类型和体裁。

中国有诗、乐、舞同源的流传，《诗经》的内容就是庙堂、宫廷音乐、舞蹈的乐歌歌词。夏商周时期被称为“青铜时代”，青铜艺术极为发达，如在殷墟出土的司母戊鼎，造型雄浑庄严、纹饰精美细腻。秦朝的兵马俑，气势雄浑，形象威严，体现了秦始皇一统天下的气概。西汉大司马骠骑将军“马踏匈奴”的巨雕，气势雄壮，展现了大战匈奴的雄心。先秦古籍如《山海经》《吕氏春秋》等都记载了大量的神话传说，较为著名的有夸父逐日、精卫填海、女娲补天等。先秦散文、《诗经》、与楚辞更是我国文学发展史上的第一座高峰，在作品中表达自己真挚的情感，表达对祖国的热爱。除此之外，还有大量的墓室壁画、宫廷壁画、画像篆刻展示了此时艺术的精绝。

魏晋南北朝时期，中国进入了文学艺术的自觉时代，奠定了明清文学艺术达到繁荣的基础。魏晋至隋唐，雕塑进入了黄金时期，石窟、陵墓艺术空前发展，涌现了大批优秀的石窟，如敦煌莫高窟、洛阳龙门石窟等；陵墓建筑与山水融为一体，浑然天成。古典园林受山水诗画的影响，形成了具有山水风格的园林艺术。我国古代园林分为四种，即皇家园林、私家园林、寺庙园林、自然风景区。此时的画作不单专注于山水，更倾向于描画人物。最能体现艺术精神的书法在此时崇尚玄学精神和个人主义，因而作品自由洒脱、飘逸空灵。

唐宋时期是古代诗歌发展的巅峰，唐诗、宋词蓬勃发展，体裁各样，形式丰富，意蕴深远。元曲、明清小说迅速发展，展现了超高的文学艺术水平。元曲名作就有《窦娥冤》《救风尘》《汉宫秋》等，明清小说则以“四大名著”《水浒传》《三国演义》《西游记》《红楼梦》为代表。

（四）科学技术文化

我国是世界公认的最为古老的科技文化发源地之一，在中华文明发展的几千年中形成的科学技术文化，主要包括天文历法、科技发明、技巧工艺等方面。

天文历法。我国是农业大国，发展农业就必须有精确的天文历法来指导耕作、收割时间。天文有七政、二十八宿、四象、十二次等基本概念，七政即日、月、金、木、水、火、土；二十八宿即黄道附近的二十八个星宿；四象即东苍龙、北玄武、西白虎、南朱雀；十二次即黄道附近一周天按照由西向东的方向的十二星宿，可表明节气变换，也可作为纪年标准。

历法是指用天象来推算年月日时的方法。我国历法的起源可追溯到夏朝的阴阳历，其后又经历了《太初历》《大明历》《授时历》。南宋祖冲之总结前人的经验，计算出一年有 365.2428 天。

历法中最为重要的是二十四节气和十二时辰，二十四节气分为四季，春季为立春、雨水、惊蛰、春分、清明、谷雨；夏季为立夏、小满、芒种、夏至、小暑、大暑；秋季为立秋、处暑、白露、秋分、寒露、霜降；冬季为立冬、小雪、大雪、冬至、小寒、大寒。十二时辰为子时、丑时、寅时、卯时、辰时、巳时、午时、未时、申时、酉时、戌时、亥时。

科技发明。中国古代科技成就斐然，出现了许多走在世界前列的伟大发明，如被誉为古代“四大发明”的造纸术、指南针、火药及印刷术。这是中国古代劳动人民对世界文明发展所做出的巨大贡献。造纸术发明于西汉，东汉蔡伦改进造纸术，首创用树皮造纸。隋代发明了雕版印刷术，此印刷术印刷过程费工费时，但由于操作简单，费用低廉，受到民众的欢迎。北宋庆历年间，平民毕昇发明了活字印刷术，此印刷术节省人力，缩短出书日期，既便利又经济。火药发明于唐朝，后被用作战争武器，致使中国武器系统和军事科学均发生了相应变革。指南针即把人类不易感知的地磁信息转换为可视的空间形式的仪器，为航海业带来了极大的便利。

在数学方面，我国是最早使用十进位制的国家，在春秋战国时期就对分数有了理解，更有了九九乘法表。约成书于公元前1世纪的《周髀算经》最先介绍了勾股定理，《九章算术》记载了当时世界上最先进的分数运算、比例运算，标志着中国古代数学形成了完整的体系。南朝时期，祖冲之将圆周率精确到3.1415926与3.1415927之间，这一成果领先于世界1000多年。

技巧工艺。工艺是科学与艺术的结合体，既有科学价值又有艺术价值。在丝织工艺方面，我国古代的养蚕织丝至少有5000年的历史。商周时期，有“织锦”；春秋战国时期，有“齐纨”“鲁缟”；唐代丝织品花纹精美，装饰浓郁；宋元时期，丝织品有所创新，图案题材范围扩大，有山水花鸟，显得清丽脱俗；明清时期，手工技巧见长且色彩自然，工笔精美。在瓷器制作方面，东汉时期出现了真正的瓷器，之后各代技巧工艺不断精良。唐代的瓷器制造达到了空前繁荣的时期，出现了“南青北白”的竞争场面，陆龟蒙曾经盛赞南方越窑所产的青瓷说：“九秋风露越窑开，夺得千峰翠色来。”（《全唐诗·秘色越器》）北方白瓷以河北邢窑的质量最高，成色最白。明清是古代瓷器制造的极盛时期，江西景德镇被称为“瓷都”，所出瓷器白度和透光度都达到世界领先水平。

四、宗教与伦理道德文化

宗教是人类社会发展到一定程度而出现的一种意识形态。我国是一个多宗教的国家，既有土生土长的宗教，也有外来宗教，共同影响着中华民族各族人民的生活，成为中华民族文化的组成部分。宗教与伦理道德有着千丝万缕的联系，共同规范着人们的生活行为。

（一）宗教文化

我国的宗教主要有佛教、道教、基督教、伊斯兰教等。

佛教。佛教于约公元前5世纪，由古印度迦毗罗卫国（今尼泊尔境内）王子乔达摩·悉达多所创，在两汉之际传入我国，与中原文化相融合，形成了独具中国特色的佛教文化与佛教艺术。

佛教传入我国后能够快速发展并于魏晋南北朝隋唐时期达到顶峰，与当时的社会环境有着极大的关系。一方面，这一时期的社会动荡不安、天灾人祸使人们生活在水深火热之中，人们渴望摆脱苦难，却无路可寻，渴求一种精神上的寄托；另一方面，统治者急切需要一种思想来管理人们，而佛教所宣扬的忍耐顺从、轮回转世等思想，恰好迎合统治者的需求，便得到统治者的支持，如梁武帝、隋文帝、唐太宗等都是非常尊佛的皇帝。

道教。道教是我国土生土长的宗教。道教的发展大体经历了东汉的形成期、魏晋南北朝时期的成熟完善、隋唐宋元时期的兴盛、明清时期的衰落四个阶段。道教最基本的信仰是“道”。“道”本是学术流派中的最高哲学范畴，在《道德经》中，老子从宗教神学的角度阐明了“道”为道教的基本信仰。道教相信神仙的真实存在，其神仙崇拜体现了其泛神与多神宗教的显著特点，体现了其对修道成仙以过上神仙生活为目标。

基督教和伊斯兰教。基督教和伊斯兰教对中国传统社会习俗和文化发展产生了深远的影响。基督教于唐朝初年传入中国，当时称为“大秦教”，但仅仅流传于西北偏远地区。元朝，基督教第二次进入中国，但是随着元帝国的消亡，基督教便销声匿迹了。明朝万历年间，基督教第三次传入中国，但是基督教的文化并没有得到国人的认可。鸦片战争后，清政府被迫签订不平等条约，客观上使基督教在中国传播和发展。唐宋时期，伊斯兰教开始传入中国，第一批阿拉伯与波斯商人在中国结婚生子，成为中国最早的穆斯林。元朝及明中叶以后是伊斯兰教大量传入中国的时期，此时，中国穆斯林的数量急剧增长，以伊斯兰教为信仰的回族逐渐形成。

（二）伦理道德文化

注重人生，长于伦理，一直都是中华传统文化的基本价值走向。伦理道德作为社会约束和规范自我的工具，对社会及个人的发展都有极为重要的影响。在我国传统文化中，儒家是重伦理型的思想，它规范着我国伦理文化的发展方向。儒家强调“修身、齐家、治国、平天下”，其伦理文化可分为个体家族、社会与国家四个层面。

修身伦理。中国人一向重视修身养德，强化德才兼备。《礼记·大学》云：“自天子以至于庶人，壹是皆以修身为本，其本乱而末治者，否矣。”修养品性为人之根本，如果这个根本乱了，家庭、国家是不可能能得到治理的。由此可见，修身是齐家、治国、平天下的根本。所以，上至国家最高统治者，下至普通老百姓，都要以修身为本。并且，儒家对人的修身提出了要求，那就是“弟子入则孝，出则悌，谨而信，泛爱众，而亲仁。行有余力，则以学文”（《论语·学而》）。这种修身伦理以“孝”为始，“百善孝为先”，在家国同构的传统社会，起到了维护家庭关系和睦，稳定社会的重要作用。

家庭伦理道德。“孝悌也者，其为仁之本与。”（《论语·学而》）孔子非常注重孝，认为孝为仁德之本。孝悌就是要做到孝敬父母，敬爱兄长。孝是中华民族的传统美德，要在家庭生活中恪守孝道，遵循长幼有别，使家庭的伦理道德呈现和谐和睦之象。

社会伦理道德。“仁”从字面上来讲就是两个人的意思，可以延伸为人与人之间的交往，社会伦理道德正是从“仁”入手的。义、信、温、良、恭、俭、让，都是人与人交往应做到的道德条目，也是仁的具体体现。“义”，明辨是非、克制私欲、不取不义之财；“信”，真诚无欺、言而有信；“温”，对人态度温和；“良”，为人善良，不欺善怕恶；“恭”，肃敬、谦逊有礼貌；“俭”，恪守节俭的优良美德；“让”，为人处世要谦让，最终实现人与人和睦相处之目的，这是儒家社会伦理道德的理想境界。

国家伦理道德。国家就是一个大家庭，是无数小家庭的结合体。在这个大家庭中，治理国家要坚持为政以德、齐之以礼、有信于百姓、宽待民众、仁爱群众，构建和谐的国家环境。同时，要使人民忠于国家，维护国家和平统一。

总之，中华传统文化内容丰富，意蕴悠远。在古代，中华传统文化居于领先地位，对中国甚至世界产生了深远影响。而在当今的中国，习近平提出了中华民族伟大复兴的中国梦的奋斗目标，高度重视中华优秀传统文化对社会及国家发展的促进作用。所以，要达到这一目标，就必须深入了解中华传统文化，取其精华，去其糟粕，形成中华民族优秀传统文化。随后，深入学习其基本内容，了解其精髓，以提升国民的文化认同感，增强国家文化软实力，逐步实现中华民族伟大复兴的中国梦。

第三节　中华传统文化的主要特征

中华传统文化博大精深、源远流长，正确地认识、理解和对待中华传统文化，必须把握其主要特征。只有牢牢把握中华传统文化的主要特征，我们才能把握民族精神的实质，以一种较为理性的态度和务实的精神去继承传统，创造未来；只有牢牢把握中华传统文化的主要特征，我们才能以此来保持中华传统文化的民族性，才能将民族性与世界性结合，更好地推动中国社会的发展；只有牢牢把握中华传统文化的主要特征，我们才能从历史中继承和发扬中华民族的优秀文化，发扬中华民族的传统美德；只有牢牢把握中华传统文化的主要特征，才能更好地利用与创新，使之更好地服务于中国现代化的建设，为实现中华民族的伟大复兴创造条件。

对于中华传统文化的主要特征的界定，因立论角度的不同而不尽相同，学者们对此可谓是仁者见仁，智者见智。有学者将传统文化归为以求善为目标的伦理型文化，有学者以民族的文化心理素质作为分析传统文化特征的核心，还有些学者认为中华传统文化的主要特征是“礼治”，等等，以上观点均从精神方面和社会意识形态方面来阐释分析中华传统文化的主要特征的。我们认为中华传统文化主要有以下九个特征：

一、顽强的生命力、凝聚力和包容性

与其他世界文明相比，中华传统文化延续不断，经久不衰，具有顽强的生命力，这是中华传统文化的一个重要的特征。中华传统文化之所以有这种顽强的生命力，是因为他有强大的凝聚力以及包容性。

中华传统文化是世界上唯一一个未曾中断的文化。然而，中华传统文化的发展亦不是一帆风顺的，它既经历过外族文化的入侵，也遭受过内部专制统治的压迫，受长年的战争动乱、社会分裂以及王朝更替的破坏，但这些都没有使中华传统文化出现断裂或者中断。相反，征服者最后被征服、同化、融合，都融汇在了中华传统文化的血脉之中。在吸收了各民族文化的新鲜血液，经历了各种冲击、挑战与碰撞后，中华传统文化得到了新的生命活力和发展动力，其延续性在世界文化发展史上也是绝无仅有的。

中华传统文化历久弥坚，具有强大的凝聚力，这种凝聚力主要表现为文化心理的自我认同感和超越地域、国界的文化群体归属感。中国是一个多民族国家，各个民族长期生活繁衍在中华大地上，共同生活劳动，抵御外敌的入侵和维护着民族的独立与自由。中华民族之所以能够团结成一个友善的大家庭，其根本原因就在于强大的民族凝聚力。正是这种凝聚力，使得中华民族坚不可摧。

中华传统文化所拥有的强大的生命力，与其包容的胸襟、恢宏的气度以及在与不同民族文化的交汇与融合中得以顽强的生存与发展有着密切的关系。在古代中国，农耕文化和游牧文化在不断地碰撞与交融中，促进了民族文化的大融合。如战国时赵武灵王效法“胡服骑射”；丝绸之路的开辟，使得沿线地区、各民族间的经济联系日益密切等。这些都使得中华传统文化自身很早就形成了海纳百川的包容性胸怀。东汉时，佛教传入中国，一部分逐渐融合于宋明理学之中，一部分经吸收、改造而日渐中国化，成为中国式的佛教，与儒、道互相影响成为中国思想文化的一个重要组成部分，对中国社会产生了广泛而深远的影响。

中华传统文化的凝聚力和融合力是其生命力的内在基础。中华传统文化犹如波涛汹涌的长河，由涓涓细流、高山积水、地下清泉汇合到浩瀚无垠的长河中，在永不停歇的流动中一直向前发展，从未中断。

二、尊君重民相辅相成的政治文化

政治上尊君重民是中华传统文化中一个明显特征。从秦朝开始，皇帝

大权独揽，中央集权逐步强化。一方面，自然经济使人民处于相对分散的社会中，需要中央集权政治加以协助来抗御外敌入侵和自然灾害，而人格化的统治力量则来自专制君主；另一方面，农业宗法社会的正常运转，又要仰赖以农民为主体的民众的安居乐业。"民惟邦本"的思想传统也是农业宗法社会的必然产物。"尊君"和"重民"相辅相成，犹如鸟之双翼，车之两轮，共同构成了中国传统政治文化。

在处理君与民之间的关系时，中华传统文化一方面强调君主专制、中央集权、臣民要忠君；另一方面，又突出了民本思想。早在殷周之际，民本思想便已萌芽，周公提出了"敬德保民"的思想，孔子提出了"重民富民"的观点，孟子提出"民贵君轻"的主张，同时强调"民为贵、社稷次之、君为轻"的民贵君轻思想，并有荀子的"君者，舟也；庶人者，水也。水则载舟，水则覆舟"(《荀子·王制》)等一些著名论断。在中国历代封建统治者及知识分子看来，尊君和重民是统一的，尊君重民，成为中华传统文化的主流。

三、以家族为本位的宗法集体主义

宗法制是由父系氏族社会的家长制演变而来的一种王族贵族按血缘关系分配国家权力，以便建立世袭统治的一种制度，宗族组织和国家组织合而为一，宗法等级和政治等级一致。中国国家构成方式就是由家庭而家族，再集合为宗族，组成社会，进而构成国家。这种家国同构的社会模式，表现为父是家君，君是国父，家国一体渗透到中国古代社会生活的最深层。这种家国同构的宗法制度是形成中华传统文化重伦理、倡道德的根本原因。

中华传统文化是一种伦理型文化、"崇德"型文化，其最主要的社会根基是以血缘关系为纽带的宗法制。"天下之本在国，国之本在家"，孟子高度概括了中国传统社会的实质：宗法制在很大程度上决定着中国的社会政治结构及意识形态。家族是中国人社会生活的主要舞台，也是历代统治者建立统治秩序的重要基础。

在宗法制土壤里孕育出来的中华传统文化，带有浓厚的伦理色彩，而文化自身也以严格维护宗法等级制度作为其发挥社会功能的主要体现。以家族为本位的宗法集体主义，形成了"三纲五常"的伦理规则，以维系"家国一体"的等级政治秩序，也使得人治在中国有着悠久的历史和深厚的土壤。

在中国人的观念里，君臣、父子、夫妇、兄弟、朋友是最重要的五种人伦关系，各自有不同的行为准则，即"父子有亲，君臣有义，夫妇有别，长幼有序，朋友有信"(《孟子·滕文公上》)。可见，在传统社会，伦理道德是调和人际关系的准则和维系整个社会秩序的精神支柱。但这种由血缘关系延伸而形成的中国社会持久的宗派、集团观念，也带来了一些不良的社会风气，如依附顺从、等级观念、拉帮结派、排斥异己等，不利于社会的和谐稳定。

四、摆脱神学独断的生活信念

殷商时期，中国人相信君权神授，“尊天事鬼”的思想占主流；西周时期，随着社会的发展，人们的思想有了很大进步，开始对“天”产生怀疑，统治阶级亦吸取商纣王灭亡的教训，“以‘德’连释‘天命’，并将‘天命’和‘德’的思想纳入其无所不包的‘礼’的大体系中，由此而开创了宗周的‘礼乐文明’”[①]。这种“敬德保民”的思想，使一些先进知识分子逐渐摆脱神学的羁绊，“子不语怪、力、乱、神”（《论语·述而》）“敬鬼神而远之”（《论语·雍也》）等思想都是其体现。

由于人们在先秦时期已逐步摆脱神学的控制，因此，我国未出现欧洲中世纪基督教神学占统治地位的状况。中国人重视现世的人生，虽然曾长期存在崇拜超自然的现象，但随着社会的进步和科学技术的发展，人们愈发关注现实中的人，将人作为考虑一切问题的出发点和归宿，肯定天地之间人为贵，人是天地万物之灵，在人与物、人与鬼的关系上，以人为中心，这是中华传统文化的基调。在处理人事与天道的关系时，不少政治家与思想家都主张先尽人事，然后再考虑天道，即所谓“尽人事，安天命”。可见，从对天的推崇演变到对人本身的敬重，这是人类社会认识论上的一大进步。所以，冯天瑜曾经说：“春秋战国时代，‘历史所呈示的’，是天的权威的动摇，是神的地位的沉沦，是士阶层的崛起，是人的力量的迸发。现实成熟了，理想显现了，民本主义的凤凰扬起它强劲的双翼，在领主制的暮色和地主制的曙光中高高地飞起了。”[②]

五、持中贵和，追求和谐

《礼记·中庸》云：“喜怒哀乐之未发，谓之中；发而皆中节，谓之和。中也者，天下之大本也；和也者，天下之达道也。致中和，天地位焉，万物育焉。”持中贵和，追求和谐，是中华传统文化的基本特征之一。

汉代的董仲舒提出了“天人合一”的主张，认为天与人、天道与人道、天性与人性在本质上都是相类相通的，所以一切人和事都应该顺其自然，合乎自然规律，来达到人与天、人与自然和谐和统一。“天人合一”是中华民族的世界观和人生观，强调人与自然的和谐统一，这种朴素的天人协调的思想在

---

① 姜广辉：《中国经学思想史》，中国社会科学出版社 2003 年版，第 88 页。

② 冯天瑜、何晓明、周积明：《中华文化史》，上海人民出版社 2005 年版，第 290 页。

当下仍具有重要的启迪价值。

经过长期的历史沉淀，持中贵和这种精神逐渐变成为了中华民族的追求。政治上，强调重视君臣或者国家、民族间的和谐；经济上，努力缩小贫富差别，百姓们能够安居乐业，邻里和睦相处；思想上，倡导“中庸”，凡事要有度，过犹不及等；在天人关系上，突出人与自然的和谐。

中华传统文化中的这种持中贵和思想，与西方文化形成鲜明的对照。西方文化强调重视竞争对手，而中华传统文化中则更注重和谐，既有利于保持社会的稳定、维护祖国的统一和民族团结，但也在一定程度上压抑了人们的竞争意识与进取精神。

中华传统文化对伦理道德的追求，其最高境界也是和谐。儒家文化的根本目标就是追求人与人之间的和谐，由人而家，由家而国。当然，“和”并不是没有原则的一味地妥协，而是学会尊重，在认可差异前提下的和谐，允许不同声音的和谐，可谓是“君子和而不同，小人同而不和”。

六、追求至善至美的道德理想人格

中华传统文化主张追求自强不息、勤劳刻苦、鞠躬尽瘁、仁爱孝悌、谦和好礼、诚信知报、精忠爱国、见利思义、节俭廉正、善良宽厚等道德理想人格，这些是中华传统文化的又一特征。

追求至善至美的道德人格，对中国人的理想有着深远的影响。《史记·太史公自序》云：“昔西伯拘羑里，演《周易》；孔子厄陈蔡，作《春秋》；屈原放逐，著《离骚》；左丘失明，厥有《国语》；孙子膑脚，而论兵法；不韦迁蜀，世传《吕览》；韩非囚秦，《说难》《孤愤》；《诗》三百篇，大抵贤圣发愤之所为作也。”越王勾践卧薪尝胆，在艰苦的环境中磨炼自己的意志，励精图治，伺机而动，最终一举击败吴国；顾炎武垂暮之年，仍然勤奋著书；廉颇、蔺相如不计前嫌，清康熙年间六尺巷等故事都表现出宽容、谦和好礼的品质。西汉苏武誓不投降于匈奴，北海牧羊 19 年，忠心不变；民族英雄岳飞“精忠报国”的爱国之心；文天祥“人生自古谁无死，留取丹心照汗青”的浩然正气等体现了为崇高理想竭尽全力奋斗的正义追求。

这样的事例不胜枚举，他们的故事被一代又一代地流传下来，直到今天，仍然是非常值得我们学习的榜样与典范。正是这种自强不息、勤劳刻苦、鞠躬尽瘁等至善至美的道德理想人格，表现出中华民族坚忍顽强自立、反抗压迫以及不断学习进取的精神。

七、重实际，求稳定的文化心态

中华传统文化是一种典型的大陆型农业文化，几千年来，以农为本，重农抑商一直是历代统治者推行的政策。由于农业的生产状况与国计民生息息相关，商业求利的本质与中华传统文化所提倡的重义轻利相背而驰。为了维护封建社会的经济基础，历朝历代一直实行重农抑商政策，中国古代商人政治地位低下，整个社会对商业、商人也存在着偏见，老百姓的商业意识缺乏。对农业发展的高度重视以及农业文明周而复始的生产方式决定了中华传统文化具有注重实际、追求稳定的这一特征。

华夏文明这一肥沃土壤，为先辈们生存和繁衍后代提供了得天独厚的自然地理条件。自给自足的小农经济促成了中国人追求“日出而作，日入而息，凿井而饮”的和谐生活方式，人们世世代代过着简单而又朴素的生活。长达几千年的农业经济在中国经济中占主导地位，长此以往必然培养出中华民族乐天知命、随遇而安、知足常乐、爱好和平、礼仪为重、谦让互助的性格。这既有利于社会的稳定，也是专制社会政治得以稳固的基础。这种生产方式下的中华民族毫无疑问形成了重家尚农的社会共识，重实际轻玄想的务实精神，安土乐天的生活情趣，循环恒久的变易观和重稳定而轻变动的文化品格，并在此基础上形成独具一格的实用理性。人们生活在自己的土地上，世世代代耕作于此，统治者的重农固本和小生产者的安土重迁相辅相成，自给自足的小农经济养成中国人注实际、求稳定的传统文化特征。

八、儒学为主，其他为补充的文化结构

从思想文化流派在历史上的地位看，儒家文化作为中华传统文化的主流文化，这种主流和正统地位在历史发展中是一个稳固的过程，是儒家思想文化逐步深化的过程。儒学产生于春秋时期，是地域性文化鲁文化的分支。战国时，在儒、墨、法、道、阴阳等家“百家争鸣”的格局中，儒家虽然有了“显学”的声名，但由于其主张不能适应当时战乱动荡的社会环境，因此没有为统治者所采用。

秦朝实行“焚书坑儒”政策，儒学受到了排斥。西汉时期，随着统一中央集权政权的建立，思想文化领域的统一被提上了日程。董仲舒顺应时代要求，提出了“罢黜百家，独尊儒术”的主张，为汉武帝接纳。至此，儒学取得了独尊之位，成为2000多年专制制度的官方意识形态。儒学以适应专制制度的需要而不断地改变其形态，表现为两汉经学、魏晋玄学、宋明理学等，但其礼治德化的精神未曾改变，始终保持着中华传统文化的正宗地位。

以老子为代表的道家，一方面是与儒家相对立的学派：儒家是入世之学，道家是出世之学；儒家讲究文饰，道家向往自然；儒家主张有为，道家倡导无为；儒家讲求政治文化，偏重于社会，就个人来说，偏重于人的品格修养，强调

个人对家族、国家的责任，道家讲宇宙人生，偏重于个人的精神层面，醉心于个人超世脱俗。但从另一方面看，道家与儒家在精神上也不完全是对立的，在某些方面也存在着接近的地方。如，儒家的"天人合一"学说主张人与自然的和谐，人与人之间的和谐，与道家的崇尚自然就有一定的相似之处。东汉以后，随着道教的兴起和佛教的传入，很快形成了儒、道、佛三家鼎立的局面。之后出现了三教合流的趋势，宋明理学则是儒、道、佛三教合流的产物。

法家因顺应各诸侯国的变法革新的形势，在战国时期得到了统治者的采用。秦始皇正是用法家思想，统一了中国，并建立了一整套巩固统一的政治、经济、军事、文化制度。但法家过分强调暴力治民，夸大法律的作用，强调重刑来治理国家，使得秦朝二世而亡。后代君主既不敢照搬法家思想，也不能全用儒家学说，便出现了统治者在治国方略上采用外儒内法、儒法并用的现象。因此，在中国古代逐渐形成了儒学文化为主体，其他文化为补充的多元文化结构。以儒家为主导的汉民族思想文化正式形成标志着儒学成为封建正统思想，后来不断向周边少数民族和海外国家传播，乃至成为世界性文化。

九、崇尚统一，维护多民族国家的共同利益

崇尚统一，维护多民族国家的共同利益是中华传统文化的又一个主要特征。西周时期，政治上实行分封诸侯的分封制，诸侯有服从天子命令、缴纳贡赋、维护周王室安全的义务，"溥天之下，莫非王土；率土之滨，莫非王臣"(《诗经·小雅·北山》)这句话描述了周天子为天下共主的局面。春秋时期，出现了诸侯长期混战的政治局面。一些强大的诸侯为了争夺天下，打出"尊王攘夷"的旗号，企图由霸主代替天下共主。战国时期，争霸称雄的战争接连不断，将人们带入痛苦的深渊。公元前221年，秦始皇灭六国，建立了我国历史上第一个统一的多民族的封建专制主义的国家，政治上加强了中央集权，经济上统一了货币、度量衡，文化上统一文字为小篆，为了统一思想还采取了"焚书坑儒"的极端措施。

虽然法家思想与儒家不同，但在维护国家统一这一点上却是十分一致的。汉承秦制，汉朝不仅继承了秦朝天下一统的局面，而且继续实行了秦朝在政治、经济、军事等方面的制度。秦始皇开创的统一大业，到汉武帝时得到巩固和进一步发展。汉武帝实行的大一统，政治上颁布推恩令；经济上由国家统一铸造货币，盐铁由国家垄断经营；思想上"罢黜百家，独尊儒术"；文化上兴办太学。在经历了三国两晋南北朝的分分合合之后，天下统一是众望所归。唐朝是继隋朝之后的大一统王朝，在政治、经济、文化、外交等方面均达到了很高的成就，是当时世界的强国之一。宋朝作为上承五代十国、下

启元朝的朝代，宋太祖赵匡胤为避免晚唐藩镇割据和宦官专权乱象的重演，采取重文抑武方针，加强中央集权，使其成为中国历史上商品经济、文化教育、科学创新高度繁荣的时代。忽必烈建立了第一个统一的少数民族封建王朝——元朝。元朝的统一，促进了社会政治、经济、文化的发展和民族大融合，是我国统一多民族国家发展的重要时期。这一时期，疆域空前辽阔，促进了中国边疆地区的发展。

由此可见，在我国历史上，统一是主流，而分裂只是暂时的。在统一时，人们反对分裂；在分裂时，人们又急切地渴望统一。近代无数中华儿女为了实现国家统一，奋力拼搏，甚至献出宝贵的生命。因而，崇尚统一，维护多民族国家的共同利益，是中华民族的优良传统，是中华传统文化的一个重要特征。

总之，把握中华传统文化的主要特征，建设中国优秀传统文化传承体系，弘扬时代新风，用中国优秀的传统文化教育子孙后代，提高国民的道德文化素质，这不仅是当代素质教育的核心内容，也是我们国家民族文化发展的战略需要。

中国传统文化是中华民族在几千年的漫长历史中所创造出来的文明成果，是各民族文化融合和吸纳外来优秀文化的结果。认识中华传统文化的特征，有助于理解其本身所包含的思维方式、思想观念以及价值行为准则。中华传统文化在它数千年的发展历程中，经历了无数的风风雨雨和艰难曲折，在诸多的变革和创新中，汇集成一条具有极强生命力的文化长河。这些特征不仅具有强烈的历史性、继承性，而且还具有鲜明的现实性、变革性和创新性，为我们开创新文化提供一定的历史依据和现实支撑。

上述中华传统文化九个方面的主要特征，比较全面地展现了中华传统文化几千年的发展变化。正确理解中华传统文化的这些主要特征，对实现传统文化现代化的繁荣与兴盛具有重要意义。中华优秀传统文化，内容丰富，内涵深厚，曾经长期居于世界文化的前列，对中国乃至整个亚洲都产生了深远的影响，也为人类文明的发展进步贡献了东方智慧。

第四节　中华传统文化的当代价值

中华传统文化是我国劳动人民的智慧结晶，习近平指出："中国优秀传统文化的丰富哲学思想、人文精神、教化思想、道德理念等，可以为人们认识和改造世界提供有益启迪，可以为治国理政提供有益启示，也可以为道德建设提供有益启发。”[①]正视传统文化的当代价值，有助于实现中华传统文化的创造性转化和创新性发展。

一、中华传统文化的文化价值

“一个国家、一个民族的强盛，总是以文化兴盛为支撑的，中华民族伟大复兴需要以中华文化发展繁荣为条件。”[②]改革开放以来，我国的政治、经济等方面快速发展，但文化建设特别是道德文化建设却没有跟上经济发展的步伐。因而，发展、弘扬、创新中华优秀传统文化仍具有重要意义。

文化是中华民族伟大复兴的基石，文化发展繁荣支撑着中华民族伟大复兴，推动中华民族伟大复兴的历史进程，同样也是中华民族伟大复兴的前进动力。中华传统文化是在积累升华的同时，不断学习其他文化成果形成的，这一形成过程是一个创新和融合的过程，二者既并行又统一，缺一不可。

中华传统文化中的“合”为实现文化大发展大繁荣提供了依据，它要求将不同时期、不同地域的各种文化相互融合、相互调和，将文化凝成一体，进而产生更加优秀的传统文化，进而将之发扬光大。我们要自觉主动地传承和弘扬中华传统文化，进一步提升人们对中华传统文化的认同感和归属感，引导人们树立和坚持正确的世界观、人生观和价值观。同时，推动中华传统文化走出国门，走向世界，切实提高中华传统文化在国际上的文化影响力。

文化是国家和民族生存、发展的基础，是国家长治久安的重要因素，为国家的政治稳定和经济发展提供源源不断的精神动力。文化安全是国家安全的重要构成部分。如今，世界各国间的文化交流越来越频繁，文化间的传播与交融越发常态化，维护国家文化安全被提升到战略高度。于国家而言，民族文化的消亡无异于使国家变得有名无实。因而，传承与创新性地发展中华优秀传统文化，必须上升到国家层面加以推广。

中华民族在其发展过程中，曾经遭受过屈辱，亦曾走过不少弯路，但是，我们却从未屈服于任何人，这就是传统文化的包容性、坚韧性和更新能力对中国人的影响，这就是中国人屹立于世界民族之林的脊梁。如今，面对西方文化对我国的强烈冲击，人们慢慢意识到中华传统文化是维护国家文化安全的重要保障，而不是阻滞中国现代化发展的障碍。因此，保持民族文化的独特性、完整性和传承性，能够保证本民族文化的安全。

---

① 习近平：《在纪念孔子诞辰 2565 周年国际学术研讨会暨国际儒学联合会第五届会员大会开幕式上的讲话》，载《人民日报》2014 年 9 月 25 日。

② 习近平：《习近平在山东考察时强调 认真贯彻党的十八届三中全会精神 汇聚起全面深化改革的强大正能量》，载《党员干部之友》2013 年第 12 期。

汲取中华传统文化营养,能够促进中国文化产业的发展,提升国家文化软实力。随着社会的发展,人民群众对文化产品的需求不断提高,绘画、古诗、书法等都可作为文化产业发展的要素,促进文化产业的发展。当今世界各国之间的竞争,越来越取决于科学技术和文化的较量。文化软实力成为衡量一个国家综合国力的重要指标,对于提高国家的凝聚力和竞争力具有重要的作用,是国家综合国力竞争中不可或缺的一个重要指标。

中华传统文化,是民族的根。若砍掉了民族的根,中华民族如何枝繁叶茂?中华优秀传统文化,是民族的魂。若驱除了民族的魂,中华民族如何蓬勃发展?要提升文化软实力,首先要注重中华传统文化的传承和发展,加强中华传统文化的教育。我们要自觉主动地传承和弘扬中华传统文化,充分汲取中华传统文化的精华,理解中华优秀传统文化中的理念,进一步提升对中华优秀传统文化的认同感和归属感,不断增强文化自信和促进本土文化发展,引导人们树立正确的世界观、人生观和价值观。

二、中华传统文化的政治价值

文化是一种内在的力量,潜移默化中影响着人们的行为选择。“自强不息,厚德载物”的中华民族精神,为中华民族提供了思想上和行动上的动力,促使人们紧密团结在一起,为社会发展、政治稳定做出应有的贡献。

汲取中华传统文化的营养,有助于提高党员干部的道德修养,增强党员干部的积极性和主动性,完善党的思想建设,为更好地服务人民打下坚实的基础。以德性修养为特征的儒家,倡导“为政以德”的治国理念,既强调治国必用德,唯德服人心,又突出治国者须有德,唯德者天下服。只有增强自身的德性修养,加强道德文化建设,才能开始真正意义上的“为政以德”。

古代官员多留有为官格言类的著作,宋代吕本中的《官箴》一书,书首即以“清、慎、勤”三字为当官之法,其言千古不可易。官箴书被称为“入仕必读之书”,因为此类书之立意均是要求官员们做好官、清官,公正廉洁。这些为官之准则,为当今党员干部提升德性修养提供了重要的引导。党员干部应以中华传统文化为核心,立身处世,弘扬中华民族传统文化,坚持德性与党性相结合,共同提升,引领民心,开拓进取。要自觉涵养为政以德的政治品格,明大德、守公德、严私德,正确对待权力和名利,做到立党为公、执政为民,全心全意为人民服务,在为党和人民建功立业中实现自己的人生价值,以人民的利益为核心,全面发挥德性精神。

汲取中华传统文化之营养,有助于推进国家治理体系和治理能力的现代化。中共十八届三中全会明确提出了把推进国家治理体系和治理能力现代化作为全面深化改革的重要目标，要实现这一目标就要充分发挥其他各方面的作用，特别是要发挥中华优秀传统文化的作用。习近平指出："一个国家选择什么样的治理体系，是由这个国家的历史传承、文化传统、经济社会发展水平决定的，是由这个国家的人民决定的。"[①]习近平总书记非常重视从优秀传统文化中汲取营养来丰富治国理政的方法和思路，他提出了"人民对美好生活的向往，就是我们的奋斗目标"[②]，这一论断充分契合了中华优秀传统文化中的"仁政之道"。中华传统文化中的"民惟邦本""为政以仁"思想，其核心就是"爱民"。

实践证明，对中华优秀传统文化的学习与推广，能为领导干部推进治国理政提供有益启发和广泛思路。当下我国正处在一个复杂而又关键的时期，我们必须要从中华传统文化中吸取智慧和营养，激发全民族的创造活力，始终保持积极健康、奋发向上的精神状态，全民参与到以文化精神为主导的社会主义现代化建设当中，实现对中华文化的自觉、创新和自信。通过弘扬和传承优秀传统文化中的治国理政智慧，来加快实现国家治理体系和治理能力的现代化。

中华传统文化中的"大一统"思想是实现国家统一的文化基因和根本保证。"大一统"思想的核心内容是统一国家意识，团结各族人民。"文景之治""贞观之治""开元盛世""康乾盛世"等历史上曾经出现的盛世局面，无不与稳定而统一的国家环境相关。只有国家统一，中华民族才能繁荣富强，才能傲立于世界民族之林。因此，发扬中华传统文化的"大一统"思想，使其成为海峡两岸统一的精神纽带，是时代赋予传统文化的使命。

三、中华传统文化的经济价值

中华传统文化能够为经济发展提供动力支持。中华文化作为一种精神动力，有助于启发和引导人们的思想和行为，充分调动人们的思想和行为的主动性和积极性，为中华民族发展进步提供着强大的动力支持。

国家经济的发展取决于生产力的发展水平，而生产力的发展，又在很大程度上取决于科学技术和人才的积累。中华传统文化通过引导人们的思想，激励社会成员开发个体的智力和体能，调动社会成员的积极性和主动性，依靠个体到集体的发展道路，为国家和社会的经济发展贡献力量。

受儒家文化影响，在社会经济发展中催生出一大批注重个人修养、诚信

---

① 习近平：《完善和发展中国特色社会主义制度　推进国家治理体系和治理能力现代化》，载《人民日报》2014 年 2 月 18 日。

② 习近平：《人民对美好生活的向往就是我们的奋斗目标》，载《人民日报》2012 年 11 月 17 日。

经营、具有较强社会责任感的儒商。他们秉承孔子的教诲，“君子爱财，取之有道”(《增广贤文》)，“不义而富且贵，于我如浮云”(《论语·述而》)，拥有救世济民的远大抱负，“穷则独善其身，达则兼善天下”(《孟子·尽心上》)，为促进商业的繁荣和经济的发展做出了重要贡献。从“商圣”陶朱公范蠡开始，经由子贡、白圭，以及后来的徽商、晋商、闽商等，历经2000多年形成了独具特色的儒商文化。

目前，我国经济领域中出现了一些有悖于经济社会和谐发展的现象：环境污染、资源浪费、假冒伪劣产品等，严重影响着人们的身心健康。出现问题的原因是复杂的，但诚信缺失、社会担当意识与责任感的淡化，是重要因素。因此，汲取中华传统文化的智慧，特别是儒商文化中有利于社会发展的积极因素，有助于营造健康良好的经济环境。

儒商文化根植于儒家思想的沃土，又与当代中国经济社会发展相融合，是公民道德建设的有机组成部分，对于重铸道德长城，推动经济和社会的全面发展及民族素质的全面提高具有重要借鉴意义。市场经济需要道德的良知来指挥，而儒商文化恰好可以在新时代大展宏图；在现代企业管理与企业文化发展中，儒家文化及其儒商精神为企业提供了“诚信”“仁爱”“人和”“以人为本”等理念，为提高企业的经济效益与社会效益提供智力支持。

诚信是为人立世之本。个人无信不立，企业无信不旺，政府无信不威，国家无信不强。诚信的市场主体是经济发展的根本保证，诚信的社会环境是经济发展的基础，诚信的市场秩序是经济发展的前提。加快社会信用体系的建设，提高全民信用意识，是完善社会主义市场经济体制的基础性工程，不仅有利于规范市场秩序，而且还能够推动政府简政放权、更好做到“放”“管”结合。诚信能够引导人们找到经济活动的真正意义和价值，有助于营造良好的经济环境，对经济健康发展具有极大的促进作用。

四、中华传统文化的教育价值

中华传统文化具有十分重要的社会教化与教育引导功能。传统文化将道德修养与国家政治相结合，对促进社会和谐与稳定发挥了重要作用。近年来，中华传统文化备受青睐，国内掀起了学习中国优秀传统文化的热潮，我们应借此充分汲取中华传统文化的营养，提高中华民族的整体道德修养，促进社会精神文明建设。

国无德不兴，人无德不立。“德”是中华传统文化的核心，包括个人与家庭、个人与国家、个人与社会的道德关系，即公德和私德。无论是公德还是私德，“道德之于个人、之于社会，都具有基础性意义，做人做事的第一位是崇德修身”[1]。

2014年6月，习近平在与北京大学师生座谈会上的讲话中指出：“一个人只有明大德、守公德、严私德，其才方能用得其所。”德治是和谐的内在要求。实现中华民族伟大复兴的中国梦，不仅仅是使人们的物质得到满足，而且还要使人们的精神得到满足，形成良好的社会风气，建立和谐的社会关系，促进社会的稳定发展。

在经济全球化迅猛发展的今天，不同文化之间相互碰撞，中华传统文化受到西方文化的猛烈冲击。西方文化中个人至上、唯利是图、拜金主义等思想严重挑战着中国传统的道德观念，唯利是图的思想滋长、蔓延，“金钱至上”的观念和拜金主义冲击了一部分人的价值观，导致社会道德的滑坡，人与人之间关系的淡漠。因而，在价值多元化的当下，充分发挥中华传统文化所具有价值导向功能，以规范人们的行为选择，势在必行。

优秀传统文化具有价值导向的功能，在潜移默化中影响着人们的价值观，有利于良好道德和社会风气的形成。中华传统文化重教化、重道德、重仁义，为人们在社会生活中提供了衡量是非曲直的道德标准。这些良好的道德品格在新的时代条件下具有重要作用，对于端正社会风气、调和社会矛盾、维护社会稳定、促进社会和谐具有极其重要的意义。“只有在全社会大力加强道德文化建设，形成讲诚信、讲责任、讲良心的强大舆论氛围，才能止住道德的滑坡。”[2]我们要从数千年的中华优秀传统文化中汲取智慧，树立社会基本道德规范，修好公德、私德，学会劳动、学会感恩、学会宽容、学会自律，促进中国人民精神家园的建设和社会主义精神文明建设。

汲取中华传统文化的营养，有利于在国际上塑造和树立良好的大国形象。“和”的思想自古以来都是中华文明不断追求的优秀思想，“协和万邦”的观念最早见于《尚书》，《礼记·中庸》中写道：“致中和，天地位焉，万物育焉。”爱好和平是我国一以贯之的方针政策，自中华人民共和国建立以来，我国一直在和平发展的道路上不断努力前行。

习近平对“和”文化给予了高度评价，认为“这种‘贵和尚中、善解能容、厚德载物、和而不同’的宽容品格，是我们民族所追求的一种文化理念。自然与社会的和谐，个体与群体的和谐，我们民族的理想正在于此，甚至还可以毫不夸张地说，我们中华民族传统文化的精髓也正是在于这种伟大的和谐思想”[3]。目前，世界上个别国家编造的所谓的“中国威胁论”是别有用心

---

① 习近平：《青年要自觉践行社会主义核心价值观》，载《人民日报》2014年5月5日。

② 温家宝：《讲真话，察实情——同国务院参事和中央文史研究馆馆员座谈时的讲话》，载《人民日报》2011年4月17日。

③ 习近平：《在德国科尔伯基金会的演讲》，载《人民日报》2014年3月29日。

的,我们要在与世界各国交往的时候,时刻拥有“人类命运共同体”的意识,深刻阐述中华传统文化中追求和平共处,努力创造和谐社会的“和”文化的精髓和内涵,坚持走和平发展道路,秉持合作共赢的先进思想,用以化解各种内外部矛盾和冲突。与此同时,向全世界人民展示中华民族含蓄、内敛、和谐的核心价值理念,在国际舞台上树立良好的国际形象。

在当今国际关系复杂、外部环境不稳定的背景下,传统文化中“和”的思想仍担任着十分重要的角色,是处理国内外关系中不可或缺的部分,为各种关系行为的处理树立起一根标杆,有着永不褪色的时代价值和精神内涵。

用中华传统文化构建社会主义和谐社会,涵养社会主义核心价值观。党的十八大提出了以“三个倡导”为基本内容的社会主义核心价值观:富强、民主、文明、和谐,是国家层面的价值目标;自由、平等、公正、法治,是社会层面的价值取向;爱国、敬业、诚信、友善,是个人层面的价值准则。三者相辅相成、融为一体,吸收了中华民族文明5000多年发展得来的有益成果,体现了社会主义的本质要求与前进方向,也继承和弘扬了中华传统文化中优秀的精神和理念。习近平指出:“培育和弘扬社会主义核心价值观必须立足中华优秀传统文化。牢固的核心价值观,都有其固有的根本。抛弃传统、丢掉根本,就等于割断了自己的精神命脉。”[①]社会主义核心价值观中倡导的是民本思想、和合理念、大同思想、讲正义、重诚信等价值追求,在这一点上与中华民族优秀传统文化具有高度的一致性。中华民族独特的优秀传统文化,代表着中华民族特有的民族品格和民族风气,是激励每一个中国人奋发图强、团结奋进的精神动力,是中华民族在几千年的发展史中积累下的宝贵财富,已深深地烙印在每个中华儿女的心中,深刻影响着中华儿女的思想发展方向和行为方式,浸透于中国人所接触的方方面面。在当今社会,要将中国优秀传统文化转化和纳入社会主义核心价值观里面,使社会主义核心价值观深入每个人的心中,真正融入人们日常生活的方方面面,成为人民群众的行为准则和思想标准,在生产生活中发挥更大的作用。

文化是民族的血脉,是人们的精神家园。中华传统文化为中华民族生生不息、发展壮大提供了丰富的滋养和沃土。实现中华民族伟大复兴,需要充分激扬文化自信的强大精神力量。目前,在全面建成小康社会的决胜阶段,我们必须立足中华优秀传统文化,培育和弘扬社会主义核心价值观,使其成为民族未来发展的不竭动力,推动中华民族的伟大复兴。

---

① 习近平:《把培育和弘扬社会主义核心价值观作为凝魂聚气强基固本的基础工程》,载《人民日报》2014年2月26日。

第二章 社会主义核心价值观的理论解析

世界观、人生观、价值观是人生的总方向，决定着一个人看待世界与自身的角度与态度。价值观是主体对不同客体存在意义的观点和态度的总和，从宏观的角度而言，价值观是社会文化体系的核心；从微观的角度而言，价值观是人的世界观的组成部分。核心价值观即为居于中心地位的价值观，相对于其他价值观，核心价值观起到统率、主导和支配的作用。社会主义核心价值观是国家在新时代倡导的要求公民践行的价值观，准确理解社会主义核心价值观的内涵是引导大学生认同并自觉践行的前提。

第一节　社会主义核心价值观的主要内容

社会主义核心价值观的内容包括国家、社会、公民三个层面，国家层面为“富强、民主、文明、和谐”，社会层面为“自由、平等、公正、法治”，公民层面为“爱国、敬业、诚信、友善”。只有准确理解这些概念，才能让公民从内心去认同并自觉践行。

一、概念界定

准确理解社会主义核心价值观，要先明晰价值、价值观、核心价值观这些基本概念。

（一）价值

“价值”一词来自拉丁语 valere，意指“是好的”。后来，经济学领域将价值概括为凝结在商品中的无差别的人类劳动。随着社会科学的发展，价值这一概念被广泛运用于哲学、社会学、政治学、法学等各个学科领域，并被赋予了不同的内涵。

马克思主张“价值是从人们对待满足他们需要的外界物的关系中产生的”[①]。因此，在哲学领域，价值主要表现在客体存在相对于主体需要的特定意义。在日常生活中，这种意义通常表达为“有用和无用”“好和坏”“需要和不需要”“有益和无益”“美和丑”“利和弊”等概念。

本书所涉及的“价值”概念主要是哲学层面的意义，即“它产生于主体的需要，同时又以客体的属性为依托，在人们认识和改造世界的过程中产生。主体性、客观性和社会历史性是其基本特征”[②]。

（二）价值观

在当前研究中，“价值观”同于“价值观念”。基于以上对价值的界定，价值观是指主体对不同客体存在意义的观点和态度的总和。

关于价值观的性质，从宏观的角度而言，价值观是社会文化体系的核心；从微观的角度而言，价值观是人的世界观的组成部分。价值观同主体的需要、理想联系在一起，受制于人们的经济地位、社会地位。在阶级社会中，它受制于人们的阶级地位，尤其是人的政治思想意识。它为人们的正当行

---

① 《马克思恩格斯全集》第 19 卷，人民出版社 1963 年版，第 406 页。

② 王燕文主编：《社会主义核心价值观研究丛书·总论》，江苏人民出版社 2015 年版，第 19 页。

为提供充分的理由。[①] 可见，在哲学层面上，价值观属于社会意识层面，受制于社会存在而产生和发展，同时，对社会实践活动具有反作用。

因为当前社会是纷繁复杂的存在，价值观亦体现出丰富的层次和类别，诸如，以宏观(社会)、微观(个人)划分的价值观；以价值主体划分的个体、群体的价值观；以存在的领域划分的经济价值观、政治价值观、文化价值观(包括道德价值观、审美价值观、宗教价值观、人生价值观等)和生态价值观；以不同的作用分为积极的价值观、消极的价值观；以历史阶段分为传统价值观、当代价值观和未来价值观；以价值观地位作用分为终极(最高)价值观、核心(主导)价值观、一般(非主导、从属)价值观、亚价值观、边缘价值观。[②]本文论述的即为核心价值观。

(三)核心价值观

《辞海》将“核心”界定为中心、主要部分(就事物之间的关系说)。因此，核心价值观即为居于中心地位的价值观。相对于其他价值观的关系，核心价值观起到统率、主导和支配的作用。

上文已对价值观的层次和分类进行了相关阐述，可见，核心价值观渗透到社会的政治、经济、文化、生态等各个领域，主要指宏观层面的社会价值观，个人价值观在其中亦有体现。作为一种积极的、先进的价值观，核心价值观对社会中存在的一切消极、落后价值观起到规约和示范作用。同时，基于价值观的历史性和现实性，核心价值观合理继承了传统价值观中的积极因素，植根于当代社会，并主导、引领其他价值观发挥作用。

马克思说：“统治阶级的思想在每一时代都是占统治地位的思想。这就是说，一个阶级是社会上占统治地位的物质力量，同时也是社会上占统治地位的精神力量。”[③]因此，一个社会的核心价值观属于这个社会的意识形态领域，受到该社会统治阶级的支配和引领。

(四)社会主义核心价值观

社会主义核心价值观是指具有社会主义性质的核心价值观，“是在继承人类文明进步成果、反映科学社会主义本质规定的基础上，集中反映中国特色社会主义理想信仰并融会于中国特色社会主义伟大实践中的价值追求”[④]。

---

① 参见王燕文主编:《社会主义核心价值观研究丛书·总论》,江苏人民出版社 2015 年版,第 19 页。

② 参见方旭光:《认同的价值与价值的认同:社会主义核心价值观论》,中国社会科学出版社 2014 年版,第 16 页。

③ 《马克思恩格斯选集》第 1 卷,人民出版社 1995 年版,第 52 页。

④ 王燕文主编:《社会主义核心价值观研究丛书·总论》,江苏人民出版社 2015 年版,第 22 页。

马克思说过："批判的武器当然不能代替武器的批判，物质力量只能用物质力量来摧毁；但是理论一经掌握，群众也会变成物质力量。理论只要说服人，就能掌握群众；而理论只要彻底，就能说服人。"[①]科学社会主义作为一种社会制度，从空想到科学，从理论到实践，是无产阶级革命政党在一次次探索和思考中丰富完善的，社会主义核心价值观的形成与发展也是伴随着社会主义的实践而产生，它代表了最广大人民群众的根本诉求和理想夙愿，在价值引领方面能够发挥积极作用，终将成为人们的自觉选择。

因此，社会主义核心价值观不同于一般的价值观，它是在社会主义制度下占据核心和主导地位的社会价值观。

二、内涵及层次分析

社会主义核心价值观内容的建构与中国共产党对社会主义理论和实践的探索相伴而生。2006 年，党的十六届六中全会第一次明确提出并阐述了"社会主义核心价值体系"这一重要命题；2011 年，党的十七届六中全会将社会主义核心价值体系建设提高到前所未有的高度，将其定位为"兴国之魂"，决定着中国特色社会主义发展方向；2012 年，党的十八大以"三个倡导"的方式界定了社会主义核心价值观的内容，即倡导富强、民主、文明、和谐，倡导自由、平等、公正、法治，倡导爱国、敬业、诚信、友善，积极培育和践行社会主义核心价值观。

(一)内涵

目前，学界对"三个倡导"是否能够代表社会主义核心价值观以及"三个倡导"的内部结构关系存在分歧。有学者提出，"三个倡导"是作为培育和践行社会主义核心价值观的基本范畴和基础资源，本身不能作为社会主义核心价值观的直接表述，二者之间不是简单的等同关系。有人对从三个层面提炼社会主义核心价值观并提出了不同看法，认为核心价值观作为最高抽象的价值观不宜再划分层次。

学术文化领域上，任何一个新概念的提出都会伴随着学术界的争论与热议，而理论的创新和进步正是在每一次的争论中产生的。目前，社会主义核心价值观第一次以"三个倡导"的方式提出，并在社会上得到了广泛的关注，从这一层面上讲，它作为社会主义的先进文化是具有历史进步意义的。正视分歧、加强研究，并将理论投入社会实践中检验，是当代社科理论工作者的责任与使命。

---

① 《马克思恩格斯全集》第 1 卷，人民出版社 1956 年版，第 460 页。

对此，有学者提出“根据真理是具体而又丰富多彩的要求，我们既需要对三大层面的十二组核心价值各自进行深入和有联系的解析，又需要对十二组核心价值的内在关系进行深入的揭示；根据把握真理需要有一整套范畴和概念的要求，我们还需要对十二组核心价值进行层次不一的概念预设、概念之间关系的梳理和假设，并努力在社会实践中加以检验确证”[①]。

本书的任务是对“三个倡导”中的十二组核心价值的内涵进行梳理，并对它们之间的内在关系进行深入揭示。

1. 富强

富强，表示富足而强盛，体现为财富充裕，力量强大。历史唯物主义指出，生产力的发展是社会进步发展的最终决定力量。

中华民族5000多年的历史，曾经创造了灿烂的文明和辉煌的文化，更是出现了“文景之治”“贞观之治”“开元盛世”等富强时代。但是，封建制度下的国家财富多掌握在天子、诸侯等少部分人手中，因此，封建时期的盛世更多表现出“国富民贫”。清朝晚期，战争的失败惊醒了沉睡中的中国，有一句话描述当时的情形特别恰当：“国中之兵，说有七十万之众，未必有一千人合用。”[②]因此，寻求国家的富强之路是无数仁人志士的目标。

当代社会主义中国将人民富裕、国家富强作为一切工作的出发点，充分体现了社会主义制度的优越性和先进性，维护了无产阶级和广大劳动人民的根本利益。因此，社会主义背景下的“富强”被赋予了时代的内涵。

一是人民富裕。中国特色社会主义的人民富裕，是全体人民的共同富裕，而非少数人的特权，这是由社会主义的本质规定的，也是中国共产党人的价值追求。自改革开放以来，为了解放生产力、发展生产力，主张先使一部分人富起来，先富带动后富，最终达到共同富裕的目标。同时，中国特色社会主义的富裕是全面的富裕，而非局部的富裕，其中包括物质富裕和精神富裕两个层面。恩格斯曾指出，社会主义社会在全社会占有生产资料的基础上，通过社会生产，不仅可能保证一切社会成员有富足的和一天比一天充裕的物质生活，而且还可能保证他们的体力和智力获得充分的自由的发展和运用。[③]

二是国家富强。国家富强包括富足和强大两个方面。首先，国家的富足体现于国家经济的快速发展，其中，一个最直接的衡量因素就是国内生产总值(GDP)的高低。随着国家经济体制改革的日益加深，我国经济发展速

---

① 邱柏生：《试论价值观的形成是一个过程》，载《社会主义核心价值观研究》2015年第1期。

② 金一南：《魂兮归来》，北京联合出版公司2015年版，第12页。

③ 参见戴木才、黄士安：《论“富强民主文明和谐”》，载《马克思主义研究》2010年第5期。

度持续稳增，当前GDP已跃居世界第二位，这对中国的富强奠定了经济基础；其次，国家的强大体现于综合国力的增强，包括政治、科技、文化、军事、工业、教育、人力资源等方面。国家强大了才可以维护祖国的统一安全，保障国民的合法利益不受侵犯，确保中华民族始终屹立于世界民族之林。

2. 民主

“民主”一词源于古希腊，它包含了两层含义，即公民统治和平民统治。美国著名现代化理论家巴林顿·摩尔提出的“没有资产阶级，就没有民主”使得民主变成了资产阶级的专利，其后，美国政治学家亨廷顿将其演变为“中产阶级带来民主”。马克思主义在承认民主为多数人统治的基础上，把民主问题同国家和阶级统治联系起来，认为民主是一种国家制度，是统治阶级维护其统治的工具和手段之一。[①] 民主虽然体现了人权、自由、平等、尊严和非暴力等文明人类的价值，但没有一个放之四海而皆准的定义，“每个国家都有自己的历史传统和经济、社会发展的实际情况，民主应该适合自己的国情”[②]。

中国特色社会主义民主政治发展道路的演进和形成是一个漫长的历史过程，从鸦片战争开始，无数仁人志士用自己的鲜血和生命探索适合中国的民主模式。最终，在中国共产党的领导下，我们找到了一条不同于西方资本主义国家的民主模式。毛泽东指出：“我们的民主不是资产阶级的民主，而是人民民主，这就是无产阶级领导的、以工农联盟为基础的人民民主专政。”[③]在社会主义制度下，人民是国家的主人，国家的一切权力属于人民。人民有权管理国家事务，监督国家机关及其工作人员，依法享有人身、言论、通信、出版、集会、结社、游行、示威、宗教信仰等自由，在法律面前一律平等。

西方学者曾经提出区分“好民主”与“坏民主”的原则，其中包括：(1)照顾多数人的利益；(2)决策能够集思广益；(3)提供决策合法性；(4)保持政治稳定与长治久安。我国有学者提出应将法治水平、经济发展、政治自由、绩优选拔、公民参与、社会福利、政府效能这七项指标作为评价和测量民主质量的重要维度。[④]

在当代中国，民主的任务首先要从根本上推动社会生产力的发展，同时要保持现代化过程中的社会稳定，还要具有不断自我调整和改善的能力和

---

① 参见张科：《中国特色社会主义民主政治发展道路研究》，中共中央党校博士学位论文，2015年。

② 中共中央文献研究室编：《十四大以来重要文献选编》(中)，人民出版社1996年版，第1749页。

③ 《毛泽东选集》第4卷，人民出版社1991年版，第1480页。

④ 参见燕继荣：《民主及民主的质量》，载《经济社会体制比较》2014年第3期。

空间。具有中国特色的社会主义民主，从历史中走来，在现实中形成，在未来中发展，是推进中国社会主义事业和现代化进程的正确道路。[①]

3. 文明

在我国，“文明”二字最早出现在《尚书》和《周易》中，《尚书·舜典》就有：“浚哲文明”，孔颖达注疏中指出：“经天纬地曰文，照临四方曰明。”这里的“经天纬地”是指改造自然，属于物质文明的范畴；“照临四方”是指驱走愚昧、带来光明，属于精神文明的范畴。可见，我国从古代开始，“文明”就是一个指称物质文明和精神文明的综合概念。[②]

在西方，“文明”一词来源于拉丁文 civilis，具有“公民的”“社会的”“国家的”的含义。西方学者认为文明是人类社会的进步状态，与蒙昧野蛮相对。美国社会学家摩尔根把文明概念与社会进步状态联系起来，他在 1877 年出版的《古代社会》一书中把人类古代社会分为蒙昧、野蛮、文明三个时期，并把文字的出现看作文明的开始。随着社会的进步，尤其是经济的飞速发展，物质生产的极大丰富反而引起了人类政治的腐化与道德的败坏。傅立叶指出，“文明制度虽然有种种生产的功绩，却不能保证给予人民劳动和面包”，“文明制度只能创造幸福的因素，而不能创造幸福”，“在文明制度下，贫困是由富裕产生的”，“文明制度仅仅是改进工业，但它却随着工业的发展而败坏风俗”[③]。

马克思主义社会文明观认为，文明是人类进步的一个重要标志。恩格斯指出：“文明时代是学会对天然产物进一步加工的时期，是真正的工业和艺术的时期随着社会生产力的不断发展，尤其是脑力劳动和体力劳动分工的出现，人类文明不断由低级阶段向高级阶段发展。”[④]马克思多次强调把“已经获得的生产力”看成“文明的果实”，把文学、艺术称之为“文明中间一切精致的东西”，把哲学思想称为“文明的灵魂”。

社会主义核心价值观中的文明既包含物质文明，又包含精神文明；既强调社会生产力的发展，也强调政治制度的完善；既注重物质生活的丰富，也注重精神世界的享受；既要提高人民的生活水平，也要提高人民的道德修养；既激发人民努力工作的热情，也要培育良好的社会风尚。随着社会生产力和文明程度的不断发展，以公有制为基础的社会主义文明取代资本主义

---

① 参见张科：《中国特色社会主义民主政治发展道路研究》，中共中央党校博士学位论文，2015 年。

② 参见韩振峰：《文明：社会主义核心价值观的文化价值目标》，载《社会主义核心价值观研究》2016 年第 4 期。

③ [法]傅立叶：《傅立叶选集》第 2 卷，赵俊欣等译，商务印书馆 1982 年版，第 290 页。

④ 《马克思恩格斯选集》第 4 卷，人民出版社 1995 年版，第 24 页。

文明，是人类社会发展的一种必然。

4. 和谐

和谐是人类的美好向往与共同追求。和谐是中华民族传统文化精神的精髓，孔子提出的“礼之用，和为贵”(《论语·学而》)、“天人合一”、和衷共济、以和为贵等思想主张，成为古代中国人追求人与社会、人与自然和谐统一的理想与目标。

在西方，古希腊哲学家毕达哥拉斯提出“整个天是一个和谐”；赫拉克利特在肯定和谐价值的基础上提出“对立和谐观”；尼柯马赫主张“和谐起于差异的对立，因为和谐是杂多的对立统一”；黑格尔认为，和谐是绝对的变或变化。足见，西方的和谐就是对立物的统一态或平衡态。

空想社会主义者使用“和谐社会”一词，强调新社会的和谐不是个体和谐而是全体和谐。马克思、恩格斯明确提出社会和谐的概念，即在高度发达的生产力基础上，旧的国家机器不复存在，私有制也已经被消灭，社会财富极大丰富，社会实现按需分配，社会各级层次之间不存在任何对立和差别。人与人之间、人与自然之间都形成和谐的关系，是“人类同自然的和解以及人类本身的和解”[①]。每个人都能实现自由和全面发展，人与人、人与自然、人与社会之间达到了和谐和统一。

中国共产党根据马克思主义基本原理和我国社会主义建设的实践经验，探索建设社会主义道路，提出了“构建社会主义和谐社会”的概念，并描述了其特征，即“民主法治、公平正义、诚信友爱、充满活力、安定有序、人与自然和谐相处的社会”。中国特色社会主义是和谐的社会主义，是中国共产党领导全体人民在中国特色社会主义道路上共同建设、共同享有的和谐社会，是人与自然和谐相处的生态文明，是对资本主义工业文明是一种全面超越，代表了一种更为高级的人类文明形态，代表了一种更为美好的社会理想。

5. 自由

自由的最基本含义是不受限制和阻碍，或者说限制或阻碍的不存在。在此条件下人类可以自我支配，凭借自由意志而行动，并为自身的行为负责。

在西方哲学史上，自由思想发端于古希腊罗马时期。先哲们在探究世界本原的过程中形成了他们各自的自由思想。苏格拉底从意识自由出发阐述了客观唯心主义的自由观；柏拉图则从理念世界和善的关系角度描绘了

---

① 戴木才、黄士安：《论“富强民主文明和谐”》，载《马克思主义研究》2010年第5期。

人的自由的实现问题；亚里士多德的自由概念同合目的性学说密切联系，倡导标志人性高度的德性自由；斯多葛学派也从个体本位出发理解个人的自由，提出“根据自然，根据理性而生活是一种职责，是圣人必须履行的职责”[①]。

在中华传统文化中，并没有以一个哲学或政治范畴提出并讨论“自由”一词，直到近代，为了反对封建专制，救国图存，严复、梁启超、谭嗣同等思想家才开始将自由作为哲学和政治范畴进行探讨。资产阶级革命家孙中山在总结前人的理论成果和借鉴资本主义国家革命经验的基础上，提倡国家自由和个人自由，将个人自由具体化为集会、结社、言论、信仰等自由，将自由作为政治革命的价值目标。有鉴于此，很多人误以为自由是从西方国家引入中国的，其实中华传统文化在其发展历程中也孕育和形成了丰富的自由思想。“自由”在中国古代文献中的意思是“由于自己”，就是不由于外力，是自己做主。孔子主张通过人格修养和学习达到“知天命”“耳顺”“从心所欲不逾矩”（《论语·为政》）的自由境界；孟子倡导“天人合一”的自由观，认为“尽其心者，知其性也；知其性，则知天矣”（《孟子·尽心上》）；老子视“无为”为“自由”，而天道则是自然无为，因此人要得到自由就可以完全顺应客观规律和天道自然。

马克思和恩格斯认为自由是人的内在本性和与生俱来的权利，“自由确实是人的本质，因此就连自由的反对者在反对自由的现实的同时也实现着自由”[②]。在马克思、恩格斯看来，自由要建立在对客观规律的认识基础上，自由的实现必然要受到客观历史条件的制约，受到物质条件、社会发展水平的制约。

6. 平等

西方理论界普遍认为平等的观念来自法国启蒙思想家卢梭。卢梭在《论人类不平等的起源和基础》中认为，平等与不平等，一方面起因于自然，如一个人的性别、肤色、相貌、天赋能力等；另一方面起因于契约和人的自觉活动，如贫与富、贵与贱、主人与奴隶等。社会平等主要取决于后者，卢梭提出：“人们尽可以在力量上和才智上不平等，但是由于约定并且根据权利，他们却是人人平等的。”[③]这一思想在西方资产阶级革命后成为一项基本的政治原则，并促使资本主义社会超越了封建社会的不平等，促进了社会的进步。

---

① [德]文德尔班：《哲学史教程》上卷，罗达仁译，商务印书馆 1987 年版，第 232 页。

② 《马克思恩格斯选集》第 1 卷，人民出版社 1995 年版，第 167 页。

③ [法]卢梭：《社会契约论》，何兆武译，商务印书馆 1997 年版，第 8 页。

马克思和恩格斯充分认可卢梭的平等观，恩格斯认为平等观念“通过卢梭起了一种理论的作用，在大革命中和大革命之后起了一种实际的政治的作用，而今天在差不多所存的国家的社会主义运动中仍然起着巨大的鼓动作用”[①]。资产阶级以抽象的人性论为基础论证天赋人权的合理性，抹杀了平等的历史性和阶级性，这种平等只是资产阶级内部有产者的平等，对于无产阶级而言是形式的、虚伪的。恩格斯认为，平等应当不仅是表面的，而且还应当是实际的；不仅在国家领域中实行，而且还应当在社会、经济领域中实行。[②] 其中，经济领域的平等是其他领域平等的基础，而要使劳动者在经济上获得解放，就必须消灭资本主义私有制，消灭一切剥削阶级，实现社会主义。只有社会主义社会才能实现真实的、为全体社会成员所享有的广泛的平等。

社会主义社会平等首先是普遍的平等，即每个人的平等，包括了最底层的劳动人民的平等权利；其次，社会主义社会平等具有形式上与实质上的统一性，能够充分实现经济、法律、政治等方面的平等权利。以平等价值观为导向建设中国特色社会主义。一是要反对等级特权。要通过政治体制改革废除等级特权，实现社会关系上的平等；二是既要打破平均主义，也要提倡共同富裕。[③] 三是平等参与和平等发展。减少特权，增加平等，注重保障人民群众平等参与、平等发展的权利。力求建立更加平等、公正的社会。

7. 公正

从词源上将“公”和“正”联系起来，“公正”一词在《辞源》中的解释为：“不偏私，正直。”《现代汉语辞海》解释为：“公平正直、没有偏私。”《英汉辞海》解释为：“公正，公道，正义维护或主持公正；对相抵触的要求进行公正的调查；给予应得的奖赏或惩罚；公正的对待。”古希腊时期对公正范畴贡献最大的当数亚里士多德，他认为公正是一切德性的总汇，公正是政体共同体的基础。

根据马克思主义理论，“作为一种理念，公正是与人类文明相伴随的”[④]。因此，“公正”是在一定的历史条件下产生的价值观念，作为一种被普遍认同的公正，是在现代社会中形成并完善的。

自 20 世纪 80 年代以来，学者们一直试图给公正下一个明确的定义，但由于学科背景不同，人们对公正的定义也存在明显差异。在当代中国语境

① 《马克思恩格斯选集》第 3 卷，人民出版社 1995 年版，第 444 页。
② 参见《马克思恩格斯文集》第 9 卷，人民出版社 2009 年版，第 112 页。
③ 参见陈卫平：《在全面建成小康社会中倡导平等价值观》，载《探索与争鸣》2012 年第 12 期。
④ 吴忠民：《公正新论》，载《中国社会科学》2000 年第 4 期。

里，公正与公平、正义之间既有区别又有联系。公平是一种平衡利益分配的尺度，注重客观性，没有明确的感情色彩。公平大体包括两方面含义，即社会地位平等和社会财富分配上的公平。公正指对公共产品的分配不偏不斜，侧重社会的基本价值取向。从道德层面来说，公正高于公平，公正侧重于对社会真、善、美的追求。“公正是理念化、理想化的公平，而公平则是现实化、具体化了的公正。”[①]正义与公正在大多场合不做区分，但二者之间是有差别的。公正是指社会运行的总形式，正义可称作每个人在获得应得报酬的应然性，它倾向于通过制度的制定及其执行程序体现社会的公平正义。作为公平的正义的公正介于正义和公平之间，它偏向于公平，但必须符合正义的精神，能更好地反映正义的公共性质。公正是公平、正义的统一，指社会关系的均衡合理及处理利益分配的一种原则。[②]

公正是一个具有多元内涵的范畴，应该对其进行分层理解。其一，公正属于关系范畴。它反映的是人与人之间、社会与个人之间的价值关系，包含个人公正和社会公正。其二，公正的主要体现为分配。它指向于在机会、财富、权利和义务等分配时要体现公正。其三，公正的内容为社会资源。公民承担社会角色是否自由，占有财富是否合理。其四，公正是一种价值诉求。要求分配合理，得其应得。其五，须遵循等害交换原则。公正要求对害人者给予惩罚，对受害者给予赔偿。其六，公正要求在必要情况下适度调整分配。由于一些原因，比如天赋体力或智力差异，人们应得结果存在巨大悬殊。这时，对人们的所得做适当调节是公正所要求的。合理的税收就是对企业和个人收入的调节，也体现了对社会资源的二次分配。同时社会保障政策、对社会贫困人员的救助也是调整分配的一种形式。[③]

中国特色社会主义与社会公正具有内在的关联。一方面，社会公正是中国特色社会主义的内在要求。中国特色社会主义的实践需要公正的理念。公正是社会主义核心价值观的重要范畴，它有助于动员人民群众投身于中国特色社会主义事业，凝聚人们的精神力量。另一方面，社会公正在中国特色社会主义中得到了充分的体现。社会公正的理念来源于中国特色社会主义的实践并且又指导实践。不仅仅在中国特色社会主义总体布局、党的建设总布局、党和国家的奋斗目标上彰显公正，而且在处理具体的现实问

---

① 吴忠民：《公正新论》，载《中国社会科学》2000 年第 4 期。

② 参见于游：《社会主义核心价值观中“公正”问题探究》，东北师范大学硕士学位论文，2016 年。

③ 参见王若宇：《马克思恩格斯公正思想及其当代价值》，西南大学博士学位论文，2012 年。

题时也要坚持公正的理念与原则。[①]

8. 法治

中国传统法律思想经历了殷周萌芽时代、“百家争鸣”时代、儒家独尊时代和欧美法系侵入时代等四个时代。其中的“以民为本、以法治国、公正执法和礼法并用”等思想已渗透沉淀在中国文化的骨髓中，并深刻影响着我们的思维方式和法律生活。在中国古代社会，注重和推崇运用“法”为治国治世利器的当属法家，法家主张“任法而治”和“一断于法”，提倡要法治不要人治，主张依靠法治来调度社会各阶层的积极性。古代政治家、思想家也都认识到法定必行的重要性，认为有法不用与无法等，强调法律的生命力与权威在于实施；强调法律的稳定性，认为治大国而数变法，则民苦之；强调司法公正，法与德不可偏废。

西方的法治精神来源于古希腊，其中柏拉图、亚里士多德的法治思想影响较大，尤其是对 17、18 世纪的英国、法国。柏拉图在其著作《法律篇》中提出了法律要在官吏之上、官吏要服从法律、人类要遵守法律的思想。亚里士多德继承了柏拉图的思想，在《政治学》一书中提出已成立的法律获得良好的服从，而大家所服从的法律本身又是制定的良好的法律。[②] 18 世纪，法国的孟德斯鸠继承了洛克的思想，提出“三权分立”和权力间的“制约与平衡”。卢梭主张建立资产阶级的“理性王国”，主张自由平等，反对大私有制及其压迫等。这些思想对西方的法治发展和法治模式的形成做出了巨大的贡献。同时，由于现实社会中市民社会的客观需求，市民社会与国家的分离和互动发展，产生了自下而上的西方法治。现代西方法治的形成，是在反对君主制和天主教神权政治的基础上发展起来的，其核心价值是正义、自由、平等和博爱。通过法律至上的原则控制和限制权力，杜绝专制和独裁，保证个人的生命、权利、自由不受侵犯。西方法治的精髓是民主、人权、平等。[③]

马克思的著作中很少使用“法治”一词，其法治思想往往同哲学、政治学、经济学、社会学等方面的思想交织在一起，散见其著述中。马克思、恩格斯认为：法是国家意志的体现，是统治阶级共同意志的体现，法的内容及其发展规律决定于统治阶级的物质生活条件。马克思、恩格斯关于法的本质及其发展规律的思想，奠定了社会主义法治理念的世界观和方法论。

对社会主义核心价值观中的“法治”应作如下解读。其一，社会主义核

① 参见邬巧飞：《马克思的社会公正思想及当代价值》，中共中央党校博士学位论文，2015 年。

② 参见娄慧：《西方法治思想对中国法治建设的启示》，载《开封教育学院学报》2017 年第 5 期。

③ 参见龙一平：《中西方法治思想的差异及其对架构我国法治之路的启示》，载《吉林省教育学院学报》2014 年第 7 期。

心价值观中的法治包含着我们党推进法治中国建设的战略性思考，这也体现在宪法的逐步完善和全面贯彻实施之中。1954 年宪法的制定具有重要的历史意义，它是中华人民共和国第一部完整的宪法。党的十一届三中全会确立了我国法制建设“有法可依，有法必依，执法必严，违法必究”的十六字方针，推动了我国法治化的时代进程。1982 年宪法（现行宪法）的颁布，标志着中国的法治事业重新步入正轨。1999 年的宪法修正案将“依法治国，建设社会主义法治国家”载入宪法，为国家的法治化进程奠定了根本法的基础。其二，社会主义核心价值观中的法治是马克思主义法治思想的中国化，具有当代中国特色，与坚持党的领导、人民当家做主和依法治国有机统一。其三，社会主义核心价值观中的法治是一种信仰，最本质内涵就是树立中国特色社会主义法治道路自信。①

中国特色社会主义法治理念是在我国法治建设中逐渐形成与发展起来的，基本内容包含“依法治国、执法为民、公平正义、服务大局、党的领导”五个方面。② 法治是个人自由的保障，虽然法律对人们的自由有适度的限制，但正是有了这种限制，才能实现人们的普遍自由；法治是社会平等的保证，法律追求的是人人权利平等，对所有人一视同仁，法律面前人人平等；法治也是社会公正的保障，在法治的条件下，公共权力依据法律分配，只要法律是公正的，分配便是公正的。③

9. 爱国

爱国是公民的社会美德，是中华民族的优良传统，体现了个人对国家、民族和传统文化的依存、热爱、归属感和认同感，是社会主义核心价值观的重要组成部分，是中华民族精神的核心。

“爱国”就是“爱自己的国家”，体现的是人民对祖国的忠诚和热爱，体现的是一种情感态度和价值观念。“爱”是一种情感活动和心理活动，还是一种社会关系的体现，“爱”的目的就是将“爱”的情感外化为社会实践，因此“爱”还具有实践属性。在“爱国”一词中，“国”是“爱”的对象，人民既对国家存在着“爱”的道德情感，是对国家的维护和信仰，同时又希望将这种“爱”转化为社会实践，在国家的繁荣富强中实现自我发展与国家发展的统一。

爱国是一种朴素的情感，具有感性的因素，而爱国主义是一个历史范畴，是感性的爱国的提升，具有理性的特点。爱国主义不仅包含着情感色

---

① 参见夏元珍：《社会主义核心价值观中的“法治”解读》，载《文教资料》2016 年第 5 期。

② 参见王会军：《中国特色社会主义法治理念研究》，东北师范大学博士学位论文，2014 年。

③ 参见孙杰：《当代中国社会主义核心价值观研究》，中共中央党校博士学位论文，2014 年。

彩，而且还具备了道德、政治和法律的因素，爱国主义是对爱国的升华。[①]

因此，无论是深厚的爱国感情还是将爱国主义作为道德规范或政治规范，都必须通过理性的社会实践才能体现出它的社会意义。马克思认为社会生活在本质上是实践的。在实践活动中，人们不但同自然界发生关系，而且人与人之间也必然要结成一定的关系并互换其活动，这样才能产生和形成人与人之间的经济关系、政治关系、思想关系等一切社会关系。也正是通过实践行动，才使得爱国主义从思维的抽象转化为现实的具体。

爱国是公民个体价值准则的基础，是敬业、诚信、友善的基础和前提，也是社会主义核心价值观的根基，爱国统摄国家价值层面、社会价值层面和公民价值层面准则。爱国是公民最基本的价值准则，公民的爱国首先体现在敬业精神中，其次体现在公民的诚信价值中，还体现在友善价值之中。爱国主义是中国梦实现的不竭动力。爱国主义是中华民族的核心凝聚力，是团结世界各地华人的凝聚力，是中华民族前进发展的不竭精神动力，是中华民族生生不息的精神支柱。[②]

当代社会中，应该倡导理性爱国，理性爱国主义是指在表达爱国热情和诉求时，从全民族国家的最高利益出发，审时度势、弄清事情的起因和来龙去脉，通过客观冷静的思考来解决问题，以求达到动机与效果、内容与形式、手段和目的的统一。[③]

10. 敬业

敬业是我国传统文化中十分重要的观念，中华民族历来就有崇尚敬业的传统。敬业是指人们对待自己所从事的工作持有敬重、严肃、专心致志的态度，从而能把事情和工作做好。

作为社会职业生活中最为基本的伦理道德之一，敬业在现代社会中发挥着十分重要的作用。尤其是在社会主义市场机制不断发展的今天，竞争日益激烈，人们的生活方式、交往方式、思想价值观念等正不断变化更新，这使得敬业的内涵也发生了重大变化。现代社会的敬业，具体应表现在勤业、精业、乐业、崇业这四个方面。勤业是敬业的第一要素；精业是敬业的内在要求；乐业是敬业的集中表现；崇业是敬业的必然走向。

敬业表现在精神和能力两方面。精神层面体现为忠于职守、乐于奉献的精神面貌；能力层面体现为具备良好的业务技能。敬业的精神层面处于价值主导地位，是核心和灵魂，精神层面又分为态度和情感两部分，忠于职

① 参见王永磊：《我们的价值观》(公民篇)，黄山书社 2016 年版，第 29～31 页。

② 参见王永磊：《我们的价值观》(公民篇)，黄山书社 2016 年版，第 38～41 页。

③ 参见朱琳：《全球化背景下的爱国主义研究》，西南财经大学博士学位论文，2012 年。

守的工作态度，首先有献身精神，其次要有责任感。[①]

从哲学角度看，敬业与人的本质问题息息相关。在人类社会中，每个人都要通过从事一定的实践活动来满足自身的需要。人们在社会生活中，总要参与一定的社会分工，通过劳动来满足自己的需要并产生新的需要。敬业主体在职业活动中不断丰富和提升自己，使自己感受到生命活动的价值，从而促进人的本质的发展和升华。[②] 敬业是职业道德的核心和精髓。一个人有无敬业理念，体现着其职业道德水平的高低。敬业精神还是其他职业道德得以产生和发展的基石。敬业精神有利于维持诚信的道德规范，能直接促使人们发扬奉献社会的精神，敬业的最高层次与追求就是具备奉献精神。[③]

总之，敬业是人类社会存在和发展的需要，是中华民族的传统美德，是社会主义市场经济发展的内在要求，是实现人生价值的需要，是职业道德的核心，是个人安身立命的基础，是实现中国梦的动力之源。

敬业对个人来说是一种生存方式、道德品质、价值准则，也是一种精神追求。对国家来说，敬业就是要凝聚人民的力量，形成社会发展进步的推动力量。敬业是个人和国家发展进步的统一要求。首先，社会要营造尊重劳动和劳动者的社会氛围；其次要发扬刻苦勤奋和苦干实干的光荣传统；再次要加强自觉学习和增强本领的主动意识；最后要形成以敬业为自我价值实现途径的社会理念。[④]

11. 诚信

“诚信”一词最早见于《商君书 · 靳令》，其核心思想形成于中国商朝晚期至春秋战国时期。对中国影响深远的儒家文化一直崇尚诚信，并以诚信作为“修身、齐家、治国、平天下”的根基。在西方，诚信(integrity)作为人们基本的道德行为规范，同样具有源远流长的历史。但是，中西方传统里对诚信的理解略有不同，在中国传统诚信文化中，“诚”处于核心的位置，人们更关注其自律的价值，“其身正，不令而行，其身不正，虽令不从”(《论语 · 子路》)；在西方的诚信文化中，人们更多地关注诚信制度对人的约束，具有律己和律他的双重制约价值。

在现代意义上，诚信是指主体能够按其主观意愿，在作出主观判断的基础上，真实地表达客观事实，作出相应的承诺，并按此践行的一种道德规范

---

① 参见王永磊：《我们的价值观》(公民篇)，黄山书社 2016 年版，第 65～66 页。

② 参见樊婧：《当代中国公民的敬业观教育研究》，湖南师范大学硕士学位论文，2015 年。

③ 参见孙杰：《当代中国社会主义核心价值观研究》，中共中央党校博士学位论文，2014 年。

④ 参见王永磊：《我们的价值观》(公民篇)，黄山书社 2016 年版，第 73～76 页。

或品质。诚信包括相互联系的“诚”和“信”两部分，“诚”是指主体对所感知到的客观事实和相应的主观判断进行真实表达的心理和行为品质，表现为讲真话，不说谎。“信”主要指主体能够在作出道德判断的基础上，对其道德判断进行真实的表达，作出相应的承诺，并按此践行的心理和行为品质，表现为讲信用，说到做到。①

“诚信”一词在规范性文件中出现的相对较晚，却迅速成为社会主义核心价值观的组成部分，在政治发展中进行着明确的“诚信宣示”。随着社会失信问题的日益突出，诚信的政治宣示进而转换为更为具体、更为规范的法律形式，成为法治的重要内容和基本要求。从最初的口号宣示到现今政策文本中的正式规划，失信问题已纳入法律治理的范畴之内，诚信已俨然成为法治的主要话语。而诚信理念也从晦暗不明发展为“明确主张”，话语地位发生了重大变化。在此种背景下，学界兴起了研究诚信和建构社会诚信体系的热潮。可以说，政治诚信的流变促进了法律诚信的研究与探讨，而由“口号治理”向“法治探索”的转换也是诚信治理策略发展的必然趋势。②

12. 友善

友善是一种友好和善良的态度，是对道德价值的美好追求，是一种优良的道德品质。从词语的构成上看，友善是由“友”与“善”两个字组成的。首先，“友”作为象形字表现的是两人之间握手结交，结成朋友。其次，在中华传统文化中，“善”用来阐释人性论、义利之辨、善恶评价、道德规范和修养方法等问题，在不同社会时期也有着不同内涵。“友”与“善”的结合，即友善，指的是人际交往中基于善意和良知所表现出的友好言行。黑格尔在“道德”篇中对“善”作出了一般的规定性，即善是“被完成了的、自在自为地被规定的普遍物”，“善不是某种抽象的东西，而是某种其实质由法和福利所构成的、内容充实的东西”。③

中华传统文化中一直蕴含着友善的价值观，并且是与儒家所倡导的“仁爱”联系在一起的。儒家对友善的追求有三重境界，第一重境界是“己所不欲，勿施于人”，严于律己，自己不想要的不强加给别人；第二重境界是“己欲立而立人，己欲达而达人”，自己想要和希望得到的利益也要想到和帮助别人去实现和达到，也就是要考虑到别人的精神需要和利益诉求，对他人要宽容忍让；第三重境界是“推己及人”，设身处地为对方着想，由爱自己推广到

---

① 参见傅维利、王丹、刘磊、李德显：《诚信观的构成及其对诚信教育的启示》，载《教育研究》2010年第1期。

② 参见类延村：《规则之治》，西南政法大学博士学位论文，2013年。

③ 参见陈爱华：《论黑格尔“善的理念”的辩证视域》，载《江苏社会科学》2011年第6期。

爱别人。孔子认为做到了“推己及人”也就是做到了“仁”。儒家对仁爱的追求反映了中华传统文化中善待他人的基本价值取向。

社会主义核心价值观中的友善是在继承传统文化中友善观念的有益部分基础上，结合新的时代背景而提出的。社会主义核心价值观中的友善不仅包括人际交往和社会交往的内容，而且还包括人与自身、人与自然等方面的内容。社会主义核心价值观中的友善包含三个层次的内容，一是与人为友、与人为善，二是与己为友、常存善念，三是与自然为友、善待自然。马克思主义认为，人的本质是一切社会关系的总和。友善中的与人为善，可以建立和谐的人际关系，促进和谐社会关系的形成。友善还蕴含着与己为善、常存善念的含义，慎独、内省是中华民族的传统道德，处理好与自己的关系是处理好与他人和社会关系的基础。与己为友、常存善念，才能够实现人的自由全面发展。与自然为友则拓展了友善的对象和内涵，体现了中华传统文化对天人合一、天下大同的追求。① 现代社会的人际友善在内容上是历史性和永恒性的统一。友善的出发点和立足点是现实生活中的人，必定要符合人的自然性和社会性要求，即友善在内容上一定要包含个体情感和理性的要求。这种在情感和理性有机结合基础之上的友善表现为历史性和永恒性的统一，在实践上是现实性和理想性的统一。友善在形式上具有一定的层次性，即友善既有底线型的价值诉求，也有着理想型的价值旨趣，这两个方面统一于现实规范当中；在价值上是个体性和公共性的统一，友善价值的公共性原则还体现为公共生活中的理性思维方式，如哈贝马斯所讲的对话、交流、沟通等，这些都是达到友善关系的重要方法。②

在新时代培育和践行社会主义核心价值观中的友善观念，具有特殊意义。友善是自我发展的催化剂，是公民个人品行的重要标志，也是个人健康生活不可或缺的条件；友善是人际关系的调和剂，尊重他人、信任他人、宽以待人是建立良好人际关系的最佳方式；友善是和谐社会建设的润滑剂，以开放、友善、包容的心态对待他人、社会及自然界，尊重差异、尊重多样性及自然发展的规律，社会就会更加和谐。

（二）层次分析

通过对“三个倡导”中十二个概念的内涵梳理，可发现它们之间互为条件，既相互联系又相互补充，共同构成社会主义核心价值观有机统一的整体。每个时代的核心价值观都具有整体性、统摄性等特点。比如，我国封建社会的“三纲五常”，西方资本主义的自由、平等、法治、人权等。社会主义核

① 参见王永磊：《我们的价值观》（公民篇），黄山书社 2016 年版，第 133～136 页。

② 参见曾琰：《当代中国人际友善问题研究》，上海大学博士学位论文，2016 年。

心价值观也不例外，当代中国社会主义核心价值观，也是一个内在融贯的整体。关于社会主义核心价值观的内在结构，通常的说法是根据“三个倡导”的层次分解成国家、社会、个人三个层面。

第一个倡导是：富强、民主、文明、和谐。它是国家层面的核心价值目标，展现一个国家立足于世界民族之林的形象。根据历史唯物主义的基本原理，经济基础决定上层建筑，因此把富强摆在核心价值观国家层面的第一位。同时，我们主张和强调民主，社会主义民主是党的领导、人民当家做主、依法治国的有机统一。今天的中国文明，具有现代文明的内涵和外延，具有浓郁的时代气息。和谐是中国特色社会主义的本质属性，和谐的理念已成为建设中国特色社会主义过程中的价值取向。国家层面的核心价值目标在社会主义核心价值观中居于最高层次，对其他层次的价值理念具有统领作用。

第二个倡导是：自由、平等、公正、法治。这是社会层面的核心价值目标，是彰显社会文明层次和本质属性的价值观。实现人的自由全面发展是马克思主义的最高价值追求，我们倡导自由，使人们获得了全面发展的机会，而每个人的全面发展又必将促进全社会的共同发展，从而推动中国特色社会主义事业向前发展。平等既是每个人的生存权利、生活状态的保障，也是一种制度上的追求，社会主义的本质属性要求平等，社会平等体现在对每个社会成员的机会公平、规则公平、权利公平。公正是社会主义制度的本质属性之一，是中国特色社会主义的内在要求。现阶段，以公平正义为准则，实现全体社会成员公正共享式的发展，是建设中国特色社会主义的主要任务。法治是人类社会历史实践证明的最为有效的社会治理模式，它是治国理政、社会治理的最佳方式，是公民个人行为的基本准则。法治是践行社会主义核心价值观的有力保障，是促进社会和谐、维护国家长治久安的重要保证。

第三个倡导是：爱国、敬业、诚信、友善。这是公民个人层面的核心价值目标，显示着民众的精神风范和思想素质，包括社会公德、职业道德、家庭道德、个人品德等，它体现了社会主义价值追求和公民道德行为的本质属性。爱国是中华民族的优良传统，是民族精神的核心内容。爱国就要心系民族命运、祖国发展和人民福祉。敬业是强烈的事业心、责任感与锲而不舍的勤奋与努力的有机结合。诚信的基本含义是以真诚之心，行信义之事。友善作为社会主义核心价值观的一部分，在国家、社会、公民三个层面中，处于最基础的地位，也发挥着最为基础的作用。[①]

社会主义核心价值观包含的三个层面，即在国家、社会、公民三个层面的倡导。“三个层面”的核心价值观，是“三个倡导”的具体要求，三个层面的核心价值观，上下衔接，相辅相成，密切联系，成为有机联系、内在统一的整体，因而成为“三个层面”的统一。“富强、民主、文明、和谐”是中国特色社会主义的基本价值追求，体现的是国家经济、政治、文化、社会和生态建设的内在发展要求。“自由、平等、公平、法治”是中国特色社会主义的基本社会属性，体现的是我国作为社会的总体价值趋向和整体目标要求。“爱国、敬业、诚信、友善”体现的是我国公民的基本价值追求和道德准则要求。三个层面的核心价值观相互联系、相互贯通，集中体现了国家、集体和个人在价值目标上的统一，体现了国家目标、社会导向和个人行为准则的统一。[②]

随着社会主义市场经济体制的不断发展和完善，国家共同体、社会共同体和公民个人三方共赢和共享的利益格局正在形成之中。三者之中，社会层面的价值取向在国家层面的价值目标和公民个人的价值准则之间起到了承上启下的作用。只有在社会层面实现自由、平等、公正、法治，才能实现国家层面的富强、民主、文明、和谐，实现自由、平等、公正、法治的价值取向的目标就是国家的富强、民主、文明、和谐。以国家层面的富强、民主、文明、和谐为价值目标，并且以自由、平等、公正、法治这些社会层面的价值取向为保障，爱国、敬业、诚信、友善这一公民个人层面的价值准则才能是属于“公民个人”的。[③]

在社会主义核心价值观中，国家层面是目标，社会层面是中间环节，个人行为层面是基础。因此，建构社会主义核心价值观应严格遵循部分和整体、单一和综合相统一的原则，做到三个层面既相对独立、分头突进，又协同互动、整体推进。[④]

第二节　社会主义核心价值观的基本特征

社会主义核心价值观的特征是其区别于其他价值观的标志，主要包括以社会主义属性为基本前提；对马克思主义世界观与价值观的继承；以人民

① 参见赵智奎：《我们的价值观》（总论篇），黄山书社 2016 年版，第 51～60 页。

② 参见赵智奎：《我们的价值观》（总论篇），黄山书社 2016 年版，第 61～62 页。

③ 参见崔宜明：《社会主义核心价值观与中华优秀传统文化的再认识》，载《道德与文明》2014 年第 5 期。

④ 参见孙杰：《当代中国社会主义核心价值观研究》，中共中央党校博士学位论文，2014 年。

群众利益为根本宗旨；体现党性和人民性的统一、阶级性与实践性的统一；整合与凝聚一般价值，传承中华优秀传统文化；以世界文明发展进程为坐标等。

一、以社会主义属性为基本前提

社会主义核心价值观姓“社”不姓“资”，姓“中”不姓“西”，这是必须首先明确的。核心价值观属于意识形态，属于上层建筑，具有鲜明的阶级性和实践性。经济基础决定上层建筑，我国实行以公有制为主体、多种所有制经济共同发展的社会主义基本经济制度，主张生产资料公有，在按劳分配的基础上，强调共同富裕。以私有制为基础的资本主义经济制度，强调物质财富主要为一小部分资本家服务。我国现阶段处于社会主义初级阶段，主张巩固和发展公有制经济，鼓励、支持、引导非公有制经济发展，最大限度地调动人民大众的积极性，推动经济可持续发展，在此基础上，形成了最大公约数，树立社会主义核心价值观。社会主义核心价值观是中国特色社会主义意识形态建设的产物，是中华民族现时代的核心价值观，不是西方其他国家和民族的价值观。①

二、对马克思主义世界观与价值观的继承

作为社会主义核心价值观，它首先是由马克思主义的科学世界观决定的，马克思主义的科学世界观是社会主义核心价值观的本源和出发点。② 社会主义核心价值观继承了马克思主义经典的社会主义价值思想。虽然在马克思、恩格斯的经典著作中没有专门论述价值观的篇章，但他们的著作中提出的观点包含和涉及了价值观问题。他们关于“人的自由全面发展”“平等正义”“集体主义”“友爱互助”“富裕和谐”等论述，成为社会主义核心价值观的直接思想来源。③

三、以人民群众利益为根本宗旨

社会主义的本质预设了社会主义核心价值观的人民特性。社会主义核心价值观的主体是广大人民群众。毛泽东深有感触地说，“群众是真正的英

---

① 参见赵智奎：《我们的价值观》（总论篇），黄山书社 2016 年版，第 62～63 页。

② 参见刘书林：《论社会主义核心价值观的几个重要关系》，载《思想理论教育导刊》2014 年第 9 期。

③ 参见徐腾：《中国特色社会主义核心价值观研究》，扬州大学博士学位论文，2012 年。

雄”,“人民,只有人民,才是创造世界历史的动力”。[①] 马克思在批判资本主义的时候,并不仅仅认为和启蒙主义者的华美约言比起来,由“理性的胜利”建立起来的社会制度竟是一副令人极度失望的讽刺画。实际上,他还认为,社会主义之所以优越于资本主义,不仅在于资本主义的生产关系已经难以容纳日益发展起来的生产力,而且还在于资本主义的价值理想再也难以适应社会发展需要。而社会主义则能为广大人民群众提供经济、政治、文化等方面的平等、自由、民主、公平、正义等权利,能够让人民群众真正当家做主,社会主义核心价值观的目标指向是满足人民群众的利益诉求。马克思主义认为,人的自由、全面发展是人的本质的充分展现,代替资本主义社会的未来社会是一个“每个人全面而自由的发展为基本原则的社会形式”。社会主义核心价值观将其着眼点和目标指向均界定为最大限度地增进人民群众的根本利益。习近平一再告诫全党,任何时候都必须把人民利益放在第一位。总体上看,富强、民主、文明、和谐是满足人民群众物质文化生活利益的根本前提;自由、平等、公正、法治是实现人民群众物质文化生活权益的有力保障;爱国、敬业、诚信、友善是激发人民群众参与个体合法权益维护的重要条件。[②]

四、体现党性和人民性的统一、阶级性与实践性的统一

社会主义核心价值观是党性和人民性的统一。核心价值观是作为执政党的中国共产党倡导的,是党和国家的意志,也代表了人民的意志。社会主义核心价值观的建构,体现了党性和人民性的统一。党性寓于人民性之中,没有脱离人民性的党性,也没有脱离党性的人民性,只有站在全党的立场上、站在全体人民的立场上,才能真正理解和把握党性和人民性的统一。

社会主义核心价值观体现了阶级性与实践性的统一。社会主义核心价值观是中国共产党和最广大人民群众的价值追求,也是本质上的工人阶级的利益诉求,这是社会主义初级阶段上的利益诉求,同时也是为中国共产党的最高纲领的实现做准备、打基础。同时,更为重要的是,社会主义核心价值观的实践性。核心价值观不仅提出价值目标追求,而且还强调践行,用实践的结果证明一切。社会主义核心价值观始终在践行,始终在路上,只有进行时,渗透在国家、社会、民众的各个方面,无所不在,无时不有。[③]

---

① 《毛泽东选集》第 3 卷,人民出版社 1991 年版,第 790、1031 页。

② 参见王燕文主编:《社会主义核心价值观研究丛书·总论》,江苏人民出版社 2015 年版,第 39 页。

③ 参见赵智奎:《我们的价值观》(总论篇),黄山书社 2016 年版,第 67～69 页。

五、整合与凝聚一般价值,传承中华优秀传统文化

社会主义核心价值观整合与凝聚一般价值,传承传统文化精华。我们的核心价值观所形成的最大公约数,是整合与凝聚的结果。构建社会主义核心价值观,必须对多样的价值观进行筛选、整合、抽象、集中,最后整合与凝聚为核心价值。这种整合与凝聚是根据时代和国家、社会、公民的现实发展的要求进行的,处在一种动态的过程之中。

社会主义核心价值观是对中华民族优秀传统文化的继承和发展,传承中华传统文化的精华。中华民族有着博大精深的传统文化,是与希腊罗马文化、伊斯兰文化和印度文化相并列的世界四大文化系统之一。从中华文明历史进程看,中华传统文化是以《周易》为中心发展出来的儒、道、阴阳、法、名、墨、纵横、杂、农等各家文化。春秋战国以后,名、墨、纵横等诸家陆续退出了历史舞台。汉代以后,儒、释、道、武、医等都有所发展,墨家的社会地位被佛教代替,儒学成为官学、显学,逐渐形成了以儒家为核心,儒、释、道相融并存的中华传统文化。[①] 中华传统文化是中华民族的文化基因和精神标识。总体而言,儒家文化对中华民族的影响最为深刻。

中华民族优秀传统文化是基因,是民族特色所在,随着时代的传递稳定存在、不断升华。对中华民族传统文化,我们就要在分辨的基础上,进行科学的扬弃,吸取其精华,抛弃其糟粕。吸收中华民族优秀传统文化的过程就是去粗取精、古为今用的过程。[②]

六、以世界文明发展进程为坐标

社会主义核心价值观属于现代中华文明,是中华文明在现时代的产物和具体体现,同时借鉴了世界文明发展的成果,为世界文明发展做出了贡献。

中国文明属于世界文明,中国的社会主义核心价值观属于中国人民,也属于全世界。世界文明不是孤立存在的,不是单一的,而是多元的。在世界文明史上,曾经存在狭隘、错误的“欧洲中心论”,造成整个世界都是以西方意识作为主体意识的现象。“欧洲中心论”后来逐渐演变为“西方中心论”,以至于西方霸权主义到处推行其“普世价值”。我们的价值观主张尊重世界

---

① 参见孙熙国、刘志国:《全球化与中华传统文化的现代转换》,山东大学出版社 2009 年版,第 5 页。

② 参见刘书林:《论社会主义核心价值观的几个重要关系》,载《思想理论教育导刊》2014 年第 9 期。

各国人民的文化传承，尊重各国各民族文明。社会主义核心价值观强调承认和尊重本国本民族的文明成果，但不搞自我封闭、唯我独尊。我们在传承弘扬中华优秀传统文化的基础上，积极借鉴别国别民族思想文化的长处和精华，这也是增强本国本民族思想文化自尊、自信、自立的重要条件。

在“三个倡导”的第二个层面“自由、平等、公正、法治”中，自由被纳入中国特色社会主义理论之中，这也是在借鉴世界文明优秀传统上的一大突破。平等是中国传统社会一直诉求的价值原则，如“均贫富，等贵贱”的意识。《尼各马科伦理学》一书对公正也作了较系统深入的论述。法治思想可以追溯到我国历史上韩非子主张的“法制”，即“以法治国”，同时我们也借鉴了西方在建设法治社会中的一些经验。①

社会主义核心价值观在面向世界时保持开放心态，吸收借鉴世界文明，从而更好地影响世界并为世界大众所认同和接受。但同时要抵制和反对西方“普世价值”的传播和渗透，对于世界其他文明采取扬弃的态度，坚持走自己的路。

我们要积极构建人类命运共同体，为世界文明发展做贡献。2015 年 9 月 28 日，习近平总书记在纽约联合国总部发表了题为《携手构建合作共赢新伙伴　同心打造人类命运共同体》的演讲，他说：“和平、发展、公平、正义、民主、自由，是全人类的共同价值，也是联合国的崇高目标。目标远未完成，我们仍须努力。当今世界，各国相互依存、休戚与共。我们要继承和弘扬联合国宪章的宗旨和原则，构建以合作共赢为核心的新型国际关系，打造人类命运共同体。”②迈向人类命运共同体，必须坚持各国相互尊重、平等相待，需要在人类“共同价值”的基础上，尊重各国自主选择的社会制度和发展道路，尊重各自核心利益和重大关切。人类“共同价值”需要世界各国人民共同努力去构建、呵护、完善。现在我们主张和践行的社会主义核心价值观，是和世界人民的心相通的，我们将不断创造新的实践成果，让世界人民来见证。③

① 参见崔宜明：《社会主义核心价值观与中华优秀传统文化的再认识》，载《道德与文明》2014 年第 5 期。

② 习近平：《携手构建合作共赢新伙伴　同心打造人类命运共同体》，载《人民日报》2015 年 9 月 29 日。

③ 参见赵智奎：《我们的价值观》(总论篇)，黄山书社 2016 年版，第 135～137 页。

第三章　大学生价值观现状及成因

高校是进行社会主义核心价值观教育的重要阵地。习近平总书记在全国高校思想政治工作会议上的讲话中指出："要坚持不懈培育和弘扬社会主义核心价值观，引导广大师生做社会主义核心价值观的坚定信仰者、积极传播者、模范践行者。"[①]新时期，用社会主义核心价值观指导大学生思想政治教育，积极探索大学生对社会主义核心价值观的认同度、存在的问题以及解决途径，对于增强中国特色社会主义的吸引力和凝聚力，提高大学生的思想政治素质，培养和造就大批有理想、有道德、有文化、有纪律的社会主义和谐社会的优秀建设者和可靠接班人，具有重要的现实意义和深远的历史意义。

---

① 《习近平在全国高校思想政治工作会议上强调：把思想政治工作贯穿教育教学全过程　开创我国高等教育事业发展新局面》，载《人民日报》2016年12月9日。

第一节　调查设计

在当今全球化、信息化时代背景下，受东西方文化交互碰撞以及网络时代信息多元繁杂的影响，大学生价值观呈现多元化、个性化的趋势。准确把握大学生价值观的现状，理性分析其成因，有助于有效引导大学生确立并践行社会主义核心价值观。

一、理论依据

关于价值观养成的理论有很多，本文主要的理论依据是思想品德心理形成发展理论和马克思主义的实践观。

（一）思想品德心理形成发展理论

人的思想品德的形成发展有其自然规律。良好品德的提升包括内因和外因两方面的因素，其中，内因表现为心理机制的运行，外因表现为环境机制的运行，二者缺一不可，但内因起着决定性的作用。因此，要真正促成品德的生成，必须从品德生成的心理机制层面上来把握实质，对知、情、意、行的这一发展过程予以引导。

其中，“知”是指认知，是对行为办法和目的的认识，即知道怎么做以及知道做的目的；“情”是指情感，是对行为及行为环境（包括行为的条件）的态度体验，即行为的心理环境与外部条件；“意”是指意志，是对行为的意向与对行为遇到困难的态度，即愿意做且有决心做。① “行”是指行为，是以上三种心理特征的外在行为表现。四种要素之间既相对独立，又相互联系、相互渗透、相互促进。培养人的思想政治品德，应该“不断促进主体内在各心理要素的矛盾运动和辩证发展，逐步达到发展方向上的一致、发展水平的平衡，从而协调适应，完成由品德认识向品德行为和习惯的转化”②。

因此，要提高当代大学生的思想政治品德，应该促进其知、情、意、行的转化与升华，运用多种渠道、多种方式去增强大学生的道德认知的确立、道德情感的生成、道德意志的磨炼和道德行为的养成。

（二）马克思主义的实践观

马克思主义实践观提出：实践决定认识，是认识的基础，认识对实践具有反作用。一方面，实践是认识的来源，是认识发展的动力，是检验认识的真理性的唯一标准，是认识的目的和归宿；另一方面，正确的认识能够指导

---

① 参见卢献、郑岩滨：《略论“知情意行”行为辅导模式》，载《教育探索》2004 年第 4 期。

② 邱伟光、张耀灿：《思想政治教育学原理》，高等教育出版社 1999 年版，第 99 页。

实践取得成功，错误的认识会把人们的实践活动引向歧途。

毛泽东关于知行关系的理论在《实践论》中得到完全体现，他指出："通过实践而发现真理，又通过实践而证实真理和发展真理。……实践、认识、再实践、再认识，这种形式，循环往复以至无穷……这就是辩证唯物论的全部认识论，这就是辩证唯物论的知行统一观。"①

因此，马克思主义的实践观、认识论客观上揭示了辩证唯物论的知行统一观，这一理论对思想政治教育有着重要的启示。

综上所述，培育和践行社会主义核心价值观，关键是做到知行合一。"知之真切笃实处，即是行。行之明觉精察处，即是知"。但从"知"到"行"的过程中，还有"情"和"意"两个重要心理环节需要把握。知、情、意、行四个环节在培育和践行社会主义核心价值观过程中紧密联系，呈现为由表层向深层不断发展的状态，最终实现内化于心、外化于行的目的。

二、调查设计

样本抽取。随机选取山东省五所高校（山东大学、山东建筑大学、曲阜师范大学、济宁医学院、日照职业技术学院）的1040名在校大学生进行调查，共发放调查问卷1040份，回收1040份，有效问卷1040份。回收率为100%，有效回收率为100%。

调查方法。采用自编问卷调查。调查涉及被试基本情况，大学生对中华传统文化的认知与实践分析，大学生对社会主义核心价值观的知、情、意、行分析，大学生价值观培育的主客观因素分析等四个方面。问卷采用匿名方式填写。

第二节　调查结果

在调查的基础上，"中华传统文化融入社会主义核心价值观培育"课题组对调查问卷进行了分析，从中梳理出大学生价值观的现状，并对大学生价值观形成的原因进行了数据分析。

一、大学生对中华传统文化的认知状况分析

中华传统文化对大学生的影响首先取决于学生对中华传统文化的认知程度，只有先了解，才能谈理解，进而产生影响。通过调查，我们逐步掌握了

---

① 《毛泽东选集》第1卷，人民出版社1995年版，第296～297页。

这些方面的第一手资料。

(一)大学生对中华传统文化的认知分析

大学生对中华传统文化的认知情况可以从对中华传统文化的总体看法、如何评价中国优秀传统文化对个人的作用等几方面进行分析。

表 3-1　　如何看待中华传统文化

	选择人数(人)	百分比(%)
A. 陈旧过时	53	5.1
B. 糟粕	34	3.3
C. 阻碍中国的发展	44	4.2
D. 中国人的精神家园	909	87.4

表 3-2　　传统文化对您的最大影响是什么

	选择人数(人)	百分比(%)
A. 提升道德修养	639	61.4
B. 更加灵活地为人处世	180	17.3
C. 提升敢于担当的责任感	58	5.6
D. 积极进取的精神	71	6.8
E. 更加乐观的生活态度	92	8.9

在对中华传统文化的总体看法和态度的调查中,近九成的大学生能够正确对待中华传统文化的重要价值与意义(见表 3-1)。在中国优秀传统文化对个人的作用的调查中,六成以上的大学生认为中国优秀传统文化对个人的影响主要体现在道德修养方面(见表 3-2)。

(二)大学生对传统文化的认知途径分析

通过认知途径的分析,可以了解大学生对传统文化认知现状形成的原因,分析认知途径的有效性。

在大学里接触传统文化课程情况调查中,八成以上的大学生接触过中华传统文化,只有接近六成的大学生能够准确掌握中华传统文化的基本常识(见表 3-3)。其中,近七成的大学生选择“有”或者“偶尔有”想了解传统文化但又苦于无从下手的感觉(见表 3-4),接近四成的大学生愿意通过“社会实践活动”的途径了解传统文化,选择“读书”“影视传媒”的学生比例紧随其后,选择“课堂讲解”的学生最少(见表 3-5)。

表 3-3　在大学里是否接触过传统文化课程

	选择人数(人)	百分比(%)
A. 接触过	835	80.3
B. 没接触过	205	19.7

表 3-4　您有没有想了解传统文化但又苦于无从下手的感觉

	选择人数(人)	百分比(%)
A. 一点儿没有	85	8.2
B. 没有	183	17.6
C. 偶尔有	413	39.7
D. 有	293	28.2
E. 这种感觉很强烈	66	6.3

表 3-5　您希望以怎样的方式了解传统文化

	选择人数(人)	百分比(%)
A. 影视传媒	263	25.4
B. 读书	304	29.2
C. 社会实践活动	400	38.5
D. 课堂讲解	72	6.9

对学校传统文化教育的作用的调查中,一半以上的大学生认可高校实施的传统文化教育,并肯定其熏陶作用,但选择对自己“影响很大”的学生仅仅占到5.7%(见表 3-6);八成以上的大学生支持在大学各专业中开设与传统文化有关的课程(见表 3-7)。

表 3-6　您认为在学校开设传统文化教育课程对您有一定的熏陶作用吗

	选择人数(人)	百分比(%)
A. 有	528	50.8
B. 没有	100	9.6
C. 有一点儿	353	33.9
D. 影响很大	59	5.7

表 3-7　您是否支持在大学各专业中开设与传统文化有关的课程

	选择人数(人)	百分比(%)
A. 支持	837	80.5
B. 不支持	86	8.3
C. 不好说	117	11.2

综上所述,在认识层面上,大多数学生对中华传统文化有着正确的认知和积极的态度,对于传统文化的作用,他们更加倾向其道德价值。在实践层面上,大多数学生想了解传统文化但并未找到门路,相比于课程讲解,更多的学生想通过社会实践、读书、影视传媒的形式了解传统文化。但是,对于高校传统文化教育的作用,他们虽持肯定态度但仍存有异议,不过,大多数学生支持学校开设相关课程。

从以上分析可以看出,当代大学生对传统文化的了解较为粗浅,更多的是只掌握一些文化常识,对其深刻内涵和社会价值的理解也较为片面。同时,当前高校的传统文化教育也并未发挥出其应有作用,导致了当代大学生想学而不得法的现状。高校应该开设相关课程,搭建社会实践平台,为当代大学生学习传统文化创造条件。

二、大学生对社会主义核心价值观中知、情、意、行的分析

通过分析大学生对社会主义核心价值观知、情、意、行的情况,可以了解和把握大学生社会主义核心价值观认知与践行的总体状况,为采取有效举措、更好地引导大学生确立社会主义核心价值观提供数据支撑和参考依据。

(一)总体情况分析

从对社会主义核心价值观的认同程度上看,当前绝大多数大学生对社会主义核心价值观持认同态度(见表 3-8)。在对社会主义核心价值观的认知现状的方面,6.5%的大学生不准确知道社会主义核心价值观的内容和组成部分,这应该引起我们的重视(见表 3-9)。从对国家和社会层面取得效果的满意度的调查来看,65.8%的学生对当前国家层面核心价值观取得的效果认为很好或较好,53.5%的学生认为社会层面核心价值观取得的效果认为很好或较好(见表 3-10、表 3-11),这说明多数大学生对社会主义核心价值观取得的效果是持积极态度的。

表 3-8　　对社会主义核心价值观是否认可

	选择人数(人)	百分比(%)
A. 认可	794	76.3
B. 不认可	59	5.7
C. 说不清	165	15.9
D. 无所谓	22	2.1

表 3-9　　对社会主义核心价值观的了解程度

	选择人数(人)	百分比(%)
A. 能够准确说出全部	413	39.7
B. 能够说出其中几个	560	53.8
C. 完全不知道	67	6.5

表 3-10　您认为我国目前在富强、民主、文明、和谐这几个方面取得的效果如何

	选择人数(人)	百分比(%)
A. 很好	334	32.1
B. 较好	350	33.7
C. 一般	193	18.6
D. 有些不足	125	12.0
E. 有较大不足	38	3.7

表 3-11　您认为我们国家目前在自由、平等、公正、法治这几个方面取得的效果如何

	选择人数(人)	百分比(%)
A. 很好	272	26.2
B. 较好	284	27.3
C. 一般	271	26.1
D. 有些不足	165	15.9
E. 有较大不足	48	4.6

综上分析,当前大多数学生对社会主义核心价值观持认同态度,但有些大学生对社会主义核心价值观的认知度还不够。同时,他们对社会主义核心价值观在国家和社会层面取得的效果总体满意,但仍需进一步改进。有学者提出:大学生价值观的形成和发展过程是一个从自发走向自觉、从自觉走向自为的演进过程,表现为从感性认识到理性认识、从朴素情感到深刻认知、从原始趋利到科学理解、从盲目幻想到合规律性与合目的性相结合的思想演进和认知跃升变迁。[①] 因此,当前大多数大学生对社会主义核心价值观的认识尚处在自发阶段,这个阶段形成的价值观仅仅建立在对客观事物感性认识的基础上,受社会环境、校园文化环境、个人情感等因素的影响,具有易变性、表象性、情感性、趋利性等特点。而价值观从自发走向自觉再转化为自为的过程是知、情、意、行等心理要素的辩证运动过程。因而,研究大学生价值观的认知、情感、意志、行为的现状尤为重要。

(二)具体层面情况分析

下文对社会主义核心价值观中三个范畴的调查结果进行分类分析,此处的"国家观念""社会观念"和"个人观念"分别对应大学生对社会主义核心价值观国家层面、社会层面和个人层面的接受与认同。

1. 国家层面

表 3-12　　您认可国家的路线、方针、政策吗

	选择人数(人)	百分比(%)
A. 深信不疑	704	67.7
B. 不确定	321	30.9
C. 丝毫不认可	15	1.4

表 3-13　　对我国实现"两个一百年"的奋斗目标有信心吗

	选择人数(人)	百分比(%)
A. 有信心	723	69.5
B. 不好说,太漫长	278	26.7
C. 没有信心	39	3.8

① 参见程孝良、李苑静:《大学生价值观形成发展的链式分析模型及其影响机制》,载《现代教育管理》2013 年第 1 期。

表 3-14　　您如何看待“修身，齐家，治国”

	选择人数(人)	百分比(%)
A. 前者是后者的基础，应该尽力顾及	863	83.0
B. 精力有限，只做到其中一点即可	144	13.8
C. 只是一句古话，当代已过时	33	3.2

表 3-12～表 3-14 四个表分别考察的是大学生对社会主义核心价值观国家层面的认知、情感、意志和行为。通过以上数据可见，当前绝大多数大学生对国家的发展现状有着较为明确的认知，对国家的主权也持有正确的态度，对国家的未来和长远发展有信心，而且能够将个人努力和报效国家联系起来。相比来讲，大学生对国家观的认同在个人行为上的比例比认知、情感和意志等三个方面较强。同时，依然有 30%左右的大学生对国家现状和发展持不确定或不关心的态度，甚至仍有较少部分大学生不认可国家的路线、方针、政策，对国家前途没信心，甚至认为国家和个人没有直接联系(见表 3-12～表 3-14)。

2. 社会层面

表 3-15　　在自由、平等、公正、法治中，您认为哪方面更重要

	选择人数(人)	百分比(%)
A. 几个方面同样重要	625	60.1
B. 自由更重要	116	11.2
C. 平等更重要	123	11.8
D. 公正更重要	100	9.6
E. 法治更重要	76	7.3

表 3-16　　如何看待老人摔倒，围观者多、出手相助者少这一现象

	选择人数(人)	百分比(%)
A. 愤怒	566	54.4
B. 平静	413	39.7
C. 不关注	61	5.9

表 3-17　　您愿意为构建安定有序的社会环境贡献自己的力量吗

	选择人数(人)	百分比(%)
A. 这是每个社会人应尽的职责	807	77.6
B. 要视情况而定	207	19.9
C. 我行我素,只为自己负责	26	2.5

表 3-18　　业余时间,您会参与社会实践或者志愿服务活动吗

	选择人数(人)	百分比(%)
A. 经常参加并且已经形成习惯	313	30.1
B. 不确定,有时间就参加,没时间就不参加	618	59.4
C. 几乎不参加	109	10.5

由表 3-15～表 3-18 的数据我们可知,大学生对社会主义核心价值观社会层面的认识不甚乐观,如果以问题的严重性程度来排序,社会行为的自觉性较差,社会情感的感知次之,社会认知和社会意志分列其后。在社会行为养成上,一半以上(59.4%)的大学生没有养成参与社会实践或者志愿服务活动的习惯,仅仅是作为学习生活的一种补充;在社会情感方面,接近一半(45.6%)的大学生漠视社会热点问题,对"老人摔倒,围观者多、出手相助者少"这一现象表示平静或者不关注;但是,大学生的社会认知程度尚可,同时,有意愿为构建安定有序的社会环境贡献自己的力量。这就体现出了在社会层面的价值观问题上,大学生呈现出了知、情、意、行四个方面的发展不同步、不均衡,存在认知和实践相脱节的问题。

3. 个人层面

表 3-19　　在爱国、敬业、诚信、友善中,您认为哪方面更重要

	选择人数(人)	百分比(%)
A. 几个方面同样重要	721	69.3
B. 爱国更重要	87	8.4
C. 敬业更重要	32	3.1
D. 诚信更重要	178	17.1
E. 友善更重要	22	2.1

表 3-20　　您如何看待党员干部中以权谋私的贪污分子

	选择人数(人)	百分比(%)
A. 强烈谴责	834	80.2
B. 习以为常	168	16.2
C. 不关心	38	3.7

表 3-21　　您会做一个品质高尚、有社会公德的人吗

	选择人数(人)	百分比(%)
A. 会将此作为一生的目标	765	73.6
B. 视情况而定	231	22.2
C. 不会,现在社会当好人会吃亏	44	4.2

表 3-22　　您将来参加工作,能做到爱国、敬业吗

	选择人数(人)	百分比(%)
A. 一定能	675	65.0
B. 不一定	178	17.1
C. 视情况而定	172	16.5
D. 很难做到	15	1.4

表 3-23　　您认为当代大学生的主流价值观体现在哪些方面

	选择人数(人)	百分比(%)
A. 爱国	698	14.2
B. 敬业	470	9.5
C. 诚信	697	14.2
D. 友善	625	12.7
E. 独立	628	12.7
F. 创新	625	12.7
G. 乐观	588	11.9
H. 自信	595	12.1

表 3-19～表 3-23 的数据显示，在个人层面上，大学生体现出了比其他层面较强的认知和行为约束，大部分学生能够正确认识个人公德，在将来愿意并承诺能做一名品德高尚有社会公德的人，尤其是对待违法乱纪分子表现出了较强的谴责态度。较少一部分学生存在价值观偏差，显示出了较强的利己主义思想。

在调查大学生的主流价值观时，有两点值得关注，一是“爱国”“诚信”“友善”这三个价值概念的被认同度居于较高的位置，与社会主义核心价值观较为吻合，但“敬业”这一价值观居于所有价值观的最末位，也体现出当代大学生居于校园中，对“敬业”的理解不够全面；二是“独立”“创新”“自信”“乐观”等价值观也得到了大学生的认可，这属于大学生群体的特殊价值观，体现了社会整体价值观的普遍性与具体特定人群的价值观的特殊性之间的辩证统一。

综上所述，在大学生的价值观体系中，国家观、社会观和个人观在知、情、意、行方面均存在一定程度的不统一和不协调。三者中，个人观的认同较好，国家观次之，社会观存在一定的问题。

三、大学生价值观培育的主客观因素分析

大学生价值观培育包含主客观各方面的因素，是一个系统的工程。通过问卷调查，能让我们更清楚地认识了大学生价值观培育的主客观因素情况。

（一）价值观形成的因素分析

表 3-24　　您认为大学生良好价值观形成的主要依靠因素

	选择人数（人）	百分比（%）
A. 家庭教育	249	23.9
B. 学校教育	230	22.1
C. 自身努力	279	26.8
D. 环境影响	276	26.5
E. 法律约束	6	0.6

在价值观形成的诸多因素中，选择“自身努力”“环境影响”“家庭教育”“学校教育”的比例相当，其中，“自身努力”的比例占据最高，从中可以看出以上四种因素对大学生价值观的形成具有同等重要的作用，同时，也充分体现了当代大学生对自我意识的形成以及对自身成长的态度与责任（见表 3-24）。

（二）高校价值观教育的客观情况

表 3-25　　教师在课堂教学中会进行价值观教育吗

	选择人数（人）	百分比（%）
A. 会，大部分教师都会渗透价值观教育	602	57.9
B. 不会，课堂上只是进行专业知识的讲授	149	14.3
C. 很少，偶尔有教师会进行价值观引导	289	27.8

表 3-26　　您认为学校主要通过哪些形式对大学生进行价值观教育

	选择人数（人）	百分比（%）
A. 课堂教学	375	36.1
B. 校园文化	359	34.5
C. 社会实践	278	26.7
D. 尚未实施	28	2.7

当前，高校进行价值观教育的方式主要是课堂教学，在校园文化和社会实践中也有所体现；同时，有半数以上的大学生认为大部分教师在课堂教学中都会渗透价值观教育（见表 3-25～表 3-26）。

（三）大学生的主观意愿

关于价值观教育与传统文化的关系，大学生又是如何认识的呢？让我们看一下调查数据。

表 3-27　　您认为高校应如何提高大学生价值观教育的效果

	选择人数（人）	百分比（%）
A. 开设人文课程，重视传统文化教育	462	44.4
B. 改进教育方式，转变育人理念	328	31.5
C. 重视社会实践	231	22.2
D. 其他	19	1.8

表 3-28　　您认为高校应如何发挥传统文化在大学生价值观教育中的作用

	选择人数(人)	百分比(%)
A.改变传统文化的表现形式,使之更符合当代大学生的需求	408	39.2
B.引进优秀专业教师,让大学生感受到传统文化的魅力	165	15.9
C.采取灵活的教育方式,课内课外结合,理论与实践结合等	440	42.3
D.增加学时学分,加强考核	27	2.6

超过四成的大学生认为应该通过“开设人文课程,重视传统文化教育”的方式提高大学生价值观教育的效果,同时,选择“改进教育方式,转变育人理念”和“重视社会实践”的学生占到三成和二成(见表 3-27);超过四成的学生认为应该“采取灵活的教育方式,课内课外结合,理论与实践结合等”形式发挥传统文化在大学生价值观教育中的作用,选择“改变传统文化的表现形式,使之更符合当代大学生的需求”和“引进优秀专业教师,让大学生感受到传统文化的魅力”的比例紧随其后(见表 3-28)。

表 3-29　　您认为高校应从哪些方面来加强大学生价值观教育(多选)

	选择人数(人)	百分比(%)
A.重视社会思潮的引领	447	33.9
B.发挥校园网络宣传的作用	351	26.7
C.搭建学生交往交流的平台	289	21.9
D.营造良好的校园文化氛围	546	41.5

从表 3-29 可见,超过四成的大学生认为高校应该通过“营造良好的校园文化氛围”来加强大学生价值观教育。同时,有超过三成的学生选择“重视社会思潮的引领”,超过二成学生选择“发挥校园网络宣传的作用”,二成多的学生选择“搭建学生交往交流的平台”。

综上所述,在大学生价值观培育的诸多因素中,主观因素占有重要作用。外因通过内因起作用,只有全面地了解掌握大学生的主观意愿,结合社会、教育现状,才能采取有效的教育方法,最终实现对大学生价值观的培育与引导。

首先，对于课堂教育形式，大部分学生认为应该采取课内课外、理论与实践相结合的方式；其次，对于课堂教育内容，大部分学生充分认可中华传统文化的重要意义，提倡开设人文课程，重视传统文化教育；最后，应该大力营造良好的校园文化氛围，为大学生价值观教育提供环境保障。

第三节　大学生价值观存在的问题及原因分析

大学生价值观总体状况是积极向上的，大多数学生能够认同社会主义核心价值观，但全球化背景下的多元文化激烈碰撞，还是对大学生的价值观产生了一些不容忽视的影响。因此，正视大学生价值观方面存在的问题并分析其原因，是对学生进行有效教育与引导的前提。

一、大学生价值观存在的问题

通过调查数据分析，大学生价值观总体状况是好的，但也存在一些问题，主要有以下几方面：

一是当代大学生对社会主义核心价值观的认同处在自发阶段。价值观的形成是分层次的，主要分为直接利益层面和理想信念层面，前者是基础，后者是核心。大学生的价值观认同是由直接利益层面的认同逐渐发展到理想信念层面认同的过程。通过调查可以看出，当代大学生对当前中国社会主义核心价值观的认同尚处在原始的自发阶段，认识不够全面和深刻，具有片面性和易变性，这种认同受到社会环境、高等教育制度等因素的影响。

二是当代大学生对国家层面的价值观认同存在差异。多数的大学生认同国家层面的价值观及其产生的成效，但也有部分学生认为其存在不足，这也体现了大学生对国家层面的价值观认同的差异。

三是当代大学生对社会层面的价值观认同略显滞后。在表 3-16 中对自由、平等、公正、法治的调查结果显示，有 60.1%的学生认为同样重要，这表明多数学生认同社会层面的核心价值观。表 3-11 中 53.5%的学生认为社会层面核心价值观取得的效果认为很好或较好，但也有 26.1%的学生认为一般，还有部分学生认为有些不足和较大不足。这一方面反映了我们在社会层面确实还存在不足，同时也反映出大学生对社会层面现状的有些方面不太满意。表 3-17 中有 77.6%的学生表示愿意为构建安定有序的社会环境贡献自己的力量，这也让我们看到了大学生愿意为社会发展贡献力量的美好意愿和信心决心。

四是大学生价值观多元化较明显。一方面显示了大学生的个性化趋势明显，另一方面也是文明进步的体现。这为社会主义核心价值观培育带来困难与挑战。如何对多样性明显的大学生进行引导便成为教育者必须面对的课题。

二、原因分析

影响大学生价值观的原因是多方面的，主要有以下几点：

（一）社会变革中的现实问题

经过40多年的市场化改革与对外开放，人们逐步挣脱了制度化的精神生活方式，市场化的功利主义、追求利益最大化的实用主义等理念逐步深入人心。当代大学生的成长和价值观的形成深受影响。

当前，我国社会结构发生了深层次的变化。这些结构包括了五个方面：一是社会基础结构，包括人的结构和家庭结构；二是社会空间结构，包括城乡结构和区域结构；三是经济社会活动结构，包括就业结构、职业结构和组织结构；四是社会关系结构，包括所有制结构、阶级阶层结构和利益关系结构；五是社会规范结构，即社会价值观念结构。[①] 当代大学生正是在社会结构发生深刻变革中成长起来的一代，这造成了他们的社会价值观念的不稳定性和表面化。

当前我国尚处于社会主义初级阶段，制约人的自由全面发展的因素仍然存在，有违社会公平正义的现象偶有发生，有法不依、执法不严、违法不究的现象时有出现。而大学生社会阅历浅、社会实践少、是非判断能力弱，在种种社会矛盾和现实问题面前难免产生困惑，影响他们社会价值观的形成和正确判断。

（二）高校大学生价值观教育存在不足

在高等教育制度方面，大学的功用和目标定位愈发贴近经济社会发展和市场需求。现代高等教育制度中，立德树人的中心任务虽然得到了强调，但有时削弱了对“自由之思想，独立之精神”的追求，价值观教育方式方法没能适应时代发展和大学生的实际，教育形式不够灵活多样，教育载体不够丰富，教育还存在走形式、走过场、大而空等问题，较难触动学生的灵魂。教育对人的精神追求、道德品质、社会批判等方面的培养尚显不足，当代大学生价值观的形成更多停留在直接利益层面，而很难深入全面。

（三）当代大学生的个性化发展削弱了价值观教育的实效性

随着市场经济的发展，大学生思想的独立性、差异性日益增强，追求个

---

① 参见陈光舍：《当前我国若干重大社会结构变化与结构性矛盾》，载《新华文摘》2008年第8期。

性独立、个性张扬成为很多大学生的选择。大学生有时也会为了所谓的个性而故意地标新立异，有时会对学校的教育产生逆反心理，而这些特点与价值观教育内容和形式的僵化形成了矛盾和反差，直接导致了他们的价值观逐渐呈现多元化和复杂化的趋势，也削弱了多年来形成的价值观教育的实效性。

（四）网络媒体对大学生社会价值观认同的影响

有调查表明，大学生接触网络的时间与其社会观倾向有较强的相关关系。不少学生认为，网络身份的虚拟性和匿名性使得网络生活神秘而充满刺激，不仅容易使人对现实产生厌弃，而且还会使人迷失在虚幻中，丧失进取心。① 此外，网络信息良莠不齐，更时常充斥着大量虚假、负面的信息，这对大学生社会价值观的形成造成了恶劣的影响。

（五）对中华传统文化的认知不足

首先，中华传统文化的根本价值诉求与现代社会价值观存在一定的差距。中华传统文化为中国文明的形成和发展做出了卓越的贡献，为中国古代社会经济的稳定发展提供了必要条件。但是，中华传统文化本质上属于传统农业社会的文明，是基于一种自给自足的小农经济、带有闲逸和自由的"桃花源"式的生活方式、强调通过内心自省达成一种道德品质进而转化为道德实践的文明。在人类社会已经发展到了以带有明显功利性、追逐利润为最终目标的市场经济社会，人们追求民主、开放和法制化的社会秩序，中国的传统农耕文化不可避免地带有一定的局限性和滞后性，这是造成部分大学生对传统文化冷漠的原因。② 中华传统文化的"家国一体"思想的式微。爱国是一个历史范畴，中华传统文化中有着丰富的爱国思想资源，"家国一体、由家及国"的社会结构以血缘为基础，以宗法为纽带。但随着社会发展，血缘、宗法的基础和纽带作用日渐削弱，从而导致了传统文化中的"家国一体"思想的式微，加之部分大学生对中华传统文化不够重视且不感兴趣，因此不能从中汲取"家国一体，由家及国"的思想及爱家爱国的双重情怀。

其次，多元文化的碰撞造成当代大学生对中华传统文化价值产生迷茫。当代大学生生活在一个多元文化相互碰撞的社会大环境中，中西文化的差异和近代西方文明的广泛传播，无形中影响了传统文化的传承和发扬。而信息的多元化也不可避免地对大学生的思想造成了冲击，促使他们在形成自己的人生信仰前获得更多的思考和选择，加之对中华传统文化的认知不足。因此，大学生表现出了对中华传统文化价值的迷茫。

---

① 参见徐琼：《网络对大学生社会心理与行为的影响调查》，载《当代传播》2008 年第 5 期。

② 参见饶品良：《当代大学生对中华传统文化的认知现状分析》，载《教育探索》2014 年第 6 期。

再次，当今教育体制的不足造成传统文化传承的欠缺。传统文化的传承应该在学生的教育中潜移默化地渗透，它贯穿于小学、中学和大学以及人的一生。但是，我国现行应试教育体制片面追求升学率，单方面追求知识教育，缺乏对学生的生命教育、人格教育等传统文化教育的教授和传承。传统文化在整个教育体系中严重缺位，直接造成了传统文化传承的断裂。

最后，大学生接受传统文化知识的途径不够丰富。大学生接受传统文化的主要途径包括课堂教育和社会环境。传统文化的课堂教育现在基本上是由高校思想政治理论课来承担，缺乏相关的专业课程设置，因此老师所能传授的传统文化知识非常有限，这极大地影响了大学生对中华传统文化的认识、了解和学习。此外，随着科学技术的高速发展和互联网的普及，当代大学生获取知识和信息的途径已变得多渠道、多方位。但放眼当前的社会，无营养的快餐式信息较多，有思想内涵的文化作品较少，宣传中国优秀传统文化的优秀作品更是少之又少。因此，大学生接受和学习传统文化知识的渠道相当缺少，这直接影响了他们对传统文化的认知与认同。

第四章　中华传统文化融入大学生社会主义核心价值观培育的理论建构与学理分析

当今世界风云变幻，国际关系错综复杂，中华民族之所以能够屹立于世界民族之林，从某种程度上说，这得益于中华传统文化的涵养。中华传统文化是中华民族自立、自强、自信的力量源泉，正如中科院院士杨叔子所说的："没有先进的科学，没有现代的技术，一个民族，一打就垮；而没有民族传统，没有人文精神，一个国家，一个民族，不打自垮。"[①]然而，随着改革开放的不断深入和社会主义市场经济的不断发展，形形色色的外来文化蜂拥而至，各种社会思潮鱼龙混杂，这对当前我国大学生社会主义核心价值观教育来说既是机遇又是挑战：一方面，它增加了大学生社会主义核心价值观教育的国际视野，另一方面，这在无形中也增加了大学生社会主义核心价值观教育的难度。因而，充分发掘和利用中华传统文化的教育资源，对于加强和改进大学生社会主义核心价值观教育具有十分重要的意义和价值。

---

① 杨叔子：《下学上达文质相宜》，载《山东工业大学学报》(社会科学版)1998 年第 2 期。

第一节　中华传统文化与社会主义核心价值观的内在联系

文化是一个民族的根基和血脉，是人们的精神家园和灵魂乐土。中华传统文化博大精深、源远流长，为中华民族生生不息、发展壮大提供了丰厚的滋养，使中华文明成为人类历史上唯一一条从未断流的古代文明长河。习近平总书记强调，培育和弘扬社会主义核心价值观必须立足中华优秀传统文化。社会主义核心价值观是在汲取中华优秀传统文化丰富营养的基础上逐步发展和完善起来的，是中华优秀传统文化在现代社会的延续，二者具有内在的一致性和统一性。中华优秀传统文化是社会主义核心价值观的深厚沃土，离开优秀传统文化的滋养，社会主义核心价值观将变成无根之木、无源之水。

一、社会主义核心价值观植根于中华传统文化

价值观与文化紧密相连，价值观是文化的核心。一个社会的价值观体现着其文化，并受到其民族传统文化的影响，带有深刻的传统文化烙印。

（一）中华传统文化为大学生社会主义核心价值观培育提供价值目标

社会主义核心价值观的总体价值目标是和谐社会的构建，终极的价值目标即为人的充分而自由的发展。对于在校大学生来说，社会主义核心价值观培育的根本目的即在于造就信仰崇高、思想独立、人格健全、奋发有为的社会主义和谐社会的创建者，而这一价值目标的基础是“和”。“和”是中华传统文化的精华，是中华传统文化区别于其他文化的根本特质。从5000年中华传统文化的历史发展来看，无论是社会主义核心价值观的总体价值目标，还是其终极的价值目标，都是对中华传统“和”文化中和谐思想的运用、深化和发展。中华传统文化关于和谐的理念主要体现在以下四个方面：

1. 强调“天人合一”，注重人与自然的和谐发展

中华传统文化强调“天人合一”，认为人是自然的产物和重要组成部分，人类对自然应保持清醒的认识，在充分认识自然的基础上，尊重和顺应自然规律，才能达至人与自然的和谐相处。在人与自然的关系上，道家强调人必须顺应自然，崇尚自然，以自然为最高法则，并将天地作为人生行为的向导和老师，这就是老子所说的：“人法地，地法天，天法道，道法自然。”（《道德经·第二十五章》）庄子对这一思想作了进一步的发展，他说：“天地有大美而不言，四时有明法而不议，万物有成理而不说。圣人者，原天地之美，而达

万物之理。”(《庄子·知北游》)人类通过遵循自然规律,顺应自然规律,与自然保持协调顺畅的关系,从而达到“天地与我并生,而万物与我为一”(《庄子·齐物论》)的境界。道家的这种“天人合一”的宇宙观,强调主体与客体的统一,主张有机地、整体地去看待天地间的万事万物。

儒家对“天人合一”的思想亦有其独到的认知和深刻的阐发,“以德配天”“敬天保民”的想法即体现了人类对自然的理性认知。《礼记·中庸》中的“致中和,天地位焉,万物育焉”则强调了天、地、人的和谐发展。人不是万物的主宰,而应实现天人协调,“夫大人者,与天地合其德,与日月合其明,与四时合其序”(《周易·乾卦·文言》)。荀子曾说:“万物各得其和以生,各得其养以成。”(《荀子·天论》)西汉儒学家董仲舒亦云:“和者,天之正也,阴阳之平也,其气最良,物之所生也。”(《春秋繁露·循天之道》)他们都把自然万物的生衰兴灭视为“和”的最终结果,认为“和”是整个宇宙发展的根本规律。宋代思想家张载在总结前人“天人为一”“天人相参”的基础上,首次使用了“天人合一”四字,并提出了“民吾同胞,物吾与也”(《张子正蒙·西铭》)的命题,指出天地万物本来就是一个和谐的宇宙家庭,人与人是兄弟,人与物是朋友,相互之间应该亲密无间,共存共荣。这种“民胞物与”的思想,既是张载广大深厚的宇宙情怀的表现,也是中国传统和谐理念的重要内涵之一。

2. 注重修身养性,强调人与自身的和谐

现代社会有很多问题是由于人的身心不和谐造成的,当代大学生的人生观、世界观、价值观所存在的很多问题也可以从身心不和谐中找到根由。人与自身关系的和谐是构建和谐社会的重要内容,亦是大学生社会主义核心价值观培育的基本目标。人与自身的和谐是一切和谐关系实现的基础,培育个体良好的社会主义核心价值观,实现和谐社会,其基本立足点就是实现人自身的和谐。宋代大儒张载的名言:“为天地立心,为生民立命,为往圣继绝学,为万世开太平。”(《石堂先生遗集·考亭记》)这可以说是对中华传统文化关于身心和谐的目标与理想所作的精要概括,体现了中国古代思想家的“仁者气象”和“天地情怀”,也是我们今天要继承的中华传统文化和人生智慧的精髓,是实现人与自身和谐,构建和谐社会的重要途径和方法。

中华传统文化追求和谐理想也是从关注人的身心和谐开始的。道家认为应该顺应自然之道来实现人的身心的和谐,强调人心灵的平和、超脱与超越,而不为物欲所迷惑和拖累。老子对和谐人格也是极为重视,他说:“挫其锐,解其纷,和其光,同其尘。”(《老子·第四章》)这是说,具有和谐的人格就能“消除个我的固蔽,化除一切的封闭隔阂,超越于世俗褊狭的人伦关系局限，以开豁的心胸与无所偏的心境去看待一切人物”[1]。老子提倡的“见素抱朴、少私寡欲”作为人身心和谐的原则，他说：“五色令人目盲；五音令人耳聋；五味令人口爽；驰骋畋猎，令人心发狂；难得之货，令人行妨。是以圣人为腹不为目，故去彼取此。”（《老子·第十二章》）东晋葛洪说：“人能淡默恬愉，不染不移，养其心以无欲，颐其神以粹素，扫涤诱慕，收之以正，除难求之思，遣害真之累，薄喜怒之邪，灭爱恶之端，则不请福而福来，不禳祸而祸去矣。何者，命在其中，不系于外，道存乎此，无俟于彼也。”（《抱朴子内篇·道意》）葛洪认为，人应当合理地控制自己的欲望，时刻保持言行的淳朴，减少私心杂念，降低对声色犬马、功名利禄的追求，既不纵欲，也不禁欲，以求获得“恬愉淡泊”的幸福感和身心的宁静与舒畅。就是说，人只有身心淡默恬愉，才能无思无虑无欲，这样，才能获得人生的超越与幸福。

儒家重视人的身心和谐发展，主张加强个人的道德修养，追求精神价值与物质价值的统一。儒家的身心和谐观不仅要求人们学会善待自己，而且还鼓励人民既要实现自己的人生价值，又要保持健康的身心，体现了对个体生命的重视和对人的关怀。在个体的道德修养方面，儒家提倡通过“内省”“自讼”“克己”和“反求诸己”“养浩然之气”的方法，以达人们求真、向善、崇美的理想境界。如孔子所说：“吾日三省吾身：为人谋而不忠乎？与朋友交而不信乎？传不习乎？”（《论语·学而》）“见贤而思齐焉，见不贤而内自省也。”（《论语·里仁》）这是通过内省来到达向善的目的；孟子说：“我善养吾浩然之气……其为气也，至大至刚，以直养而无害，则塞于天地之间。其为气也，配义与道。无是，馁也。是集义所生者，非义袭而取之也。”（《孟子·公孙丑上》）孟子认为，一个人如果有了“浩然之气”，那么，不论他面对的是外界的巨大诱惑还是威胁，都能处变不惊，镇定自若，达到“不动心”的境界。“慎独”可以说是儒家道德修养的最高境界，《礼记·大学》中说：“此谓诚于中，形于外，故君子必慎其独也。”《礼记·中庸》中有“道也者，不可须臾离也，可离非道也。是故君子戒慎乎其所不睹，恐惧乎其所不闻。莫见乎隐，莫显乎微，故君子慎其独也”的主张。所谓“慎独”，就是不在人看不见的地方做不道德的事，也不在细节上违背道德。所有这些思想无不为当代大学生拓宽胸襟，扩大眼界，摆脱世俗偏见和物欲的困扰，实现身心和谐，确立积极向上的人生态度和健康的核心价值观具有重要的意义。

3. 崇尚和而不同，倡导建立和谐的人际关系

我国传统文化崇尚和谐、追求和谐，但这种和谐并不等于无原则的调

① 陈鼓应：《老子注译及评介》，中华书局1984年版，第283页。

和，更不等于泯灭差别的同一，而是“和”与“不同”的统一，是“和而不同”。具体到人际关系上，就是寻求人与人之间在保持差异的基础上达成统一与和谐。儒家主张“推己及人”，提倡“宽和处世”，以创造“人和”的人际环境。如孔子所言：“己所不欲，勿施于人。”(《论语·卫灵公》)就是说，凡事都要站在别人的立场上去考虑，换位思考。他又说：“君子和而不同，小人同而不和。”(《论语·子路》)在这里，孔子区分了“和”与“同”这两个概念，所谓“和”是指多样性的统一，而“同”则是一味地附和乃至结党营私。孔子明确主张，君子应取前者而弃后者。因为，能够宽厚待人，与人和谐相处，是君子人格中一个不可缺少的重要方面。此外，孔子还论及：“君子矜而不争，群而不党。”(《论语·卫灵公》)就是说，保持和谐而不结党营私，行为庄重而不与他人争执，善于团结别人而不搞小团体，才称得上君子，才能实现人与人之间的和谐。孟子对此提出：“老吾老以及人之老，幼吾幼以及人之幼。”(《孟子·梁惠王上》)以孔孟为代表的儒家所提出的仁、义、礼、恭、宽、信、忠、恕等一系列旨在实现“人和”，维系人际和谐的道德原则，对当前大学生良好人际关系的构建与维持有着积极的借鉴意义。

主张无为而治的道家最反对社会冲突，希望实现社会的和谐。道家通过强调万物各适其性、各顺其情，互相平等、无分贵贱，倡导“平易”“恬淡”的人生境界。如老子就给人们描绘了一个人与人之间“无欲”“无为”“无争”，彼此和谐相处，宽大为怀，人人“甘其食、美其服、安其居、乐其俗”的理想社会。老子提出的：“天之道，损有余而补不足。人之道则不然……损不足以奉有余。孰能以有余以奉天下，唯有道者。”(《老子·第七十七章》)以及“无欲”“无为”“无争”“去甚，去奢，去泰”“知止”“知足”等主张，无不是要人们效法天道，“有余以奉天下”，从而实现相对均衡。此外，佛家标举“因缘和合”，墨家提倡“兼爱、非攻”，都从不同方面阐述了人际交往的和谐理念。古人所倡导的理想社会的人际关系带有浓郁的乌托邦色彩，但它作为一种崇高的目标和理想境界，对于引导大学生建立和谐的人际关系具有重要的目标导向作用。

4. 建立人与社会的和谐关系

马克思认为，社会属性是人的最根本、最重要的属性。社会由无数个人组成，而人的生存又离不开社会，个人活动与社会发展之间是相互依存、相互联系、相互制约的。个人与社会关系的问题是每一个生活在社会中的个人必须面对和需要回答的问题，也是大学生社会主义核心价值观培育所无法绕过的问题。而中华传统文化中关于个人与社会的问题已有诸多的讨论，并产生了许多有影响的思想。

儒家从微观社会组织和宏观社会层面对人与社会的关系展开探讨。在微观社会组织方面，主要涉及家庭内部关系，如“父与子”“夫与妻”等，作为独立个体的“子”与“妻”只有融于“家”（父、夫）中才能体现人生价值。家庭的伦理原则扩充至宏观社会层面，则是君与臣、臣与民的关系，相对于臣，君代表了群体；相对于民，臣是群体。“所谓治国必先齐其家者，其家不可教而能教人者，无之。故君子不出家，而成教于国。孝者，所以事君也；弟者；所以事长也；慈者，所以使众也。”（《礼记·大学》）从社会的层面来看，个人不过是群体的一员，作为个体的人必须融合在自然、社会整体之中才具有其意义和价值。诚如孔子所提出的“吾日三省吾身”，其所反省的对象和内容是人际而非个人，根本目的在于通过履行自己对他人的责任而达到社会和谐。墨子主张“兼相爱，交相利”（《墨子·兼爱中》），其着眼点即在于个人与社会的统一，主张人与人之间应互相帮助，个人应为社会、为天下“兴利除弊”。当然，墨家所倡导的“利”是社会整体的利益，是人人互利，而不是个人的一己私利。墨家的后学进一步发展了这一思想，要求人们在必要时牺牲一己之小利以成全社会整体之大利，“杀己以存天下，是杀己以利天下”（《墨子·大取》）。总体来看，这一思想与儒家注重社会整体利益的思想实际上是一致的。

西周末年，和宗史伯与郑桓公纵论天下时提出：“夫和实生物，同则不继。以他平他谓之和，故能丰长而物归之。若以同裨同，尽乃弃矣。故先王以土与金木水火杂，以成百物。”（《国语·郑语》）可见，自然界不同物质之间以及我们生活中方方面面的变化、创新与发展都是和谐共生的结果。不仅如此，人与人之间、人与社会之间以及人与其自身也是如此，扩而大之，社会主义和谐社会也是社会主义与和谐社会的和谐共生。从这个意义上说，中华传统文化为大学生社会主义核心价值观培育提供了明晰而确定的价值目标。

（二）中华传统文化为大学生社会主义核心价值观培育提供价值导向

大学生是一个正在成长、发展并且富有变化的群体，他们处于求知的旺盛期，对新事物、新知识易于接纳和吸收，但同时也容易受到外界环境的干扰和形形色色世界观、人生观、价值观的影响与诱导。对相对单纯的大学生来说，他们对异质文化和不良价值观的鉴别能力有限，如果学校不能及时正确地引导，有些学生就可能会迷失方向，误入歧途。因而，正确又及时的价值引导和思想引领就显得尤为重要。中华传统文化博大精深、源远流长、底蕴深厚，对于世界观、人生观、价值观以及伦理道德的建设等问题都有着独到的见解，对大学生社会主义核心价值观的形成有着极为重要的导向作用。

1. 中华传统文化与国家层面的核心价值观具有一致的价值取向，能够培育大学生的使命感和爱国情怀

国家层面的核心价值观可以说是我国当前社会意识形态关于国家论述的高度抽象概括，是在深厚的中华传统文化基础上，结合当前社会现实和时代要求而创新、发展出来的。2014 年 2 月 24 日，习近平总书记在中共中央政治局第十三次集体学习时指出：培育和弘扬社会主义核心价值观必须立足中华优秀传统文化。牢固的核心价值观，都有其固有的根本。抛弃传统、丢掉根本，就等于割断了自己的精神命脉。博大精深的中华优秀传统文化是我们在世界文化激荡中站稳脚跟的根基。中华文化源远流长，积淀着中华民族最深层的精神追求，代表着中华民族独特的精神标识，为中华民族生生不息、发展壮大提供了丰厚滋养。要讲清楚中华优秀传统文化的历史渊源、发展脉络、基本走向，讲清楚中华文化的独特创造、价值理念、鲜明特色，增强文化自信和价值观自信。

可以说，国家层面的核心价值观是中华传统文化、传统思维方式的体现和彰显。中华传统文化特别强调和重视个人对国家和社会的使命与责任，以家、国、天下为己任，并将对国家和社会的贡献作为自己的理想和终生追求。《礼记・大学》中说："古之欲明明德于天下者，先治其国；欲治其国者，先齐其家；欲齐其家者，先修其身；欲修其身者，先正其心；欲正其心者，先诚其意；欲诚其意者，先致其知；致知在格物。"这说明知识分子将治理国家、平定天下作为自己的事业和理想，并且通过不断学习提升自己的思想道德修养水平来实现自己的理想。从历史上看，中国古代的知识分子大都极为推崇修身、齐家、治国、平天下的价值理想，都怀有一份忧国忧民、"天下兴亡，匹夫有责"的使命感和责任心。2013 年 3 月 1 日，中共中央党校 80 周年校庆时，习近平总书记说：中华传统文化博大精深，学习和掌握其中的各种思想精华，对树立正确的世界观、人生观、价值观很有益处。古人所说的"先天下之忧而忧，后天下之乐而乐"的政治抱负，"位卑未敢忘忧国""苟利国家生死以，岂因祸福避趋之"的报国情怀，"富贵不能淫，贫贱不能移，威武不能屈"的浩然正气，"人生自古谁无死，留取丹心照汗青""鞠躬尽瘁，死而后已"的献身精神等，都体现了中华民族的优秀传统文化和民族精神，我们都应该继承和发扬。

2. 中华传统文化是社会层面核心价值观的深层价值基础，能够培育大学生的社会责任感和时代精神

社会层面的核心价值观是对中华传统文化的承续和延展。传统文化是中华民族得以延续、发展的根脉，社会主义核心价值观中的"自由、平等、公

正、法治”观念就生动地体现和诠释了中华传统文化的精髓，必然成为社会主义核心价值观在社会层面所要达到的目标和要求。自由是人性的本质，人人都想自由地呼吸、自由地生活。平等是要求社会有这样一个平台，让人人都有机会通过自己的努力来取得成功。公正是价值取向和价值判断，一切道德的取向和法律的制定和执行首先就要从公正出发，维护正义。法治则是能通过国家公权保障公民能实现自由、平等、公正。从人类历史的发展进程来看，社会主义核心价值观在社会层面的价值目标和价值追求是人类历史进程创造的最重要的文明成果，也是全人类最大的价值共识，同时也是中华传统文化中最具特色的思想内容和最为深刻的价值观诉求。

自由是对中华传统文化的创造性转化与发展，在中国古代具有丰富的思想内涵。老子强调“无为而治”“自然无为”，这可以说是专制社会体制下探讨“非专制”的思想观点，是现代自治思想的古代表达。孔子用“七十而从心所欲，不逾矩”（《论语·为政》）表达自己对自由而无拘束的内心状态的追求。当前将自由作为社会主义和谐价值观的重要内容，这是对中华优秀传统文化的价值传承，是中国社会进步和发展的体现。

平等体现了中国共产党努力让广大群众共享改革发展成果的价值理念，是实现共同富裕的价值目标在价值观层面的生动诠释。平等贯彻“以人为本”的理念，内化于心，外化于行，并最终凝聚升华于社会主义核心价值观中。平等是对中华传统文化的继承和发展，体现了传统文化的价值核心。《礼记》中记载“大道之行也，天下为公”（《礼记·礼运》）“修身、齐家、治国、平天下”（《礼记·大学》），唐朝的韩愈提出“大凡物不得其平则鸣”（《昌黎先生文集·送东野序》），宋代史学家司马光有“平而后清，清而后明”（《温国文正公文集·盘水铭》）的治国之道，无不展现出中华传统文化中对于平等的渴望和追求。

公正即社会的公平和正义，它以人的解放、自由平等权利的获得为前提，是国家、社会应然的根本价值理念。公正涉及的问题存在于社会生活的各个领域，并与人类社会的发展相伴相随。中华传统文化历来崇尚社会公正，孔子就提出“政者，正也”，君主如果缺失公正的美德，就会失去善治国家的必要基础。墨家创始人墨子则提出“天均”的概念，认为公平是天定的法则，自天子以下都必须按公平之道去行事。商鞅指出：“公私之交，存亡之本也。”（《商君书·修权》）及至汉唐时期，西汉淮南王刘安曾谈道：“公正无私，一言而万民齐。”（《淮南子·修务训》）执政者如果忽视社会公正，就会出现“分不均则争”的动乱现象。《贞观政要》在总结唐太宗“贞观之治”的经验时指出，“理国要道，在于公平正直”。可以说“天下为公”的政治理想和道德理想是中国传统社会的根本法则与根本哲学，是仁人志士孜孜以求的一种社会政治诉求。

法治是一种源远流长的意识形态、治国方略和文化现象，孟子认为“徒善不足以为政，徒法不能以自行”（《孟子·离娄上》），荀子更重视法治，他主张通过法治来补充“礼治”是很重要并且必要的。法家秉持“不法古，不循今”的进化史观，认为人类社会是运动发展的，法律制度因势而立，国家民族的生存与发展，人民生活的安宁与稳定，必须致力于富国强兵。因此，实行法治也就成为传统文化中维持社会稳定不可或缺的治国原则，为社会主义核心价值观在社会层面的展开构筑一个自由安全的空间。

（三）中华传统文化为大学生社会主义核心价值观培育提供价值准则

2013 年 12 月 23 日，中共中央办公厅印发了《关于培育和践行社会主义核心价值观的意见》，该《意见》将“爱国、敬业、诚信、友善”确立为我国公民在个人层面上所要遵守的价值准则。从总体上看，“爱国、敬业、诚信、友善”这一价值准则是对中华传统文化的现代发展，也是对中国传统价值观的继承与创新。在对象关系上，这一价值准则也为大学生在对待国家、社会、他人和学习工作时所应当遵循的价值及伦理标准提出了具体的规范和要求，这一价值准则也是中华传统文化几千年来所蕴涵和弘扬的价值理念。

社会主义核心价值观在个人层面上倡导“爱国、敬业、诚信、友善”，这更与中华优秀传统文化紧密相连，是对中华民族几千年传统美德的继承和发展。爱国，简单地说就是热爱自己的祖国，是公民个体对于生于斯养于斯的这片土地的深厚感情和炽热情怀，也是将中华民族凝聚一体的精神动力。司马迁说：“常思奋不顾身殉国家之急。”（《汉书·司马迁传》）陆游说：“位卑未敢忘忧国。”（《剑南诗稿·病起书怀》）顾炎武说：“保天下者，匹夫之贱，与有责焉耳矣。”（《日知录·正始》）林则徐说：“苟利国家生死以，岂因祸福避趋之。”（《云左山房诗钞·赴戍登程口占示家人》）正是有了这伟大的民族精神和深厚的爱国情怀，中华民族才能繁荣昌盛，永远屹立于世界民族之林。

敬业，就是立足本职，热爱自己所从事的职业和岗位。孔子将敬业精神称之为“执事敬”，朱熹解释敬业为“专心致志，以事其业”。韩愈在《进学解》中对敬业精神作了精准的注解，他说：“业精于勤，荒于嬉；行成于思，毁于随。”敬业者终将梦想成真，怠业者的梦想只不过是空中楼阁。对于当代大学生来说，应当致力于所学专业，热爱将来所从事的职业，不怕苦、不怕累，才能有所成就。

诚信是一种美德，与人交往最重要的是讲诚信。诚信是生存之道、做人之本、立业之基，正所谓“诚信者赢天下，失信者寸难行”。老子说“轻诺必寡信”(《老子·第六十三章》),孔子说“言必信,行必果”(《论语·子路》),墨子说“志不强者智不达,言不信者行不果”(《墨子·修身》),《中庸》中讲“诚者,天之道”,都是强调为人处世要真诚、讲信誉,要一诺千金。作为大学生,一定要内诚于心、外信于人,如果没有诚信,就不会取得他人的信任,更难以在社会上立足。

友善是友好善良的意思,是对人的态度,体现了做人的品格。曾子说:“人而好善,福虽未至,祸其远矣。”(《中论·修本》)即深刻地描绘了善的道德力量;孔子所说“躬自厚而薄责于人”(《论语·卫灵公》),强调了对人的宽容和理解,是友善的至高境界;荀子的“与人善言,暖于布帛;伤人之言,深于矛戟”(《荀子·荣辱》),则充分体现了友善在人际交往中的重要性。可见,友善不仅是高尚的个人美德,而且还是人际关系中重要的伦理准则,其所含纳的宽容、理解、仁爱、团结、互助等情感,既能让人与人之间充满温情,也必能成为社会和谐的磐石。

二、中华传统文化为大学生社会主义核心价值观培育提供文化滋养和思想资源

中华传统文化是在培育大学生社会主义核心价值观中不可或缺的重要资源,习近平总书记高度重视中华优秀传统文化,强调培育和弘扬社会主义核心价值观必须立足于中华优秀传统文化,使中华优秀传统文化成为涵养社会主义核心价值观的重要源泉。一个国家的核心价值理念往往与其文化传统、文化积淀息息相关、一脉相承。“富强、民主、文明、和谐,自由、平等、公正、法治,爱国、敬业、诚信、友善”的社会主义核心价值观,既是对社会主义核心价值理念的深刻反映,也是对5000年来中华优秀传统文化的传承与发展。

核心价值观与社会文化密切相关。中华民族文化多元同本,是经过长期的历史发展的必然结果。著名学者许倬云说:“随着历史的进展,中国文化的内容与中国文化占有的空间都不断变化:由黄河流域为核心的‘中国’,一步一步走向世界文化中的‘中国’。每一个阶段‘中国’都要面对别的人群及其缔造的文化,经过不断接触与交换,或迎或拒,终于改变了自己,也改变了那些邻居族群的文化,甚至‘自己’和‘别人’融合为一个新的‘自己’。这一‘自己’与‘他者’之间的互动,使中国文化不断成长,也占有更大的地理空间。从新石器时代开始,经历了数千年,一个多元而复杂的中国文化体系,终于成形。”[①]就中国人的价值观以及社会主义核心价值观而言,也是存在着

① 许倬云:《万古江河:中国历史文化的转折与开展》,上海文艺出版社2010年版,“序言”第3～4页。

这样一个过程。近代中国历经磨难和艰难的探索，之所以最后选择了中国共产党，选择了社会主义，就是由于“社会主义所表达的价值追求符合当代中国的发展需要，符合中华民族的根本利益，符合中华儿女的共同心愿”①。社会主义核心价值观的形成，正是合理地继承了中华民族数千年来济世安民、保家卫国的家国情怀。

习近平总书记指出，一个民族、一个国家的核心价值观必须同这个民族、这个国家的历史文化相契合。中华文明绵延数千年，有其独特的价值体系。中华传统文化已经成为中华民族的基因，植根于中国人内心，潜移默化地影响着中国人的思想方式和行为方式，我们提倡的社会主义核心价值观就充分体现了对中华优秀传统文化的传承和升华。“富强、民主、文明、和谐，自由、平等、公正、法治，爱国、敬业、诚信、友善”的社会主义核心价值观，传承着中国优秀传统文化的基因，寄托着近代以来中国人民上下求索、历经千辛万苦确立的理想和信念，也承载着我们每个人的美好愿景。培育和弘扬社会主义核心价值观必须立足中华优秀传统文化，牢固的核心价值观都有其固有的根本，抛弃传统、丢掉根本，就等于割断了自己的精神命脉。要汲取中华优秀传统文化的思想精华和道德精髓，深入挖掘和阐发中华优秀传统文化讲仁爱、重民本、守诚信、崇正义、尚和合、求大同的时代价值，使中华优秀传统文化成为涵养社会主义核心价值观的重要源泉。这些重要论述，深刻阐述了中华优秀传统文化在培育和弘扬社会主义核心价值观的过程中所居于的基础地位，是构成社会主义核心价值观的文化根基和精神血脉，是不断增强社会主义核心价值观生命力和影响力的源头活水。

民族文化是长期积淀的结果，代表了一个民族的深厚底蕴，是一个民族区别于其他民族的文化特征。中华传统文化是中华民族共有的精神家园，是维系民族团结和国家统一的精神纽带。作为中国特色社会主义价值观念的社会主义核心价值观，是总结和继承中华优秀传统文化的结果。如果我们把社会主义核心价值观比喻为一棵枝繁叶茂的参天大树，那么源远流长的优秀传统文化则是社会主义核心价值观得以扎根的肥沃土壤，“根之茂者其实遂，膏之沃者其光晔”（《昌黎先生文集·答李翊书》），如果抛弃中华优秀传统文化，割断民族文化血脉，社会主义核心价值观的培育与践行就会是无源之水、无本之木，失去其凝神铸魄的独特功用，就无法在当今世界文化多样发展、多元竞争、相互激荡的格局中站稳脚跟。中华优秀传统文化体现了中华民族绵延不绝的精神基因，建构的是中华民族安身立命的精神家园，

① 房广顺主编：《社会主义核心价值观与中华传统文化》，人民出版社2015年版，第139页。

是培育和践行社会主义核心价值观的思想资源和文化土壤。正如习近平总书记所指出的,我们提倡的社会主义核心价值观,充分体现了对中华优秀传统文化的传承和升华。这充分说明,中华优秀传统文化是社会主义核心价值观最深厚的文化基因、精神纽带和价值源泉。比如,中华文化强调"仁者爱人""与人为善""出入相友,守望相助";强调"民惟邦本""民贵君轻";强调"协和万邦""和而不同";强调"天下为公""为政以德""天下兴亡,匹夫有责";强调"言必信,行必果""人而无信,不知其可也",等等。这些传统文化的精髓,已深深植根于中华民族的精神世界之中,深深融入中国人民的血液里,影响着中国人的思维方式、行为方式,为社会主义核心价值观的孕育和形成提供了丰厚的土壤。

第二节　中华传统文化融入大学生社会主义核心价值观培育的必要性和可能性

著名学者汤一介指出:"我们要重建道德和价值观念,要从传统文化中汲取营养,不能抛弃自己的传统。"[①]社会主义核心价值观是在我国社会主义现代化建设的伟大实践中,是在继承中华传统文化优秀成果的基础上总结概括而成的,集中体现了我国社会的价值诉求和价值标准。习近平总书记在多次讲话中特别要求广大青年要自觉践行社会主义核心价值观,并强调从中华传统文化中汲取丰富营养的必要性和重要性。这是因为中华优秀传统文化是社会主义核心价值观的源头活水,弘扬中华传统文化可以充分展现社会主义核心价值的内涵。更为重要的是,中华优秀传统文化在帮助大学生实现社会主义核心价值观"内化于心,外化于行"的过程中有着无与伦比的优势与价值。

一、中华传统文化融入大学生社会主义核心价值观培育的必要性

社会主义核心价值观蕴含了深厚的中华传统文化基因,只有将中华传统文化融入大学生社会主义核心价值观培育之中,才能促进大学生社会主义核心价值观的内化与践行。

(一)中华传统文化有助于促进大学生社会主义核心价值观内化于心

所谓"内化",是指受教育者在教育者的帮助下或在其他社会教育因素的作用下,接受社会要求的政治观点、思想体系、道德规范并转化为自己的

① 陈泽环:《道德结构与伦理学:当代实践哲学的思考》,上海人民出版社 2009 年版,第 2 页。

个体意识，也是个体不仅真正相信、接受和遵守社会的政治思想、道德要求，而且还自愿将这些要求作为自己的价值准则与行为依据的过程。[①] 对当代大学生来说，社会主义核心价值观内化于心，是引导其树立崇高的爱国理想，形成勇于担当的社会责任感以及崇德向善力量的根本支撑点。

社会主义核心价值观能否真正内化于大学生的内心，让大学生认知认同，产生心灵上的共鸣和思想上的共识，一个很重要的方面就是要有深厚的理论根据和必要的心理支撑。中华传统文化在形成和发展的历史进程中，不仅形成了诸如自强不息、厚德载物、和而不同、仁爱忠恕、修己安人、见利思义、贵和尚中、持守气节等价值理念，而且形成了较为系统的价值观内化思想体系，概括来说，主要有："五常"，即仁、义、礼、智、信；"四维"，即礼、义、廉、耻；"八德"，即忠、孝、仁、爱、信、义、和、平。从某种程度上说，"五常""四维""八德"体现了中华传统文化的厚德、利他、包容、谦让、不屈等民族精神，是中华民族世世代代所遵从的道德标准和修身准则。在提升个人自我道德修为的同时，传统价值观还强调要不断完善个体"富贵不能淫，威武不能屈，贫贱不能移"的独立人格和"三军可夺帅也，匹夫不可夺志也"的刚毅精神气质。独立人格的确立和不断完善同自我道德修养的提升一道，共同构成了个人自我修为的思想道德和心理基础[②]，为大学生的健康成长和发展并最终实现社会主义核心价值观的内化提供了精神和心理层面的支撑。

（二）中华传统文化有助于促进大学生社会主义核心价值观外化于行

对大学生来说，将社会主义核心价值观内化于心固然重要，但关键还是在于"行"。也就是说，对大学生进行社会主义核心价值观教育，必须关注其行为显现，社会主义核心价值观"内化于心"的根本目的是"外化于行"，也就是要最终把核心价值观的理念和精神真正落实在行动上，自觉地呈现在日常的学习、工作和生活中。2014 年 2 月 24 日，习近平总书记在中共中央政治局第十三次集体学习时指出："一种价值观要真正发挥作用，必须融入社会生活，让人们在实践中感知它、领悟它。要注意把我们提倡的与人们日常生活紧密联系起来，在落细、落小、落实上下功夫。"[③]

中华传统文化不仅能有效地促进大学生社会主义核心价值观的内化，而且传统文化中的"德性"文化还能有效地促进大学生社会主义核心价值观外化于行。"德性"文化实质上是一种礼仪文化，中国素称"礼仪之邦"，此之

---

① 参见胡林英：《道德内化论》，社会科学文献出版社 2007 年版，第 27 页。

② 参见房广顺主编：《社会主义核心价值观与中华传统文化》，人民出版社 2015 年版，第 96 页。

③ 习近平：《使社会主义核心价值观的影响像空气一样无所不在》，载《内蒙古日报》2017 年 8 月 8 日。

谓也。以此为根基,中华民族形成了道德至上的价值取向与文化精神,并相应地形成了一套完备的礼仪系统,这套礼仪系统涵盖了上至国家活动、下至百姓日用的方方面面。并且,随着道德观念的内化于心,这些礼仪规范也成为人们表达道德情感和价值观念的途径与媒介,被自觉地在生活中加以遵循和落实,成为人们的日常行为方式与生活方式。英国哲学家罗素在论中西文化时谈道:“中国人的礼节不仅仅是因循传统,就是在没有先例可以借鉴的情况下,也会很自然地做到礼貌。而且这种礼节不止局限于某一阶层,就连处于社会最底层的苦力也是如此。看到中国人用平静而又端庄的礼节对待白人的蛮横无理,而不是自贬身价地以粗鲁回敬粗鲁时,我们感到羞愧。欧洲人经常将这种行为当作软弱,殊不知这才是真正的力量。依靠这种力量,中国人最终战胜了所有曾经征服中国的一切征服者。”[①]可见,中华传统文化根基深厚,在百姓日常礼仪规范中蕴含着坚定的信仰和不屈不挠的向上的力量,当代大学生应当积极学习传统文化,从传统文化中汲取立身处世的行为规范和标准。

(三)中华传统文化为大学生社会主义核心价值观培育提供了实践路径和践行方法

社会主义核心价值观只有转化为人的一种内在需要,才能真正实现其规范和引领作用。中华传统文化既是社会主义核心价值观深厚的内涵基础,同时也是培育和践行它的方法基础。

中华传统文化的道德教化方式主要包括以人伦孝道为主要内容的家庭教育、以儒家经典为主要内容的学校(私塾)教育和以劝善修德为主要内容的民间讲学活动。与传统文化强调人的内心道德情感是道德法则的基础相应,传统文化中的家庭教育充分利用人的孝亲情感去唤醒道德意识,使人在脉脉温情中自幼培养起敬人爱人的道德观念,并在家规、家训、家风的熏陶下养成了良好的行为规范,家庭也因此就成为培育道德观念和礼仪规范的摇篮;儒家的“四书”“五经”等经典是传统文化义理系统及其核心价值观念的主要载体,以“四书”“五经”为主要内容的学校教育,其目标虽然是科举考试,但是通过记诵经典,有效地将传统文化义理系统及其核心价值观念融入了读书人的意识之中,发挥了“内化于心”的作用。早在先秦时期,孔子、孟子聚众讲学、教以礼义修身开始,便开启了中国民间讲学的传统,特别是唐宋之后,随着书院和民间会讲的兴起,民间讲学逐渐成为中国传统社会道德教化的一种重要形式与重要力量,无论对上层知识分子还是下层普通百姓

---

① [英]罗素:《罗素论中西文化》,杨发庭译,北京出版社2010年版,第85页。

的价值观培育和道德实践都产生了深刻影响。

以家庭教育、学校教育和民间讲学活动为主要内容的传统道德教化方式，实际上构成了一个融学校教育、家庭教育和社会教育为一体的道德教育体系，它以不同方式针对不同群体开展道德教化，成功地在全社会实现了其核心价值观的“内化于心，外化于行”。这为大学生的社会主义核心价值观培育提供了有益借鉴。

二、中华传统文化融入大学生社会主义核心价值观培育的可能性

中华传统文化与社会主义核心价值观具有相似性、相容性、相依性，从而使中华传统文化融入大学生社会主义核心价值观培育成为可能。

(一)中华传统文化与社会主义核心价值观具有相似性

社会主义核心价值观是在汲取中华优秀传统文化丰富营养的基础上逐步发展和完善起来的，是中华优秀传统文化在现代社会的延续、发展和升华，二者具有内在的统一性和高度的相似性。

从目标追求上看，二者具有高度的一致性。作为价值理想，中华传统文化有着悠久的历史，其重民本、尚和合、求大同的基本政治理念、治理目标和社会理想以及讲仁爱、崇正义、守诚信所表达的传统美德是中华民族的价值追求。社会主义核心价值观是在世界格局多极化发展、经济全球化、文化多元化以及价值冲突的背景下逐步发展和形成的，其内涵包括了人们世世代代追求的幸福理念及国家富强、民族复兴、社会和谐、人民幸福的理想追求。[①] 社会主义核心价值观的基本理念也是中华传统文化的基本要素，是中华民族传统核心价值观的集中体现。

从层次结构上看，二者具有高度的一致性。在中华传统文化中，“格物致知、诚意正心、修身是个人层面的要求，齐家是社会层面的要求，治国平天下是国家层面的要求”[②]。在中华传统文化中，家与国紧密联系、休戚与共，家是缩小的国，国是放大的家，个人家庭命运与国家民族的存亡息息相关。对此，孟子曾作了精辟概括：“天下之本在于国，国之本在于家，家之本在于身。”(《孟子·离娄上》)可见，社会主义核心价值观在国家、社会、公民三个层面的价值要求与传统价值观一脉相承。

(二)中华传统文化与社会主义核心价值观具有相容性

总体来看，中华传统文化与社会主义核心价值观是互为借鉴、相互包

---

① 参见温小勇：《怡养涵育：培育社会主义核心价值观的传统理路》，中国社会科学出版社 2015 年版，第 49 页。

② 习近平：《习近平谈治国理政》，外交出版社 2014 年版，第 169 页。

容、相互融合的，二者在内容上相互补充，理论上相互借鉴，业已形成了你中有我、我中有你、密不可分的有机整体。

在国家层面上，社会主义核心价值观表述为富强、民主、文明、和谐。富强是指国家富强，强调的是国家经济实力的增强，这是国家繁荣昌盛、人民安居乐业的物质基础，也是自近代以来中华民族梦寐以求的美好夙愿。民主强调的是社会主义制度的优越性，这是社会主义制度发展和人民美好幸福生活的政治保障，是社会主义的生命。中华传统文化讲："民惟邦本，本固邦宁。"(《尚书·五子之歌》)指的就是人民是国家的根本和基础，唯有广大人民富足安康，国家才能和谐稳定。对于文明与和谐的表述，中华传统文化中亦早已有之，如《周易·乾卦·文言》记载"天下文明"，唐代孔颖达注疏云："天下文明者，阳气在田，始生万物，故天下文章而光明。""和"是中华传统文化的精华，"和而不同""和实生物""天人合一"等则体现了人与人、人与社会、人与自然之间和谐、可持续发展的关系，也是社会主义和谐价值观中"和谐"理念的根由。

在社会层面上，社会主义核心价值观表述为自由、平等、公正、法治。自由是人类社会的美好向往，也是实现共产主义所追求的社会价值目标；平等指的是公民在法律面前的一律平等，它要求尊重和保障人权，人人依法享有平等参与、平等发展的机会与权利；公正即社会公平和正义，它以人的解放和自由平等权利的获得为前提，是国家、社会应然的根本价值理念；法治是治国理政的基本方式，依法治国是社会主义民主政治的基本要求，它通过法制建设来维护和保障公民的根本利益，是实现自由平等、公平正义的制度保证。社会层面的核心价值观也是中华传统文化的价值追求，儒家将自由置于现实生活当中，提倡"从心所欲，不逾矩"(《论语·为政篇》)，并发出"天下无生而贵者也"(《礼记·郊特牲》)的呼声，提出了人生而平等的思想。此外，诸如"天公平而无私，故美恶莫不覆；地公平而无私，故小大莫不载"(《管子·形势解》)"不患寡而患不均"(《论语·季氏第十六》)、"等贵贱，均贫富"(《建炎以来系年要录》)等思想，则反映了古代社会质朴的公正与平等观念。

在公民个人层面上，社会主义核心价值观表述为爱国、敬业、诚信、友善。爱国是公民个人对自己祖国的深厚情感，也是调节个人与祖国关系的行为准则；敬业是对公民职业行为准则的价值评价，充分体现了社会主义职业精神；诚信即诚实守信，强调诚实劳动、信守承诺、诚恳待人；友善强调公民之间应互相尊重、互相关心、互相帮助，和睦友好，努力形成社会主义的新型人际关系。公民个人层面上的核心价值观，更是中华传统文化数千年来的价值追求和价值导向。爱国主义是中华民族精神中最稳固的文化基因，

“常思奋不顾身，以殉国家之急”（《汉书·司马迁传》）“保天下者，匹夫之贱，与有责焉耳矣”（《日知录·正始》）等蕴含着深厚的爱国情怀。敬业体现了积极向上的工作态度，也是古圣先贤所崇尚的基本道德操守。如孔子主张一生要“执事敬”“事思敬”“修己以敬”，荀子提出“凡百事之成也，必在敬之；其败也，必在慢之”。（《荀子·议兵篇》）诚信是做人之本、立业之基，《中庸》讲“诚者，天之道”，都强调了做人处事要一诺千金、一言九鼎。友善体现了做人的优秀品格，《孟子·公孙丑上》中讲：“取诸人以为善，是与人为善者也。故君子莫大乎与人为善。”这句话是指要待人善良、乐于助人。可见，作为中华民族最深层的精神追求和最根本的精神基因，中华优秀传统文化与社会主义核心价值观一脉相承。

（三）中华传统文化与社会主义核心价值观具有相依性

中华传统文化是社会主义核心价值观的肥沃土壤，离开传统文化的滋养，社会主义核心价值观将变成无源之水、无本之木。而价值观是文化的核心，中华传统文化的传承、创新与发展需要社会主义核心价值观的引领，二者相辅相成，相依共存。

习近平总书记指出：“培育和弘扬社会主义核心价值观必须立足中华优秀传统文化。牢固的核心价值观，都有其固有的根本。抛弃传统、丢掉根本，就等于割断了自己的精神命脉。”①这一论述着力强调了中华优秀传统文化对于培育和弘扬社会主义核心价值观的基础地位、根本作用。社会主义核心价值观是建立在中国的现实土壤和历史传统基础之上的，绝不可能脱离中华优秀传统文化的思想资源。中国传统文化是社会主义核心价值观的基础，体现出我们党高度的民族文化自信，体现了尊重历史传统的正确态度。社会主义核心价值观离开了优秀传统文化这个根，就等于失去汲取营养的活水源头。如不立足于本民族的优秀传统文化，就等于“割断了自己的精神命脉”，更谈不上开创未来。中国社会主义必须具有中国特色，中国社会主义的核心价值观也必须具有鲜明的中国特色。中华文化源远流长，积淀着中华民族最深层的精神追求，代表着中华民族独特的精神标识，为中华民族生生不息、发展壮大提供了丰厚滋养。不忘本才能开辟未来，善于继承才能更好创新。因此，培育和弘扬社会主义核心价值观必须传承中华优秀传统文化。

---

① 习近平：《在延续民族文化血脉中开拓前进》，载《文汇报》2014年9月25日。

第三节　中华传统文化融入大学生社会主义核心价值观培育的内涵、本质与规律

在当前这样一个多元而开放的时代，如何有效地开展社会主义核心价值观教育，是高等教育工作者不容忽视的重要问题。习近平总书记关于培育和践行社会主义核心价值观的重要论述，揭示了大学生社会主义核心价值观教育的本质和规律，为高校进行社会主义核心价值观教育提出了具体的实践要求，并指明了目标和方向。因而，充分发掘传统文化的精华，把握传统文化融入大学生社会主义核心价值观教育的特点与规律，对于培育大学生践行社会主义核心价值观具有重要的意义。

一、中华传统文化融入大学生社会主义核心价值观培育的内涵

受文化多元化、自由主义思潮及功利性价值观等的影响，当代大学生中存在的奢侈、虚荣、功利的倾向不容忽视，这也为大学生社会主义核心价值观培育带来了阻力和困难。在大学生所遭遇的价值世界的冲突和危机中，反思大学生价值观中的矛盾和困惑，以传统文化为载体，对于引导大学生树立正确的价值观，并最终培育和践行社会主义核心价值观，是一种有益的尝试。

以传统文化为载体对大学生进行社会主义核心价值观教育，一方面能够使大学生接受传统文化的濡养，感受到传统文化的魅力，接受和理解传统文化中所蕴含的价值理念；另一方面也能够使大学生在更深的层次上理解社会主义核心价值观，并自觉地将其作为自己的精神追求和人生价值。此外，通过传统文化教育，大学生对社会主义核心价值观更容易产生价值认同。就内在规定性而言，将传统文化融入大学生社会主义核心价值观教育，并不仅仅是传统文化作为经验知识进行简单的授受，而是一种价值教化，即通过汲取传统文化的价值精髓以实现传统价值的传承，并能使大学生在传统文化的学习过程中，理解、体悟并认同和接受社会主义核心价值观。当然，大学生真正能够认同和接受社会主义核心价值观，并最终建立起自己的核心价值体系，传统的力量是不容忽视的。此外，还需要家庭教育的涵养、学校教育的引导和社会教育的支持。

二、中华传统文化融入大学生社会主义核心价值观教育的本质

中华传统文化融入大学生社会主义核心价值观教育的本质是什么？这

涉及两个方面的问题：一是传统文化的内在价值问题，二是核心价值观教育的“元问题”。第一个问题关涉到传统文化融入大学生社会主义核心价值观教育的必要性，也就是为什么要依托中华传统文化对大学生进行社会主义核心价值观教育的问题；第二个问题关涉到传统文化融入大学生社会主义核心价值观教育的合法性，也就是传统文化对大学生正确价值观形成的重要性及其意义。中华传统文化在传承与发展历程中，自有其独特的价值取向和价值追求，在不同的历史时期，表现为特定的价值目标，为国家和社会提供可资遵从的价值尺度和价值准则，并使之成为处理人与人之间、人与自然之间、人与社会乃至国家之间关系的价值规范。传统文化的核心价值理念对于引导大学生进行正确的价值判断与选择，并最终形成对社会主义核心价值的认同有着独特的作用。价值观教育以人的价值性存在为前提，是对人的价值本性的唤醒与引导，从这个意义上来说，传统文化融入大学生社会主义核心价值观教育属于价值引领的范畴，其本质在于以传统文化为依托和切入点，为大学生成长成才提供正确的方向指引，让大学生易于接受和认同社会主义核心价值观，以确保社会主义核心价值体系在大学生价值观中的核心地位，从而保障大学生正确价值观的形成。

中华传统文化作为一种“跨时间”的现象，它不是由其瞬间的存在构成的，而是“历时性”地存在着，它在不同的历史时空中有整合，有创新，但从未与过去发生断裂。某些制度或者习俗在不同的历史时期和社会形态中会有不同的表现形式，但其内在的理想信念、价值信仰、人格特质、道德理念、担当精神、家国情怀等却代代相传、历久弥新，这就是中华传统文化的内在价值。文化不仅仅是一种客观的现象存在，而且还是“一个社会中的价值观、态度、信念、取向以及人们普遍持有的见解”①。正是在这个意义上，可以说中华传统文化是中华民族的根本之所在和魂魄之所系，中华文明之所以能历5000余年而不衰，中华民族之所以能历经磨难，仍屹立于世界民族之林，正是因为中华传统文化的价值维系和精神哺养。青年大学生作为祖国未来的建设者，其精神风貌既体现了我们国家民族的精神状态，其价值观念也对整个国家民族的价值观念产生重要影响甚至是导向作用，而传统文化的内在价值对于大学生的成长成才无疑具有无与伦比的优势。

1. 传统文化有助于引导大学生树立正确的人生理想

理想是人生的奋斗目标，正确的人生理想是催人奋进的精神力量，而错误的人生理想只能沦为空想甚至是幻想，并最终妨害人的成长。因而，大学

① ［美］塞缪尔·亨廷顿、劳伦斯·哈里森主编：《文化的重要作用——价值观如何影响人类进步》，程克雄译，新华出版社2010年版，第9页。

生要想成为国家的栋梁之材，必须树立正确而又坚定的人生理想。孔子说："三军可夺帅也，匹夫不可夺志也。"(《论语·子罕》)孔子所谓的"志"就是志向，是理想，是对社会主义核心价值观的认同和坚守，是民族精神蓬勃向上的牢固根基，是国家富强昌盛的力量之源。朱熹说："书不记，熟读可记；义不精，细思可精；惟有志不立，直是无着力处。"(《晦庵先生朱文公文集·沧州精舍谕学者》)可见，理想对于一个人的成长成才具有非常重要的意义。而如果没有正确的人生理想，即使有再大的努力，也难以取得人生事业的成功。因而，大学生应当通过传统文化的教育与学习，明确自己的人生目标，树立正确的人生理想，只有这样，才能做一个有益于国家和社会的人。

2. 传统文化有助于大学生形成良好的道德品质

良好的道德品质是为人之基、立世之本。中华传统文化重视对人的良好道德品质的引导与塑造，"百善孝为先"，《孝经》中认为"孝，德之本也"，把孝敬父母看成是做人的基本道德；《论语》中的"言必信，行必果""与朋友交，言而有信"等则强调诚信品质的重要性，诚信是人与人之间交往的基础，是做人做事最基本的道德要求；《论语》中的"吾日三省吾身""见贤思齐焉，见不贤而内自省也"以及唐代《贞观政要》中记载的"尽己而不以尤人，求身而不以责下"等也体现了传统文化中重视省察自身、严于律己的自律自省精神；"善则称人，过则称己"(《礼记·坊记》)、"君子不为苟察"(《庄子·天下》)、"己所不欲，勿施于人"(《论语·颜渊》)等则要求人们要有担当意识和宽容精神。此外，中华传统文化还重视培养人的自强不息的精神和刚健有为的思想，如《周易》中有"天行健，君子当自强不息"。传统文化所蕴含的诸多丰富的修身理论和道德教育思想，也正是当代大学生所需要大力提升的优秀品质。

3. 传统文化有助于大学生认同和接受社会主义核心价值观

在纪念五四运动95周年的北大座谈会上，习近平总书记谈道："对一个民族、一个国家来说，最持久、最深层的力量是全社会共同认可的核心价值观。核心价值观，承载着一个民族、一个国家的精神追求，体现着一个社会评判是非曲直的价值标准。"[①]要使当代大学生认可社会主义核心价值观，并在实际生活中切实践行社会主义核心价值观，首先要对社会主义核心价值观形成认同。所谓对社会主义核心价值观的认同，就是作为主体的大学生对社会主义核心价值体系加以认可与肯定，并以此为基础建立起直接一致性感受，同时具有转化为价值行为的趋势和取向，也就是大学生能够自觉地

① 习近平：《青年要自觉践行社会主义核心价值观——在北京大学师生座谈会上的讲话》，载《人民日报》2014年5月5日。

将社会主义核心价值观外化于具体实践中。

让大学生认同和接受社会主义核心价值观，光靠单纯的理论灌输和说教难以达到理想的效果，而借助中华传统文化，往往能收到事半功倍之效。传统文化在中国绵延数千年，传统价值理念作用于社会生活的方方面面，如在家庭伦理中，传统文化强调“父慈子孝，兄友弟恭”；在人我关系上，传统文化强调“己所不欲，勿施于人”（《论语·颜渊》）“己欲立而立人，己欲达而达人”（《论语·雍也》）；在道德修养上，传统文化强调“厚德载物”，提示人们要宽容、大度、理解、包容；在人生态度上，传统文化强调“自强不息”，鼓励人们要勇于进取；对待生活上，传统文化强调“天道酬勤”，要“勤俭持家”，等等。可以说，传统文化的价值和理念已融入中国人的血脉，流淌在华夏大地的每一个角落，并转化成与我们每一个人息息相关的具体的生活规范。而作为成长过程中的大学生，其价值观念的变化、发展与生成更多的来源于社会生活体验，“现代社会的价值认同缘起于人们对现实生活世界的价值思考以及对内部精神活动的价值体验和反思”①。传统价值观延续过去，承接当代，为大学生理解社会主义核心价值观提供了价值经验和心理基础，“离开包含着由过去经过现在进入未来的时间之流的统一体，我就是不可思议”②。如果离开了对现实生活的关照，脱离了对传统价值的认知与体悟，那社会主义核心价值观也只能停留在大学生认识的表象。

三、中华传统文化融入大学生社会主义核心价值观培育的规律

理论来源于实践，同时，实践能够加深对理论的理解并检验理论的科学性与否。核心价值观不仅承载着一个民族、一个国家的精神追求，而且还是个人价值理念的集中体现，大学生正处于价值观形成和确立的关键时期，其价值取向对社会整体的价值取向有重要的导向作用。因而，我们探讨中华传统文化融入大学生社会主义核心价值观培育的规律，目的是促进大学生对社会主义核心价值观的理解与认同，使之内化为大学生的核心价值观。

（一）传承与创新相结合的规律

传承是指对原有事物中合理部分的接续，而创新则是旧事物向新事物的转变，两者之间是辩证统一的，传承是创新的基础，创新是传承的发展。中华传统文化融入大学生社会主义核心价值观教育，首先要遵循传承与创新相结合的规律。

---

① 王葎：《价值观教育的合法性》，北京师范大学出版社 2009 年版，第 208 页。

② ［俄］弗兰克：《实在与人：人的存在的形而上学》，李昭时译，浙江人民出版社 1999 年版，第 38 页。

对大学生进行社会主义核心价值观教育，必须传承中华传统文化的优秀成果，必须对传统价值观进行批判地继承和吸收，并以此延续传统文化的精神血脉，“传统文化是一个国家、一个民族传承和发展的根本，如果丢掉了，就割断了精神命脉。……只有坚持从历史走向未来，从延续民族文化血脉中开拓前进，我们才能做好今天的事业”[①]。可见，为了避免失去国家和民族的精神独立性，为了从延续民族文化的血脉中开拓前进，我们必须自觉传承优秀传统文化。同时，“中华传统文化博大精深，学习和掌握其中的各种思想精华，对树立正确的世界观、人生观、价值观很有益处”[②]。因而，对大学生进行社会主义核心价值观教育，必须立足中华传统文化，必须传承中华传统文化，也只有在传承和学习中华传统文化的过程中，才能取得“学史可以看成败、鉴得失、知兴替；学诗可以情飞扬、志高昂、人领秀；学伦理可以知廉耻、懂荣辱、辨是非”[③]的收获。

所谓“创新”，就是在坚持中华传统文化主体性的基础上，在全球化的新形势下适时地开拓创新。只有在传承的基础上，才能实现中华文化与核心价值观的创新性发展，才能为实现伟大复兴的中国梦创造文化与核心价值观的条件。作为当代大学生，必须善于学习和借鉴人类文明的一切优秀成果，自觉地把继承优秀传统文化与弘扬时代精神，立足本国又面向世界有机结合起来，以构建既充分反映中国特色和民族特点，又体现时代特征和当代大学生风貌的核心价值体系和社会主义核心价值观。

（二）内化与外化相统一的规律

内化与外化是大学生社会主义核心价值观形成与发展的必要过程和必经阶段，也是借助传统文化对大学生进行社会主义核心价值观教育的重要规律。所谓“内化与外化相统一”的规律，就是指教育者在对大学生进行社会主义核心价值观教育的过程中，有目的、有计划、有组织地充分发掘传统文化的价值资源，找准传统文化与社会主义核心价值观的契合点，以有效地促进大学生将社会主义核心价值观“内化于心，外化于行”。所谓“内化”，是指教育者帮助大学生理解认同社会主义核心价值观，并最终引导其将社会主义核心价值观内化为自身的价值追求和价值理念的过程。所谓“外化”，则是指教育者引导大学生将自己的核心价值理念转化为自己的思想品行，并养成良好行为习惯的过程。简言之，内化是学习，是积累，是反思，是认同和接受；外化是表达，是实施，是点点滴滴的行为和一件件具体的行动。内

① 习近平：《在延续民族文化血脉中开拓前进》，载《文汇报》2014年9月25日。

② 习近平：《习近平谈治国理政》，外文出版社2014年版，第406页。

③ 习近平：《习近平谈治国理政》，外文出版社2014年版，第406页。

化与外化是辩证统一、相互联系的，内化是外化的前提和基础，没有内化，社会主义核心价值观的外化就无从谈起；外化是内化的目的和归宿，没有外化，内化也就失去了存在的实际意义。[①]

在传统文化促进大学生社会主义核心价值观内化方面，重在引导大学生树立坚定的传统文化意识。中华传统文化经过数千年的发展与传承，其独特的文化特质和文化形态已内化为中华民族特有的心理结构。传统文化所涵括的政治制度、思想观念、礼仪文化、生活习俗、文学艺术等，无论是在历史中还是在当前人们的生活里，都散发着永恒的光辉和迷人的魅力。正如习近平总书记于 2014 年 5 月 4 日在北京大学师生座谈会上所强调指出的："中华文明绵延数千年，由其独特的价值体系。中华优秀传统文化已经成为中华民族的基因，植根在中国人内心，潜移默化影响着中国人的思想方式和行为方式。"[②]这就是说，作为当代大学生，最根本的是要有中国人的独特的精神世界，要有坚定的中华传统文化的理念与意识。在面对纷纭复杂的社会思潮和外来文化的冲击时，决不能数典忘祖，而是要自觉地从中华传统文化中汲取丰富的营养，自觉实现文化心理与价值观念的建构，从而实现社会主义核心价值观的内化。

在传统文化促进大学生社会主义核心价值观外化方面，重在引导大学生自觉践行社会主义核心价值观。社会主义核心价值观中的具体的指向，都是青年大学生在日常生活和学习中可言可做的，而不是抽象的名词，更不是夸夸其谈的宏大计划。就公民个人自身来说，爱国、敬业、诚信、友善的社会主义核心价值取向，都是可以落到实处的。爱国是我们每一个人的自觉意识和内心情怀。一个人，无论处在什么样的位置，国难当头，当以身相许，为中华之崛起而读书。当代大学生应当有这样的信念，为实现中华民族伟大复兴的中国梦而发奋读书、踏实工作。敬业就是要做好自己的本职工作，对大学生来说，就是要认真完成自己的学业，掌握扎实的专业知识，养成良好的道德品质，拥有健康的体魄，将来努力工作，为人民服务好，为社会做贡献。诚信对大学生来说，就是要做真人、做真事、做真学问，言行一致、言行如一，"言必信，行必果"(《论语·子路》)。友善就是要与人为善，要有"忍人之心"，要有宽广的胸怀和悲天悯人之念。

将社会主义核心价值观内化于心是认知认同问题，借助传统文化尚易达成，而要真正将社会主义核心价值观外化于行，并形成自己的价值自觉和

---

① 参见郑灿珠等:《国家意识形态安全与大学生社会主义核心价值观教育研究》，人民出版社 2014 年版，第 117 页。

② 习近平:《习近平谈治国理政》，外文出版社 2014 年版，第 170 页。

行为习惯，对处于成长中的大学生来说，或许有一定的难度。因而，在专业学习之外，一定要加强传统文化的学习，提升个人的道德水平和修养。

（三）目的性和导向性相一致的规律

所谓目的性和导向性相一致的规律，是指在将中华传统文化融入大学生社会主义核心价值观教育的过程中，要始终坚持正确的政治方向，要坚持以马列主义、毛泽东思想、邓小平理论和“三个代表”重要思想、科学发展观和习近平新时代中国特色社会主义思想为指导，坚持社会主义方向，坚持集体主义的价值取向，批判和抵制各种错误的思想倾向，最终帮助大学生树立起社会主义核心价值观并能贯彻到日常的学习、工作和生活中。换言之，将传统文化融入大学生社会主义核心价值观教育，就是要让当代大学生了解社会主义核心价值观形成的精神脉络和传统价值观的历史传承，最终帮助大学生在国家、社会、人生等领域的重大问题上形成价值共识，从而树立起坚定的中国特色社会主义的共同理想。

具体来说，一是要帮助学生转变错误的立场、观点、方法。由于受市场经济的影响和不良社会思潮的冲击，部分大学生的价值取向存在偏差，对传统文化融入社会主义核心价值观的学习存在抵触情绪；有的学生认为这是专业学习之外的任务，因而不愿意学习；有的学生只是选取传统文化中有用的部分或者自己感兴趣的部分去学习，而涉及价值观教育的内容则被忽视或者不学习。传统文化融入社会主义核心价值观教育，应当在坚持“育人为本”的前提下，融入社会主义的办学理念，让学生明白我们的教育目的以及其将来应当成为什么样的人。二是要选取传统文化的优秀内核，培养当代大学生高尚的道德品质。习近平总书记强调指出：“核心价值观，其实就是一种德，既是个人的德，也是一种大德，就是国家的德、社会的德。国无德不兴，人无德不立。”[①]德是立国之本，是做人之基，是社会和谐的润滑剂，符合大学生社会主义核心价值观教育的内在要求。三是要端正学生的思想观念、行为方式和生活态度，激发学生的学习积极性和对生活的热情，使当代大学生真正成为有理想、有道德、有文化、有纪律的社会主义建设者和接班人。

第四节 中华传统文化融入大学生社会主义核心价值观培育的目标与内容

任何教育都有一定的目标，要达到教育目标需采取有效的教育方式方

① 习近平：《习近平谈治国理政》，外文出版社2014年版，第168页。

法。对大学生进行社会主义核心价值观教育的目标是要涵养学生的核心价值观，使之与社会主义核心价值观所要求的目标相契合。而将中华传统文化融入大学生社会主义核心价值观培育，通过丰富的教育内容达成社会主义核心价值观教育的目标正是我们的追求所在。

一、中华传统文化融入大学生社会主义核心价值观培育的目标

中华传统文化融入大学生社会主义核心价值观培育能否取得理想的效果，首先要有明确的教育目标，将传统文化融入大学生社会主义核心价值观教育，根本目标在于引导大学生树立积极的核心价值观，为社会主义现代化建设培养合格的人才。

（一）弘扬民族精神，培养爱国情怀

民族精神是一个民族在长期的历史发展过程中形成的民族意识、民族文化、民族习俗、民族性格、民族信仰以及民族价值观念和价值追求等共同特质，是一个民族生命力、创造力和凝聚力的集中体现，是一个民族赖以生存、共同生活、共同发展的核心和灵魂，是维系、协调、指导、推动民族生存和发展的核心思想。中华民族精神植根于中华优秀传统文化之中，经过5000余年的历史传承，逐渐形成了以爱国主义为核心，团结统一、爱好和平、勤劳勇敢、自强不息的伟大民族精神。具体来说，就是公而忘家的爱国精神、兼爱天下的仁爱精神、勤劳节俭的立世精神、自强不息的进取精神和舍生取义的尚义精神。中华民族之所以能够在历史中走出战乱、战胜外敌，走上团结统一和奋发向上的复兴之路，正是得益于中华民族的民族精神所具有的强大感召力和凝聚力。

爱国是对祖国的热爱和忠诚，爱国情怀反映了人们对故土家园以及民族和文化的认同感与归属感，是人们对祖国深厚感情的集中体现。中华民族有着悠久的爱国主义传统，屈原为国为民“虽九死其犹未悔”，在无力救楚国于危亡之际，愤然投汨罗江而自沉，表现了崇高的爱国情怀；苏武出使匈奴，被流放北海19年，历经千辛万苦，面对各种诱惑和威胁，仍信守对祖国的诺言，显示了坚贞不屈的爱国气节；文天祥的“人生自古谁无死，留取丹心照汗青”表现了慷慨激昂的浩然正气和舍生取义的救国精神；陆游为国家民族奋斗一生，临终前仍赋诗“死去元知万事空，但悲不见九州同”，抒发壮志未酬的悲愤，充分表现了诗人忧国忧民、生死以之的爱国情怀。

因而，必须将传统文化中的民族精神教育和爱国主义教育融入大学生的社会主义核心价值观教育之中，以增强大学生的民族自尊心和自信心，从而增强对中华民族的认同感、归属感和自豪感，进而生发出与祖国“同呼吸，

共命运”的内在理想和自觉行动。

(二)加强仁爱教育,促进社会和谐

“和”是中华传统文化的精华,追求和谐是中华传统文化所倡导的基本价值理念,而社会和谐则是一种美好的社会存在状态,是人类孜孜以求的社会理想。要达到社会和谐的理想状态,需要有政治、经济、文化的协同发展与相互促进,也需要有制度和法律的规约,更需要社会中每一个人自发自觉地积极参与。爱是社会和谐的基石,是人与人之间卸下面具和防御、停止攻击和相互伤害的心理基础。

社会和谐需要仁爱情怀,而仁爱则是和谐理念的灵魂和源泉。中华传统文化追求和崇尚仁爱,将“爱人”作为最高理想。孔子强调“泛爱众而亲仁”(《论语·学而》),孟子主张“仁者爱人”(《孟子·离娄下》),韩愈则强调“博爱之谓仁”(《昌黎先生文集》),也就是说,中华传统文化的“仁爱”情怀,不局限于爱自己的亲人,而且要爱他人、爱社会、爱万物,视天下一家,万物一体,这是一种博大的仁爱情怀。构建和谐社会,需要培养公民的爱心,促进社会和谐,需要加强仁爱教育和积极、健康、向上的价值引导。

(三)倡导孝友诚信,净化社会风气

改革开放以来,我国社会经济极大发展,人们物质生活水平提高,但时代的变革和社会的转型使得人文理想渐趋没落,传统美德也悄然流失,导致一部分人荣辱不分、是非不明、长幼无序、唯利是图……一段时期以来,网络诈骗肆虐,恶意炒作盛行;苏丹红、瘦肉精、地沟油、毒奶粉、农药蔬菜……各种“毒物”层出不穷,食品安全触目惊心;老人跌倒扶不扶、有人落水救不救等让英雄流血又流泪的悲剧不断上演,“见义勇为”还是“见义不为”成为一个两难选择,这严重阻碍了社会道德水平的提高。此外,学风不良、学术造假等问题也造成不良的社会风气,严重侵蚀公平竞争的环境和诚信的社会体系。反思和根除这些不良社会问题,净化社会风气,需要传统文明的回归,需要从传统文化中找回我们失落的精神家园。

“孝友诚信”是中华传统文化和传统道德的最重要和最基本的内容之一,有助于培养良好的社会心态、促进社会风气的净化。“孝”是指“善事父母”,是处理家庭和家族间人际关系最重要的道德规范[①],也是维护社会稳定、提高人的道德素质的基本生长点。“友”在甲骨文中是两个紧紧靠在一起的手,表示以手相助或二手协同。《说文解字》解释为“同志为友”,《尔雅》则说“善兄弟为友”,可见,“友”代表了兄弟之爱和朋友之谊,是人与人之间

① 参见姚小玲、陈萌:《中国传统伦理思想》,人民出版社2015年版,第260页。

相处的原则，对改良社会风气、促进社会主义核心价值体系建设具有积极的价值引导作用。诚信是中华传统文化所特别强调和加以重视的行为规范，《论语》中的“与朋友交，言而有信”“民无信不立”充分强调了诚信的重要性。因而，加强中华传统文化教育，倡导孝友诚信，对于协调人际关系、培育积极向上的社会心态、营造公平诚信的社会环境、促进社会主义核心价值观教育具有重要的意义。

（四）正确认识义利，树立崇高理想

理想是指路的明灯，是人前进的动力和方向。2013 年 5 月 4 日，习近平总书记在“五四”优秀青年代表座谈会上就曾指出：理想指引人生方向，信念决定事业成败，没有理想信念，就会导致精神上“缺钙”。诗人于沙写过一首名为《理想》的小诗：“有它，无它，不一样。有它，像船儿有桨，能漂滩，能斩浪。无它，像一只花公鸡，只知为觅食奔忙。有它，即使天黑下来，也看得见光亮。无它，纵然在大白天眼前也一片迷茫。它的名字叫理想。”[①]可见，理想不仅是我们生活的希望，还能帮助我们实现美好的愿望。

当前，大学生正处于一个新旧更替，科学技术迅猛发展、社会思潮多元复杂的时期，如果不能对大学生进行正确的价值引导，面对纷繁的社会现实，有些人可能无法抵御各种利益诱惑，从而出现理想信念模糊、信仰缺失等现象。因而，将传统文化融入大学生社会主义核心价值观教育，帮助大学生辨析义利，树立崇高理想就显得尤为重要。当然，我们要求大学生树立崇高理想，并不是要放弃合理的利益追求，孔子说“君子以义为上”（《论语·阳货》），孟子主张“生亦我所欲也，义亦我所欲也；二者不可得兼，舍生而取义者也”（《孟子·告子上》）。就是说，面对义利取舍，既要突出以义为先，又要注意义与利之间的平衡。重义轻利、先义后利、取利有道，是中华民族千百年来一以贯之的道德准则和行为规范，也是当代大学生应该有的义利观念。

二、中华传统文化融入大学生社会主义核心价值观培育的内容

教育的内容是为目标服务的，为了有效达成社会主义核心价值观培育的目标，中华传统文化融入大学生社会主义核心价值观培育的内容主要包含以下几个方面：

（一）自强不息、刚健有为的进取精神

数千年来，中华传统文化的肥沃土壤培育了无数的志士仁人和中华英才，他们为国家富强和民族发展贡献了毕生的力量，甚至不惜舍生取义，他

---

① 于沙：《于沙小诗选》，中国环境科学出版社 1998 年版，第 87 页。

们依靠“自强不息，刚健有为”的精神力量而真正做到了“富贵不能淫，贫贱不能移，威武不能屈”(《孟子·滕文公下》)。具体来说，要想将传统文化融入大学生社会主义核心价值观教育，培养大学生自强不息、刚健有为的进取精神，需要从如下几个方面着手。

第一，要培养大学生的责任感和担当精神。中华传统文化中包含着浓厚的“以天下为己任”的责任意识和担当精神。孔子说：“天下有道，丘不与易也。”(《论语·微子》)如果天下太平，自己就不会逡巡于诸侯之间来寻求治世之道，但是，生逢乱世，礼崩乐坏，自己就要有改变现状的责任意识和实现“天下有道”的担当精神。孟子提出“以天下为己任”，就是用承担社会责任的实际行动表明了自己勇于担当的精神，心系国家命运，勇于承担社会责任，并以勇于牺牲的大无畏精神投身到国家富强和民族强盛的奋斗中来。当代大学生恰逢盛世，但也应居安思危，奋发图强，为实现中华民族伟大复兴的中国梦承担自己应尽的责任和义务。

第二，要培养大学生自强不息、坚忍不拔的意志品质。自强是中华民族的传统美德，流淌在中华民族的血液中，是中国人民代代相传的精神财富。自强不息能够使人安然地面对生活中的困难与挫折，在困境面前，也能够使人拥有积极的心态，开拓奋进，成就自我。《史记·太史公自序》中说：“昔西伯拘羑里，演《周易》；仲尼厄陈、蔡，作《春秋》；屈原放逐，著《离骚》；左丘失明，厥有《国语》；孙子膑脚，而论兵法；不韦迁蜀，世传《吕览》；韩非囚秦，《说难》《孤愤》；《诗》三百篇，大抵圣贤发愤之所为作也。”当代大学生要想在现代化建设的道路上取得成就，也必须有愈挫愈勇的精神和坚忍不拔的意志。

（二）仁者爱人、推己及人的仁爱情怀

“仁爱”是儒家伦理思想的核心内容，培养大学生的仁爱情怀是中华传统文化融入大学生社会主义核心价值观教育的根本落脚点。培养大学生的仁爱情怀，需要培养大学生的爱人之心和宽容心。

第一，要培养大学生的爱人之心。近年来，网络频频爆出大学生的负面新闻使得人们喟叹，当代大学生越来越缺失爱的能力了。没有爱，无论对于个人还是对于社会来说，都是无法想象的。爱是大学生融入社会和被社会所接纳的金钥匙，孟子所说的“爱人者，人恒爱之；敬人者，人恒敬之”(《孟子·离娄下》)就深刻地揭示了爱对于人立身社会的重要性。在人与人的相处过程中，孔子主张“反求诸己”和“能近取譬”，也就是说，人与人之间应当相爱，并由此将“爱人”作为判断一个人道德觉悟高低的重要标准。孔子强调“仁”，孟子说“仁者爱人”，荀子进一步发展了“爱人”的思想，他说：“水火有气而无生，草木有生而无知，禽兽有知而无义。人有气、有生、有知，亦且有义,故最为天下贵。”(《荀子·王制》)人之所以区别于天下万物的根本在于人有知有义,有爱的能力。宋代张载将儒家“爱人”的思想作了进一步的扩充,他说:“乾称父,坤称母;予兹藐焉,乃浑然中处。故天地之塞,吾其体;天地之帅,吾其性。民,吾同胞;物,吾与也。大君者,吾父母宗子;其大臣,宗子之家相也。尊高年,所以长其长;慈孤弱,所以幼其幼;圣,其合德;贤,其秀也。凡天下疲癃、残疾、茕独、鳏寡,皆吾兄弟之颠连而无告者也。”(《张子正蒙·西铭》)对天下所有人,我们都要如自己家中兄弟一般去对待;对天下所有年老的人,我们都要像尊敬自己家的老人那样去尊敬;对待社会上所有孤弱的人,我们都要像对待家中所有幼小那样去慈爱,这样的人,才是有高尚道德的人。因而,加强大学生的爱心教育,将有助于促进社会的和谐发展。

第二,要培养大学生的宽容心。当前大学生出现心理和人际交往障碍等问题的一个根本症结在于不能勇于面对挫折与磨难,不能坦然面对别人的批评和负面评价,不能正确地处理在生活和学习中遇到的“不公”或“不平”。对大学生来说,只有做到宽容自己,宽容他人,才能爱自己、爱他人、爱社会,才能达到孔子所说的“忠恕之道”。当然,宽容是以“仁爱”为基础,并能推己及人,在日常的学习、生活、工作中做到“己所不欲,勿施于人”,还要做到“己欲立而立人,己欲达而达人”。

(三)以义为上、注重伦理的道德人格

人为万物之灵,在中国古代思想家看来,人之所以能超越动物的根本原因是有道德。道德是高尚的品格,是做人立世的基础,俗话说的“格超梅之上,品在竹之间;德馨心必正,质雅品自高”就是这个意思。因而,培养大学生高尚的道德人格,是进行社会主义核心价值观教育的必然要求。

首先,要引导大学生处理好“义”与“利”的关系。关于义利的关系,中国古代思想家有过太多的争论和诠释。以孔子为代表的儒家思想认为,在处理义利的关系上,应坚持以义为上,但也不反对合理的个人利益。具体来说,应当从以下几个方面去把握:一是见利思义,反对见利忘义。见利思义是儒家对有德君子的基本要求,孔子说:“君子喻于义,小人喻于利。”(《论语·里仁》)就是说有道德的君子看重的是道义。“不义而富且贵,于我如浮云”(《论语·述而》)则要求在利益面前首先想到道德,如果利益不符合道德,应当弃之脑后。这种见利思义的义利观对当前浮躁的社会风气有重要的引导作用。二是追求正当的利益。儒家反对见利忘义,并不是要人们放弃对于正当利益的追求,而是在反对“放于利而行”的基础上,肯定合理之利的正当性,强调“义然后取”,即只要是合乎道德要求的、理当得到的利益,完全可以心安理得地取得。这就是孔子所说的“富而可求也，虽执鞭之士，吾亦为之”（《论语·述而》）。

其次，要处理好公利与私利的关系。所谓“公利”，是指国家、社会和民族的利益，其着眼点在于天下万民。所谓“私利”，是指个人的一己之利。关于公利与私利的关系问题以及如何平衡公利与私利的问题，中国历史上有过长期的争论和探讨。如法家主张“奉公法，废私术”，强调“为公者必利，不为公者必害”（《韩非子·外储说右上》）。道家亦主张以公为重，如《老子》中说的“容则公，公则正”即体现了对公利的重视。墨家也主张“举公义，辟私怨”（《墨子·尚贤上》）。由此可见，中华传统文化总体上是主张大公无私、立公去私、崇公抑私的，对于公利给予了充分的肯定。因而，当代大学生要正确认识和对待公利与私利的关系，在个人利益与国家、社会、民族的利益发生冲突时，能顾全大局，不计较个人一时的得失。如果人人都能做到这样，则国家必将越来越富强、越来越兴旺发达，人与人之间的关系也会更和谐顺畅。

（四）节俭知足、诚实守信的优良品德

节俭知足和诚实守信是中华民族的传统美德。自古至今，节俭一直被看作持家立业的根本、安邦定国的保证。战国时期的韩非子强调“侈而惰者贫，而力而俭者富”（《韩非子·显学》）。荀子认为“强本而节用，则天不能贫”（《荀子·天论篇》）。诸葛亮则说“静以修身，俭以养德”（《诸葛武侯文集·诫子书》）。纵观历史，大到邦国，小到家庭，无不是兴于勤俭，亡于奢靡。习近平总书记在第十八届中央纪律检查委员会第二次全体会议上发表重要讲话，他指出：“抓改进工作作风，各项工作都很重要，但最根本的是要坚持和发扬艰苦奋斗精神。唐代诗人李商隐在《咏史》一诗中写道：‘历览前贤国与家，成由勤俭破由奢。’能不能坚守艰苦奋斗精神，是关系党和人民事业兴衰成败的大事。”[①]节俭是一种克制，从一饭一粥克制不断膨胀的欲望，倘若人人都能珍惜每粒米、每滴水，就没有过度包装、极度美化的蓄意浪费；节俭是一种坦然，从一言一行扫除内心的虚荣，倘若人人都能从心底视节俭为理所应当之事，就没有一掷千金的奢靡消费；节俭是一种约束，倘若人人都能牢记“丰年不忘灾年，增产不忘节约”，就没有铺张浪费。可见，节俭是一种应该代代相传的美德，一种需要始终坚守的品质，在物欲横流的当今社会，大学生应当不奢侈、不攀比浪费，养成节俭知足的良好品德。

诚实守信是人和人之间正常交往、社会生活能够稳定、经济秩序得以保持和发展的重要力量。对一个人来说，诚实守信既是一种道德品质和道德信念，也是每个公民的道德责任，更是一种崇高的人格力量。从经济生活来

① 中共中央纪律检查委员会、中共中央文献研究室编：《习近平关于党风廉政建设和反腐败斗争论述摘编》，中国方正出版社、中央文献出版社 2015 年版，第 69～70 页。

看,诚实守信是经济秩序的基石;从政治道德来看,诚实守信是一种极其重要的品性,是政治意识和责任意识的体现;从人际关系来看,诚实守信是人和人在社会交往中最根本的道德规范,也是一个人最主要的道德品质。当代大学生要取得事业上的成功,做一个对国家和社会有用的人,必须在学业上、在人际交往中、在生活的方方面面做到诚实守信。

第五章　中华传统文化融入大学生社会主义核心价值观培育的原则

原则即为人们成功完成活动的基本条件，只有在满足了这些基本条件下，活动才有可能成功。原则不同于规律，规律是事物内在的本质的必然的联系，人们认识规律、利用规律来完成活动，实现自己目的时，需要满足一些基本条件，这些条件才是原则。因此，原则以规律为基础又比规律更具体。同时，原则也不同于方法，方法是完成活动的具体做法，这些具体做法只有在一些基本条件满足之后才有可能实施。因此，原则是方法的基础，又是方法的保证。进一步来看，原则又可分为基本原则和具体原则，基本原则是成功完成一种活动的基本条件，也就是一般原则；具体原则是成功完成一项活动的基本条件，也就是特殊原则。任何一项活动，都既有它所属活动的一般性，又有它独有的特殊性。因此，任何一项活动也都有它成功进行的基本原则和具体原则。中华传统文化融入大学生社会主义核心价值观培育需要一些条件，这些条件也就是其原则。它以中华传统文化融入大学生社会主义核心价值观培育规律为基础，为中华传统文化融入大学生社会主义核心价值观培育方法提供保证。同样，中华传统文化融入大学生社会主义核心价值观培育原则也可分为基本原则和具体原则，前者是一种思想教育的原则，后者则就是一项特殊活动的原则。

第一节　中华传统文化融入大学生社会主义核心价值观培育的基本原则

中华传统文化融入大学生社会主义核心价值观培育的目的是让中华传统文化与社会主义核心价值观内化为大学生的思想，并外化为大学生的行为和习惯，所以其本质上是一种思想教育。这样思想教育的基本原则也就是中华优秀传统文化融入大学生社会主义核心价值观培育的基本原则，而思想教育的基本原则主要有转化性原则、系统性原则和过程性原则。

一、转化性原则

思想教育不是受教育者自发生成社会思想的活动，而是教育者把社会思想转化为受教育者个人思想的活动，是一种教育者主动地、自觉地促进受教育者思想转化的活动。因此，转化性原则反映了思想教育的目的、过程和结果，是思想教育的本质性原则。受教育者思想在教育者的教育下发生转化或者说教育者把社会思想内化为受教育者思想需要一定的条件，也就是要遵循的原则。这些原则主要有以下几方面：

(一)相信与确信统一原则

教育者要使受教育者思想转化为与社会思想一致的，首先就要使受教育者相信教育者所传授的这些社会思想，也就是首先应使这些社会思想具有可信性，然后才能使受教育者确信这些思想，进而才能转化为受教育者的个人思想，实现思想教育的目的。可见，在思想教育中，教育者使受教育者相信是前提，只有先相信才能确信，但仅仅使受教育者相信也是不全面的，只有使受教育者由相信质跃到确信才完成了思想教育的转化过程。

教育者要使受教育者相信所传授的社会思想，或者说要使社会思想具有可信性，需要三个基本条件：一是使社会思想可以被受教育者理解。这就要求教育者要从受教育者自身的生活经验、感受、常识出发来引导，或从受教育者可以想象的情境来引导，或从受教育者所熟悉的社会现实状况来引导，只有这样，受教育者才会感觉到这些思想是自然的、亲切的，是可以理解的。二是要对社会思想作出适当的解释。这就要求教育者要对所传授的社会思想的前提、范围、实质等作出符合现实的解释，既不可模糊、也不可过度，更不可强制。三是对社会思想作出符合逻辑的论证。这就要求教育者要对所传授的社会思想的来源、影响、意义等作出合理的解释，并引导受教育者把这些思想放到整个结构、体系中来理解。

教育者使受教育者在相信的基础上质跃到确信，这同样也需要三个条件：一是使受教育者感到可信任。这就要使教育者在讲授这些社会思想时应使受教育者感到其是理性的，是经过深思熟虑的，是发自内心信仰的，是基于良心责任的。二是使受教育者相信这些思想在实践中能证实。这就需要教育者在讲授这些思想时能联系实际，通过历史的或现实的例证来说明，并在可能的情况下引导受教育者在实践中应用这些思想。三是使受教育者认识到这些思想是符合他们利益或公共利益的，是有价值的，是符合正义的，是值得追求并信仰的。

（二）适应与提升统一原则

教育者要把社会思想转化为受教育者的思想，必须先要使这些思想适应受教育者的状况，只有这样才能被受教育者理解和接受，也就是应具有适应性。而更为重要的是，应使这些思想能提升受教育者的思想水平，只有这样才能达到教育的效果，也就是应具有提升性。适应性与提升性是统一的，适应性是基础，提升性是目的，适应性必须是以提升性为目的，如果只是适应性而没有提升性，则不符合教育的目的；提升性也必须是以适应性为基础，如果只是提升性而没有适应性，则不可能为受教育者所掌握和接受，也不可能达到教育的效果。[①] 这也就是说，教育者必须使所传授的社会思想与受教育者的思想状况之间有适度张力。

个人思想的形成与发展是一个逐步递进的、有规律的过程，教育者所传授的社会思想应当适应受教育者的基础、需要、特点和规律等。其一是适应受教育者的基础。由于人的年龄、经历、知识等多方面的不同，人的感性经验、理解能力和思想状况是不相同的，教育者所传授的社会思想只有符合受教育者的这些思想基础才有可能被其掌握和接受。其二是适应受教育者的生活和发展需要。只有利于受教育者的生活和发展需要的信息才能激发其认识的兴趣和动力，才能调动其认识的积极性和能动性，才会为其所理解和掌握。其三是适应受教育者的特点。有的受教育者对接收到的信息容易接受或全盘接受，有的受教育者对接收到的信息通常不会接受甚至产生抵触和逆反，有的受教育者对接收到的信息会进行独立思考和反思，所以对不同的受教育者应采取不同的方法和艺术。其四是适应受教育者思想形成与发展的规律。受教育接收信息并转化为自己的思想，形成思维图式，树立信念信仰，最终养成行为习惯都有特定的规律，思想教育应遵守这些规律。

思想教育本质上是提升受教育者思想水平的活动，提升性是其本质，这

---

① 参见李善勇：《政治思想灌输论及其实现规律和时代意义研究》，上海大学博士学位论文，2013 年。

就需要教育者应用社会思想来引导、转化受教育者的思想，使受教育者的思想水平在其原有基础上更加提高、更加进步。其一，教育者应使受教育者思想更加丰富。教育者应引导受教育者认识新事物、理解新问题、学习新理论，使受教育者的思想与时代和社会发展相统一。其二，教育者应使受教育者思想更加全面。教育者应引导受教育者从不同的视角和方面来认识已经了解的事物、问题和理论。其三，教育者应使受教育者思想更加深刻。教育者应引导受教育者学会思考和解决问题的方法，提高思考和解决问题能力，在此基础上更进一步提升其人生智慧。

（三）同化与均衡统一原则

思想教育虽然从本质上看是一个转化的过程，但从受教育者自身来看则是一个生成的过程，是受教育者生成自身思想的过程。因此，思想教育从本质上看也就是教育者帮助受教育者生成自身思想的过程，这个过程也必然要符合受教育者作为人的思想或认识形成的规律。哲学、心理学等学科研究了人的认识形成的基本规律，认为认识是在实践中形成和发展的过程，是从感性认识到理性认识的过程，是运用各种方式积极思维的过程，是能动反映、选择与建构的过程。这样就要求教育者在进行思想教育的过程中，注重发挥受教育者的实践、参与和探究的主动性，注重引导、启发受教育者的思维，注重帮助受教育者思想的建构、重组等，为受教育者把社会思想内化、转化为自己的思想奠定基础。

受教育者对接收的思想信息并不一定都全部接受，其中受教育者认为虚假、错误、无用的思想信息会被其筛除，真实、正确、有用的思想信息才有可能被接受，这样新增思想就会被同化到受教育者的思想系统之中。但受教育者的新增思想与其原有思想系统之间又会出现两种情况：一是新增思想与原有思想系统一致，这会使教育者把新增思想融入到原有思想系统之中，使受教育者思想系统更丰富、更深刻、更全面；二是新增思想与原有思想系统矛盾，这就会使受教育者用新增思想代替原有思想系统中的矛盾部分，并使原有思想系统中的其他部分与新增思想协调起来而融为一个新的系统。这两种情况就是受教育者思想系统均衡的过程，这种均衡的思想系统又成为受教育者新的认识图式，为进一步认识提供基础和条件。受教育者思想同化和均衡是一个相互作用的过程，同化是均衡的基础，均衡是同化的发展，两者是一个统一的整体。

教育者对受教育者进行思想教育，首先应使受教育者能够接受、认同社会思想，把社会思想同化为受教育者思想的一部分。在此基础上，教育者还应引导受教育者把同化的思想与其既有的思想体系统一起来，引导其思想体系实现均衡。一方面要注意引起受教育者的思想矛盾运动;另一方面又要对受教育者进行释疑解惑,帮助受教育者解决思想矛盾,从而形成与社会思想一致的认识和思维图式。这样,教育者就把社会思想转化为受教育者思想的一部分,重构了受教育者的思想体系,从而实现了社会思想内化为受教育者的思想,达到思想教育的目的。

二、系统性原则

任何一项活动,从静态上看,都是一个由多种要素组成的相互作用的系统,这个系统中各要素之间相互作用的方式就是完成这项活动的基本条件,这些基本条件也就是完成这项活动的系统性原则。思想教育是由教育者、受教育者、教育内容、教育载体、教育环体所组成的一个系统,是教育者把教育内容通过教育载体和教育环体作用于受教育者的系统,这个系统各要素之间的相互作用方式也就是其系统性原则。

(一)互动与能动统一原则

思想教育是教育者与受教育者的互动过程。教育者与受教育者共为活动主体或互为活动主体,他们把教育内容与教育载体、教育环体作为活动的对象或客体,通过教育客体进行认知互动、情感互动、评价互动、反馈互动等,从而实现双方的相互促进和共同提高。但在这个过程中,教育者与受教育者的地位显然是不同的。教育者是起主导作用的主体,他掌握着作为教育目的的社会思想,把社会思想通过设计的教育客体和教育活动转化为受教育者个人的思想和行为。受教育者是起转化作用的主体,他在教育者的教育活动中把社会思想转化为个人的思想和行为。

思想教育是教育者主导的双向互动活动。教育者与受教育者之间只有建立平等、民主、尊重、友爱的关系,双方才能实现有效的互动。所以,教育者应首先树立正确对待受教育者的态度,才能达到教育的目的。教育者是依据社会的目的和要求确立教育的目标,把一定的社会思想内容转化为教育内容,通过设计一定的载体和环体把教育内容传授给受教育者,同时对整个教育活动进行严格管理,并对教育的效果进行评价,最后再根据教育效果反馈到教育过程中来调控整个教育过程。因此,教育者在思想教育过程中发挥主导作用。

思想教育是受教育者能动的转化过程。受教育者绝不是消极被动的主体,而是社会思想接受和转化的主体,更是具有能动性的主体。在现实生活中,经常会有在同样的教育条件下,不同个体的思想有不同的发展水平甚至不同的发展方向的情形,原因就在于不同的个体在面对同样的教育影响时发挥着不同的能动作用。可见,思想教育对受教育者能否产生影响,产生什么样的影响,产生多大的影响,关键在于受教育者本身的能动性,在于受教育者对社会思想的选择、接受、消化、吸收状况。如果没有受教育者内部的积极的思想矛盾运动,教育的影响就不可能发生作用,也就不可能提高人的思想素质和水平。总的来说,受教育者的能动性是思想教育能否取得效果的关键,教育者主导作用的发挥实质就是能否激发受教育者的能动性,使之能够主动接受并自觉实践社会思想要求。①

思想教育系统中教育者的主导作用与受教育者的能动作用二者之间是辩证统一的,教育者的主导作用应包括激发受教育者的能动作用,受教育者的能动作用也离不开教育者的主导作用。如果只是教育者的主导作用而没有受教育者的能动作用,社会思想就不可能被受教育者接受认同,受教育者也不能养成正确的行为和习惯;如果只是受教育者的能动作用而没有教育者的主导作用,受教育者就有可能接收的只是散乱的思想信息,而不可能形成社会要求的思想系统。因此,在思想教育过程中只有充分发挥这两方面的作用,使二者相辅相成、相互协调,才能使思想教育顺利进行并取得成效。特别是对教育者来说,必须注意通过多种方式引导受教育者的能动作用,如引导受教育者认识思想的意义与价值,激励受教育者主动学习和主动思考,鼓励受教育者进行自我反思和自我超越,培养受教育者的探索兴趣和习惯等。

(二)传授与渗透统一原则

思想教育要实现转化首先需要把教育内容作出明示,澄明观点,使受教育者形成明确的认知。同时,还应把教育内容渗透在合适的载体与环体之中,传达默会知识,让受教育者在耳濡目染的陶冶中提高认知。

思想教育要把社会思想转化为个人思想,首先就要把这些思想明确地传授给受教育者。一是要准确全面地表述社会思想的主要观点,把这些主要观点作为教育的重点,通过适当的引导、重复、练习等方法,使受教育者牢记这些社会思想观点。二是要对这些社会思想观点作出符合逻辑的论证,说明这些社会思想针对的问题、形成的过程、相对的优势、重大的意义等,使学生深刻地理解这些社会思想。三是要对否定这些社会思想的其他思想观点作出比较,通过比较不同社会思想观点的条件、目的、可能、结果、影响等,使受教育者更深刻认识正确的思想观点,并在此基础上对错误的思想观点进行批判,避免受教育者受到其他错误思想观点的影响。

---

① 参见李善勇:《政治思想灌输论及其实现规律和时代意义研究》,上海大学博士学位论文,2013年。

个人思想的形成与发展是对周围环境的反映，受到周围环境的影响。自在环境对个人思想的影响既可能是积极的也可能是消极的，既可能有利于社会思想的内化和转化，也可能不利于社会思想的内化和转化。因此，为了促进社会思想内化和转化为个人思想，就必须采取措施促进积极的环境因素发挥作用，限制或消除消极的环境因素发挥作用。同时更为重要的是，为了更有效地促进社会思想的内化和转化，还必须自觉地把社会思想渗透于人们生存生活环境之中，创造有利的环境，从而能够促进社会思想的内化和转化。总之，教育者需要通过自觉地协调控制自发环境与人为环境的作用，促进社会思想内化和转化为个人思想。

美国心理学家卡尔·霍夫兰曾就“明示结论”和“寓观点于材料之中”两种传播方法的传播效果作了一项实验研究。实验结果表明，当传播者明示结论时，产生了更多的意见改变。对受教育程度较高的受众来说，寓观点和结论于材料之中，其传播效果更有效。当然，所使用的材料必须是真实可信的。[①] 所以，教育者需要借助一定的媒介、方式、方法，把社会思想渗透于这些媒介、方式、方法之中，才能更为有效地把社会思想内化或转化为个人思想。这些媒介、方式、方法就是思想教育的载体，其中的媒介包含如语言、书籍、广播、电视、网络等，方式包含如理论宣讲、教育教学、参观访问、社会服务、社会管理等，方法包含如讲授、讨论、激励、感染、体验等。如果这些载体能够适应受教育者的特点、基础、需要和规律，调动受教育者的积极性和主动性，引发接收者的思考和思想斗争，并能保证其所蕴含的社会思想内化和转化为个人思想，就达到了思想教育的目的。

三、过程性原则

任何一项活动，从动态上看，都是多个步骤、程序、阶段组成的相互联系的过程，这个过程中各步骤、程序、阶段之间相互联系的方式就是完成这项活动的基本条件，这些基本条件也就是这项活动的过程性原则。思想教育也是由规划、组织、监测、控制等各步骤、程序、阶段组成的过程，完成思想教育的各步骤、程序、阶段之间的相互联系方式就是其过程性原则。

（一）科学规划原则

思想教育是一个复杂的系统和过程，需要科学规划和设计，否则，就不能有条不紊地完成任务。首先，教育者应根据社会思想要求，受教育者的思想基础和特点、教育条件等要素设计出合理的教育目的，再把这些教育目的

① 参见刘海龙：《大众传播理论：范式与流派》，中国人民大学出版社2008年版，第132页。

具体化为教育目标和内容、教育的步骤和计划、教育的方式和方法等。其次，教育者还应根据教育目的和目标设计出合理的评价标准，以在教育过程中全程监控并保证不偏离教育目的和目标。最后，教育者应规划教育实施的具体条件和保障等，实施条件如教育的载体、环体等，实施保障如制度、人员、财物等。

（二）精密组织原则

思想教育是转化人的思想的工作，是一项复杂的系统性工作，应该根据科学规划进行精密组织实施。首先，是要设计科学的课程体系。既包括必修课、选修课，又应渗透到其他专业课中；既要保证合理的课时，又应设置包括课外活动、社会实践等；既不断提高教学质量，又应不断推进教学改革。其次，应建立完善的管理制度。主要包括领导与保证制度、教师培养与发展制度、学生学习与实践制度等。最后，应保证并不断完善所需的条件和设施。如教师教学与科研的条件，学生学习与实践的条件，师生生活与活动的条件等。

（三）全面监测原则

教育者应在进行思想教育过程中全面监测教育结果和效果，准确评价教育结果和效果与教育目标是否相符以及符合程度。思想教育应改变过去只是从考试结果进行考核评价的状况，而应从知识、思想、行为等多方面来进行考核评价。思想教育考核也不能仅仅从最终结果进行考核评价，而应从整个过程进行考核评价。总之，就是应该对整个过程从各个方面进行全面监测。从质上看，主要有完全符合、完全不符合、部分不符合。如果是部分不符合，还要具体到究竟是哪部分不符合。从量上看，如果不符合，还要看不符合的程度大小。

（四）严格控制原则

教育者需要根据监测的结果分析结果的原因，再采取相应的控制措施，以确保受教育者最终接受社会思想并转化为行为习惯，从而实现思想教育的目的。如果监测结果完全不符合教育目标，就需要重新设计规划教育内容等。如果是监测结果部分不符合教育目标，就需要对这些不符合的部分采取补救措施，并再进行监测，直到符合教育目标为止。

总之，思想教育过程性的这四个原则，从单一主体时间序列上来看，是前后相继的四个阶段。但从多个主体空间布局上来看，又是相互并列的四个部分。也就是说，这四项工作是思想教育时时刻刻、时时处处都要进行的。

第二节　中华传统文化融入大学生社会主义核心价值观培育的具体原则

思想教育的基本原则为中华传统文化融入大学生社会主义核心价值观培育提供了基本原则，但中华传统文化融入大学生社会主义核心价值观培育作为一项活动，有其不同于一般思想教育的特殊性或个别性。这些特殊性或个别性就决定了进行这项活动需要满足的具体条件，也就是中华传统文化融入大学生社会主义核心价值观培育的具体原则。

一、针对性原则

任何事物都是一般性与特殊性的统一，既具有同类事物的一般的、共同的属性，又具有自身的特殊的、个别的属性。认识和掌握一般性，是正确认识事物和成功进行实践的前提和基础，而认识和掌握特殊性，则是正确认识事物和成功进行实践的关键和根本。因此，做好任何工作都需要在认识事物一般性的前提和基础上，认识事物特殊性这个关键和根本问题，也就是要具体问题具体分析，才能使解决问题的方法和措施具有针对性。把中华传统文化融入大学生社会主义核心价值观培育，既要遵循它所属的思想教育的一般原则即转化性原则，又要具体分析它的特殊性和个别性，根据它自身的特点采取具有针对性的措施。

把中华传统文化融入大学生社会主义核心价值观培育，要针对教育内容的特殊性。无论是文化教育还是价值观教育，它们都有不同于思想教育的特点。虽然文化教育的关键是进行思想教育，但文化教育比思想教育的范围更广，要求更实。文化教育不仅要进行思想教育，而且还要进行伦理教育、制度教育、艺术教育、生活教育等，它目的是要受教育者能够接受社会优秀文化，从而养成自己的生活习惯，更好适应社会生活。因此，文化教育在教育方式上更强调实践养成和规范育成。价值观教育虽然是思想教育的重要内容，但比思想教育更深刻、更抽象。价值观是社会思想和文化的核心和灵魂，它深藏于社会思想与文化之中，统摄着社会思想和文化，通过丰富的社会思想和文化表现出来。价值观教育要从丰富多样的思想文化之中抽象出来价值观，再通过集中与典型的形式表现出来，使受教育者接受。因此，价值观教育在教育方式上更强调澄明化成和内省悟成。把中华传统文化融入大学生社会主义核心价值观的培育，关键是要综合两种教育的优势和特长，发挥其合力作用，既在文化教育中突出价值观教育的核心作用，又在价值观教育中利用文化教育的资源优势。如在社会主义核心价值观培育中有“和谐”价值观,就可以利用中华传统文化中“尚和合”的思想资源。“和而不同”,就是要尊重事物的多样性,“万物并育而不相害,道并行而不相悖”(《礼记·中庸》),“有象斯有对,对必反其为,有反斯有仇,仇必和而解”(《正蒙·太和》),“天时不如地利,地利不如人和”(《孟子·公孙丑下》)。“尚和合”就要求人们在看问题时要综合、和气,在处理人与人关系时要合作、和睦,在处理人与社会关系时要融合、和谐,在处理国与国关系时要合作、和平。受教育者在接受这些价值观和思想后,就会转化为自己的行为和习惯,最终成为社会的文化。

把中华传统文化融入大学生社会主义核心价值观培育,也要针对教育对象的特殊性,也就是要针对大学生的特殊性。大学生处于青年的初期,经过初步的学习,在思想上和行为上都具有自己的特点。

首先,大学生是思维最为活跃、接受新生事物最为迅速的知识群体,其思维方式和行为方式有很强的灵活性、独立性。但由于大学生获取信息的来源越来越多,信息的真实性、信息与信息之间的矛盾等因素常常影响到大学生对事物的分析与判断。在经济市场化、社会信息化和思想多元化的时代背景下,大学生更容易受到复杂的社会环境影响。因此,对把中华传统文化融入大学生社会主义核心价值观培育,必须要牢牢把握住作为教育对象的大学生群体自身的思想特点,贴近大学生的思想实际。一方面,坚持文化教育和价值观教育重在建设、贵在坚持的原则,以正面教育为主,引导大学生接受社会主义先进文化和正确价值观;另一方面,也要对现实社会中所出现的负面现象进行更为理性的分析和评价,引导大学生思考问题不要走向片面化和极端化。

其次,把中华传统文化融入大学生社会主义核心价值观教育,必须贴近大学生的现实要求,将对学生的教育与解决学生的实际问题紧密地结合在一起,这样才能够使教育真正具有现实说服力,真正增强教育实效性,从而更能够使大学生从内心接受社会主义核心价值观。

再次,把中华传统文化融入大学生社会主义核心价值观教育,必须要贴近大学生的精神诉求,这样才能够将中华传统文和社会主义核心价值观的理论精髓与大学生教育有机地结合起来。以民族精神的培育为例,中华民族在5000多年的历史发展中形成了以爱国主义为核心的团结统一、爱好和平、勤劳勇敢、自强不息的伟大民族精神,正是这种民族精神促进了中华民族不断发展壮大。加强大学生的民族精神教育,培养大学生的民族自尊心、自信心、自豪感,使之自立、自尊、自强,就会使大学生在中华民族这个大坐标中找准自己的位置，树立国家利益高于一切的观念，以热爱祖国并贡献全部力量建设社会主义为光荣，以损害祖国利益、尊严和荣誉为最大耻辱，正确处理个人与他人、集体、社会的关系，从而形成正确的“爱国”这个社会主义核心价值观。①

把中华传统文化融入大学生社会主义核心价值观培育，还要针对大学教育的特点。高校是国家和社会自觉地进行文化传承的主要载体，是国家和社会促进文化创新发展的主要力量。文化是高校办学的血脉和灵魂，是实现高校功能的精神力量和动力源泉。大学教育首先应该是文化的教育。大学文化所蕴含的价值观念通过办学理念、生活的点点滴滴等或显性或隐性地影响着生活在其中的大学生，使大学生在思想、行为等方面对所在大学的文化产生认同，从而深层次地实现学生正确世界观、人生观、价值观的塑造。这是大学文化功能的较高层面，也是大学育人功能的集中体现。高校应把中华传统文化教育融入社会主义核心价值观培育，使二者在相互促进过程中发挥合力作用。一方面，高校应把社会主义核心价值观教育为作为主要任务，这决定着高校教育的目标和目的，决定着高校教育的性质和方向。同时，社会主义核心价值观教育应以中华优秀传统文化教育为基础，吸收借鉴中华传统文化的丰厚资源，通过弘扬中华优秀传统文化涵养社会主义核心价值观。另一方面，高校应把中华优秀传统文化教育作为重要任务，这对高校教育的目标和目的有重要影响。同时，中华优秀传统文化教育应以社会主义核心价值观教育为导向，以社会主义核心价值观教育来引领、升华中华优秀传统文化教育，促进中华优秀传统文化的创造性转化、创新性发展。

二、综合性原则

思想教育的系统性原则要求把中华传统文化融入大学生社会主义核心价值观培育要坚持综合性原则。把中华传统文化融入大学生社会主义核心价值观培育是一项复杂的系统工作，需要教育者、教育内容、教育载体、教育环境、受教育者之间相互作用，发挥整体性优势。一是教育者要规划合理的教育目的、教育目标、教育内容等，作出科学的教育计划、教育评价、教育监控等，用中华优秀传统文化和社会主义核心价值观培育受教育者。二是教育内容应准确反映社会思想、文化和价值观，具有全面性并且突出重点，能够适合受教育者特点并具有层次性、发展性等。三是教育载体应反映教育内容，适应受教育者接受特点并可被教育者操作。四是教育环境应反映教

① 参见陈必华、王鹏:《论大学生社会主义核心价值观教育的原则与方法》，载《华南师范大学学报》(社会科学版)2007 年第 12 期。

育内容，主题明确并适合受教育者接受。五是受教育者积极主动学习教育内容，并在学习过程中认真思考、深刻理解、真正接受，并用以指导自己的行为，养成行为习惯。

把中华传统文化融入大学生社会主义核心价值观培育需要发挥多种教育方式的综合作用。第一，要充分发挥课堂教学的主阵地作用，实现进教材、进课堂、进头脑。高校应面向全校学生开设必修课、选修课、通识课，并渗透融入到各种专业课中，同时有效运用微课、慕课等现代教育方式，不断进行教学改革，提高课堂教学的针对性和实效性。如开设“中华优秀传统文化概论”“中华优秀传统文化经典导读”“中华优秀传统文化发展史”等必修、选修课程，对大学生进行中华优秀传统文化的普及教育，提升大学生的文化修养，从而在沉淀大学生深厚的民族文化素养的基础上，促进大学生对社会主义核心价值观的认同，形成自身稳定、正确的价值观。第二，以中华优秀传统文化讲座、论坛为载体，深化大学生对社会主义核心价值观的认同。可以聘请校内外知名的传统文化研究学者，通过中华优秀传统文化讲座、论坛，为大学生生动深入地讲解中华优秀传统文化的内涵与精髓，进一步深化大学生对中华优秀传统文化的理解，促使学生热爱传统文化，应用中华优秀传统文化涵养社会主义核心价值观培育。第三，开展形式多样的教育实践活动，让大学生在参与中体验中华优秀传统文化的魅力，自觉践行社会主义核心价值观。中华优秀传统文化历来注重道德的践履，“道虽迩，不行不至；事虽小，不为不成”（《荀子·修身》）。高校应依托团委、学生会、学生社团等组织，采取“读”“诵”“唱”“讲”“画”“演”等形式，深入开展文明礼仪、经典诵读、故事演绎等中华优秀传统文化实践体验活动，让大学生在亲身参与中，体验中华优秀传统文化的魅力，在社会实践活动中了解认识社会，增强中国特色社会主义的道路自信、理论自信、制度自信、文化自信，增强对社会主义核心价值观的认同，并逐步自觉践行社会主义核心价值观。

把中华传统文化融入大学生社会主义核心价值观培育，还需要发挥多种教育载体和环境的综合作用。环境氛围是做好一项工作的必要条件，实现中华优秀传统文化融入大学生社会主义核心价值观培育也需要重视环境氛围的作用。第一，大学文化应体现中华优秀传统文化和社会主义核心价值观的精髓。大学文化是大学师生在长期的学习和生活中所形成的稳定的方式，包括校风、教风、学风和科研之风等，体现为创新、求实、探索、进取等精神，对师生的思维方式和行为方式有重要影响。通过自觉建构蕴含中华优秀传统文化和社会主义核心价值观的文化，能够使学生自然而然地认同中华优秀传统文化，树立和践行社会主义核心价值观。第二，建设体现中华优秀传统文化和社会主义核心价值观的校园文化和校园环境。大学校园作为大学生学习和生活的主要环境，其文化氛围对大学生发挥着潜移默化的影响和陶冶作用。应将中华优秀传统文化元素融入大学校园文化建设之中，无论是作为学校硬件的建筑环境，如教学楼、实验楼、主要道路的命名以及建筑内的文化陈设，还是学校的软环境，如校歌、校徽、校训等，都要既体现中华优秀传统文化的内涵和社会主义核心价值观的要求，又具有学校学科特色，建设具有校本特色的大学文化，才能发挥好校园文化和校园环境对大学生润物细无声的教育功能。第三，将中华传统文化与社会主义核心价值观融入大学生的日常生活世界，发挥隐性教育的作用。任何文化、理论要想被大众认同并实践，都要与大众可观、可感、可触的日常生活世界相联系、相融合，才能使之真正发挥对大众的影响，使大众“内化于心，外化于行”。中华传统文化是国家和民族的文化之根，社会主义核心价值观是国家大力倡导的主流文化，大学的教育需要将这些文化内容以生活化、通俗易懂的形式表现出来，并融入大学生的日常生活之中，充分发挥隐性教育的作用。第四，运用新媒体将中华优秀传统文化内容数字化，拓展大学生核心价值观培育的时空。当今已进入信息化时代，微博、微信、QQ 等对大学生的思想与行为产生了巨大影响，新媒体空间内鱼龙混杂的信息容易使大学生出现价值观混乱、迷茫等不良现象。因此，教育者应主动应对，将中华优秀传统文化、社会主义核心价值观内容数字化，采用简短意深的小美文、动漫、公益广告等形式，主动在新媒体空间向大学生推送，既顺应了大学生喜欢运用微博、微信、QQ 的实际，又拓展了社会主义核心价值观培育的时空。①

三、发展性原则

思想教育的过程性原则要求把中华传统文化融入大学生社会主义核心价值观培育坚持发展性原则。把中华传统文化融入大学生社会主义核心价值观培育是一个不断发展的过程，这是由多方面的原因决定的。首先，是阶段性与连续性的统一。人的思想行为发展具有层次性和阶段性，培育也应具有层次性和阶段性。每一个阶段的重点目标和任务都不相同，通过分阶段、有重点地开展教育，经过一个持续不断的推进，促使个人的思想行为由量的积累到质的提升，最终符合社会要求。其次，培育的结果需要巩固和强化。培育的一个阶段完成后，受教育者的思想和行为有可能随着时间的推移而逐渐减弱，甚至有可能受到环境的影响或其他条件的变化而出现波动，

① 参见赵敏：《加强中华传统文化教育，提升医学生医学人文素质》，载《西北医学教育》2015 年第 10 期。

这就需要不断采取措施巩固强化教育效果。同时，人的思想的转化或发展，尤其是思想落后的受教育者的思想的转化和发展是一个复杂的过程，绝不是一次就能够实现的，需要长期的比较、选择和转化，从而培育也必然是一个不断的反复的巩固和强化的过程。最后，培育的进程需要推进和发展。社会思想文化是随着时代和形势的变化不断向前发展的，这些新的思想文化成果也需要进行培育以增进社会认同，促进个人思想行为不断进步，所以培育也需要随着社会思想文化的发展而不断向前推进和发展。

把中华传统文化融入大学生社会主义核心价值观培育，应具有层次性和渐进性。首先，必须根据受教育者的接受能力分阶段进行。根据思想形成的原则，人的思想的形成与发展受到原有思维图式和接受能力的制约。因此，人的思想发展是一个连续的、有层次的、有规律的逐步提升过程。把中华优秀传统文化融入大学生社会主义核心价值观培育的内容必须根据受教育者的思维图式和接受能力，遵守一定的顺序，逐渐提高受教育者的思想文化素质和水平，最终使受教育者达到社会要求，并形成相应的行为和习惯。一般说来，人的思想和心理的形成过程按照知、情、信、意、行的层次逐层递进，也就是思想教育过程一般是首先让受教育者形成认知，然后再培养他们的感情，坚定他们的信仰，锤炼他们的意志，引导他们的行为，这就是晓之以理，动之以情，笃之以信，炼之以意，导之以行的过程，促进受教育者的思想由低层次到高层次、由量变到质变、由波动到稳定地发展。但这并不是绝对的，因为这五个方面是相互渗透、相互作用的，也可以从“知”外的其他方面开始来促进其余方面的发展，或者几个方面同时进行培育使其相互促进。因为根据人的思想形成与发展的同化平衡原则，一方面的更新会导致整个思维图式的再平衡，所以思想教育可以根据思想内容、受教育者思想实际、环体或介体条件等方面的特点，从知、情、信、意、行不同的方向进行突破，以引起受教育者思维图式的再平衡，从而能接受社会要求的思想，这就是思想教育的多头并进规律。如可以通过情境感染法，先培养受教育者的情感，再促使其知、信、意、行方面的发展；也可以通过行为引导法，先引导受教育者进行活动实践，激发受教育者的兴趣和动机，再促使其知、情、信、意等方面的发展。当然，逐层递进与多头并进并不矛盾，逐层递进是思想教育过程的普遍性要求，这个普遍性要求也可以通过个别特殊性实现，即可以从不同的起点并进。多头并进也并不违反逐层递进的要求，从某一个方面开始后，要逐渐引导受教育者发展其他方面的心理特征，逐层递进地促进受教育者的全面发展。①

把中华传统文化融入大学生社会主义核心价值观培育，需要对中华传统文化作出创造性转化和创新性发展。第一，创造性转化就是把中华优秀传统文化中一些不符合现代社会的内容转化为适应现代社会的内容。创造性转化主要包括两个方面：一方面是中华优秀传统文化中不适合现时代的内容，可以转化为适应于现代社会的内容。比如忠诚，过去主要是指对皇帝的忠诚。但现在是民主时代，已经不存在高高在上的皇帝，人们不再需要对皇帝忠诚。但是忠诚作为人的一种美德不应该被抛弃，而应当把过去的忠君思想转化为忠于国家、忠于人民、忠于自己工作的精神。另一方面是中华传统文化中仍然适合于现代的部分可以转化为现代社会的重要文化资源。比如爱国、诚信、敬业、友善，虽然中华优秀传统文化语境中的爱国、诚信、敬业、友善并不能完全等同于社会主义核心价值观中的爱国、诚信、敬业、友善，但可以把它们的内涵进行提升，将其创造性地转化为与社会主义核心价值观相符合的内容。第二，创新性发展就是把中华传统文化的内容进行深化、拓展和创新，使之实现在现代社会继续发挥作用。创新性发展重点在于发展，发展就是对其内容进行深化、拓展和创新。创新性发展主要包括两方面内容：一方面是对传统文化中的内容进行深化，如在中华传统文化中并没有民主内容，但却有深刻的民本思想，这样就可以把中华传统文化中的民本思想继续深化，创新性地发展为中国特色的民主思想。再如在中华传统文化中并没有法治内容，但却有深刻的法制思想，这样就可以把中华传统文化中的法制思想继续深化，创新性发展为中国特色的法治思想。另一方面是对中华传统文化中不具有的内容进行拓展，如中国共产党在领导中国革命、建设和改革的过程中形成了优良的革命、改革和建设传统和精神，这些都是对中华传统文化的拓展。再如，在中华传统文化中并没有自由、平等的内容，这样在培育社会主义核心价值观的过程中，就应该建构起中国特色的自由、平等思想和精神，从而拓展中华传统文化的内容。

把中华传统文化融入大学生社会主义核心价值观培育也需要综合创新。综合创新就是要在中华传统文化的基础上汲取世界各种文化的优点，创造出一种既有民族特色，又充分体现时代精神的高度发达的社会主义新文化。这样一种新文化把古今中外各种文化的精华熔于一炉，切合社会主义当代发展的实际需要，有利于民族主体意识的发扬，对人们的生活有较大助益。综合创新的可能性在于，一是文化系统的各个要素具有相对独立性，

① 参见李善勇：《政治思想灌输论及其实现规律和时代意义研究》，上海大学博士学位论文，2013年。

中华优秀传统文化的旧系统已经解体，需要建立新的文化系统；二是文化要素的兼容性，中国文化的精华要素可以与西方文化的精华要素组合成一个新的文化系统。综合创新的必要性在于，一是中国文化的旧系统已经落后，必须要重建中国文化系统；二是中国文化不可全盘否定，全盘西化不可取；三是中西文化各有千秋，中国文化需要吸收西方文化的长处才能创造新的文化优势。[①] 如对于资本主义的文化和价值观中的自由、平等、民主、公正、法治等内容，应该说它们都是人类思想文化的优秀成果，只是在资本主义发展阶段中表现为异化的形式，社会主义应该批判其异化形式，同时继承其中的合理和精华成分，使其在社会主义发展阶段更好地发展。因此，西方资本主义思想文化中的自由、平等、民主、公正、法治等价值观，完全可以经过改造后转化为社会主义核心价值观的主要内容。

四、实效性原则

一般说来，人们实践活动的结果是评判活动成败的标准，只有在实践中出现了结果或具有了效果，也就是实现了预期的目标，并最终达到了人们的活动目的，人的活动才获得了成功，否则，人们的实践活动就是失败的。因此，人的活动必须时刻以最终的结果或效果为目的和目标为评价的标准。把中华传统文化融入大学生社会主义核心价值观培育，也必须时刻以大学生接受的结果和效果为目的和目标。为此，就必须在培育的过程中通过加强领导、精心组织、完善制度、切实保障达到培育的目的和目标。

把中华传统文化融入大学生社会主义核心价值观培育，要加强领导。高校应当加强顶层设计和统筹协调，充分发挥党委、行政部门、教学管理部门、学生管理部门、文化研究机构、思政教学部门的协同，从政策、制度、人力、财力、物力等多方面为中华传统文化融入大学生社会主义核心价值观培育提供保障，形成党委统一领导、部门各司其职、党群齐抓共管、师生共同参与的工作机制与教育合力。特别重要的是，高校要强化培育队伍建设：一是需要提高各科教师的文化素养，使其在对学生传授知识的过程中有意识地融入中华优秀传统文化和社会主义核心价值观，使学生在耳濡目染中接受教育，达到“润物细无声”的教育效果。二是高校应构建一支专家型的中华优秀传统文化和社会主义核心价值观教育教师队伍，使其从事中华优秀传统文化和社会主义核心价值观教育的教学与研究，保证教学和教育的高效性与前沿性，同时负责对教育资源的深度挖掘与全面开发，使其符合教育发

① 参见鲁力：《新时期弘扬中华传统文化的原则与途径研究》，载《船山学刊》2016 年第 4 期。

展与改革的客观要求。三是高校需要积极与社会文化机构或组织建立深度合作关系，聘请相关专家来校进行教学指导，并对教学教师队伍的发展指明方向，辅助培育体系的构建，保证其育人功能的充分发挥。

把中华传统文化融入大学生社会主义核心价值观培育，要精心进行组织。首先，高校要建立把中华传统文化融入大学生社会主义核心价值观培育的课程体系。一要鼓励教师开设以优秀传统文化为核心内容的人文素质类公共选修课；二要将中华传统文化融入大学生社会主义核心价值观培育深度融入高校思想政治教育理论课中；三要鼓励教师在专业课讲授中自觉融入中华传统文化和社会主义核心价值观的教育内容。其次，高校要积极开展中华传统文化融入大学生社会主义核心价值观培育课程改革试点。在教学内容上，不断增强教学内容的综合性、创新性、时代性；在教学方法上，开展以“专题教学”“项目教学”为代表的教育教学和考试方法改革；在教学指导上，不断指导学生“探究学习”“合作学习”“实践学习”。最后，高校要发展多种中华传统文化融入大学生社会主义核心价值观培育的非课程手段。一是促进校园文化在文化教育中媒介作用的充分发挥；二是营造文化教育的网络环境；三是鼓励大学生参与文化教育社会实践。

把中华传统文化融入大学生社会主义核心价值观培育，要完善制度。制度是人们在活动中把理念、计划转化为行动、实践的中介。制度不仅指正式的规定，而且还指非正式的规定，它们都是指导人们行为的规范。制度不仅指人们活动的原则性条件，而且还指人们活动的具体性机制。一般说来，制度具有根本性、稳定性和长期性，人们的活动只有形成了制度才能长久持续。把中华传统文化融入大学生社会主义核心价值观培育也要不断建设并逐渐完善制度，如教育工作管理制度，队伍培训制度、岗位责任制度及考核评价制度等。特别应注意建立合理的考核评价制度：一方面，要制定落实激励机制，围绕把中华传统文化融入大学生社会主义核心价值观培育工作的开展效果，给予团体及个人物质与精神方面的鼓励或者批评，以此促进其开展及参与培育的能动性；另一方面，要制定和落实竞争机制，以职位晋升、物质激励、荣誉表彰为诱导因子，促进良性竞争，从而深度挖掘教育者的活力与创造力，保证教育活动的实效性。

把中华传统文化融入大学生社会主义核心价值观培育，要构建保障机制。高校应围绕培育工作的开展，在教学、管理、科研等方面，在人力、财力、物力等方面，在场所、设施、资金等方面提供充分的支持，为培育工作的活动开展营造良好的条件。任何一项活动，虽然形成制度是关键，但人都是根本因素。人的积极性、能动性、创造性的发挥能够克服一些不利条件，制定切实可行的制度，最终实现目标，达到成功。把中华传统文化融入大学生社会主义核心价值观培育，也要充分发挥教育者的主动性、积极性和创造性，通过物质的和精神的激励保证其认真工作。资金和物质也是完成一项工作的重要条件，充分的资金和完备的物质条件有利于活动的完成，把中华传统文化融入大学生社会主义核心价值观培育，也需要有充分的资金和完备的物质支持，高校需要通过规章制度来保证培育所需要的资金和物质条件。

第六章　中华传统文化融入大学生社会主义核心价值观培育的路径

对大学生进行社会主义核心价值观教育，需要传承和借鉴中华传统文化的精华成分，正像毛泽东所说的："今天的中国是历史的中国的一个发展；我们是马克思主义的历史主义者，我们不应当割断历史。从孔夫子到孙中山，我们应当给以总结，承继这一份珍贵的遗产。"①当然，将传统文化的优秀成果渗透到大学生社会主义核心价值观教育中，是一项系统而复杂的工程，需要家庭、学校和社会的全方位支持，更要发挥大学生自身的主体能动性。

---

① 《毛泽东选集》第2卷，人民出版社1991年版，第534页。

第一节　在学校教育中提升价值观培育的实效性

学校教育是大学生社会主义核心价值观形成的主渠道。在大学学习期间，学校通过课程教学、实践活动、校园文化、学术报告等诸方面的教育，逐步培养大学生正确的政治观念、思想认识、伦理道德、科学知识、人生观、审美观等，从而促进大学生对于社会主义核心价值观的认同和接受。

一、健全传统文化融入价值观培育的机制

机制具有全局性，只有机制健全，才能保障教育的有效性。健全传统文化融入价值观教育的机制主要从以下几方面入手：

第一，建立传统文化教育保障机制。首先，要把中华传统文化教育作为高等教育教学内容，设置传统文化教育课程，并将传统文化教育教学效果作为高校工作考核的重要内容；其次，各高校应当建立中华传统文化教育组织与领导机构，负责组织、指导、协调校内中华传统文化教育教学工作；最后，要建立正常的经费投入机制，保障中华传统文化教育教学、校园文化建设、社会实践等有充足的经费，同时要采取措施，招聘或选拔优秀人才从事中华传统文化教育教学工作，对传统文化的教学与研究工作给予相应的支持。

第二，做好中华传统文化教育高校教材的编写工作。传统文化教育教材是进行传统文化教育的重要载体，当前还未有高质量的传统文化教育教材。因而，教育行政部门应指导成立中华传统文化教育相应机构，组织相关专家，负责中华优秀传统文化教育教材的编写、审查和指导工作，结合高等教育的特点和当代大学生的知识需求，选择中华传统文化中最具代表性，与现实社会生活联系较为密切，对提高大学生文化素养，培育大学生的社会主义核心价值观有所帮助的中国传统思想、社会生活、文化艺术、节日风俗等内容。教材编写要通俗易懂，要融知识性、趣味性于一体，从源头上解决和完善中华优秀传统文化教育的根本性问题。

第三，做好中华传统文化教育师资培训工作。能否完善中华优秀传统文化教育，能否通过传统文化教育促进大学生社会主义核心价值观的培育，关键在于从事中华优秀传统文化教育师资的综合素质和业务水平。因而，各高校应当重视中华优秀传统文化教育师资的培训工作，建立起完善的培训机制，定期开展学习与交流，以提高广大教师的教学水平和科研能力。

第四，建立中华优秀传统文化教育评价机制。有效的教育评价机制能

够促进教师教育教学水平的提高，对促进传统文化的教学与研究有非常重要的意义。一个好的、行之有效的传统文化教育评价机制，一方面能够强有力地保证中华优秀传统文化的教育教学方向，另一方面能够激发广大师生学习中华优秀传统文化的兴趣，提高广大教师从事中华优秀传统文化教育教学的主动性和积极性，对于提升中华优秀传统文化的教育教学质量，能够起到事半功倍的效果。当然，这个评价机制是一个包括对学校教育教学主管部门、传统文化教育教师以及大学生的综合性、全面性评价。

二、创新传统文化融入价值观培育的方法

随着改革开放的深入和国际化程度的加深，我国的社会环境、时代主题、经济形势等都发生了深刻的变化，这些变化也带来我国社会价值观念的多元化，在此情势下，大学生的思想状况和行为方式也发生了新的变化。在此背景下，要增强大学生社会主义核心价值观教育的针对性和实效性，必须创新传统文化教育的方法。

第一，课堂渗透式教育法。通过课堂教学，将中华传统文化有关知识传递给学生。中华传统文化博大精深，内容丰富，教师可选取典型的传统文化内容通过课堂渗透给学生，使学生领悟到传统文化的魅力。例如，汉字是中华文明的重要标志，是世界上唯一的方块文字。领略汉字之美是学习传统文化的重要基础。在传统文化教学中，教师可通过多媒体演绎汉字演变过程，从甲骨文、金文到小篆、隶书、草书、楷书和行书。这样不仅从汉字形体的变化，而且到文字意义的认识，都给学生一个具体生动的印象。此外，在传统文化教学中采用经典诵读等活动，可以让学生体会“先天下之忧而忧，后天下之乐而乐”的胸怀，“天人合一”“和为贵”中所倡导的人与自然、人与人之间的和谐，让学生认识到社会主义核心价值观的核心理念都能在传统文化中找到根源。

第二，互动式认知发展法。从入学到毕业，大学生的教育发展是有阶段性的，传统文化教育应当根据大学生在不同发展阶段的实际，采用贴近学生生活实际的方法。教师可与学生建立一种主体间的互动关系，在传统文化教学过程中，教师可采取讨论、辩论等方式，与学生平等对话交流，使学生多方考虑、聆听、参考老师及其他同学的意见，以便使自己对传统文化的认知和感悟得到不断的丰富和提升。此外，学校可开设如手工风筝、剪纸、茶艺、陶艺、脸谱画等传统文化的互动体验课，可以让大学生对传统文化多一分熟悉，多一分尊重，多一分热爱。

第三，选择式价值澄清法。在文化多元化以及各种社会思潮的影响下，

西方的意识形态和价值观念对当代大学生的价值判断产生重要影响。在此背景下，我们应该积极弘扬我国的优秀传统文化，通过价值澄清帮助学生确立自己的世界观、人生观和价值观，并最终培育和践行社会主义核心价值观。价值澄清法是指学生通过对中华传统文化的学习，对价值观念作出判断和选择。这种教育方法强调价值观不是靠灌输确立起来的，而是经过自由选择、反省和行动澄清，然后作出的价值判断和选择。这一过程为学生提供了多种多样的、可供选择的价值系统和信仰体系，给学生留下一个开放的价值空间，并让他们明了这些价值系统和信仰体系在自己生活中的作用与意义，培养他们对多样化的尊重与包容的心态，培养他们自主判断与自主选择的能力。

三、拓宽传统文化融入价值观培育的途径

拓宽传统文化融入价值观培育的途径，可以提升教育的有效性。主要有以下几种教育途径：

第一，通过课堂教学进行传统文化教育。课堂教学是传授传统文化知识的主要渠道。大学生作为社会文化的重要传承者与创造者，如果不对中华传统文化的概貌有透彻、全面的了解，对传统文化的继承与弘扬则无从谈起。因此，传统文化教育中，课堂教学是主要形式。传统文化课应作为大学生的一门必修课，纳入教学计划中。各高校应有一个完整的传统文化课程体系，来保证传统文化教育的贯彻与实施，从而使学生在课堂上得到传统文化的熏陶。传统文化课程应包括古代哲学、思想、伦理道德、艺术等领域，内容涵盖爱国主义教育、理想信念教育、伦理道德教育、和谐理念教育、勤俭生活教育、诚实守信教育等。此外应适当开设优秀传统文化研讨课，定期举办有关中华传统文化的系列讲座。研讨课的形式比较自由，有讲授、问答、讨论等，教学手段灵活多样，符合大学生的学习特点，往往能收到事半功倍的效果。研讨课的开设和系列讲座的举办可以营造良好的学术氛围，这有利于增加大学生对中华传统文化认知的深度与广度。

当然，由于传统文化教学的特殊性，对大学生的传统文化教育应具有针对性、现实性和生动性。中华传统文化博大精深，在讲授过程中自然不能漫无边际，全面铺开。进行中华传统文化教育，切忌泛泛而谈，应结合不同专业学生的特点和具体的现实情况，有针对性地用生动的语言和事例来进行启发、诱导、分析、讲解。这就要求教师要做好调查研究，经常性地深入到学生中间，及时了解学生的“热点”“难点”“疑点”，把握动态，不断提高教育教学水平。要让学生掌握学习方法，能够自己解决在学习中华传统文化过程

中遇到的一些问题。这样，既优化了教学结构，又加强了教学效果。此外，还要把传统文化教育的内容分解、贯穿到各相关学科的课堂教学中去，各科教师都应自觉地进行最能发挥学科优势、本人特长的优秀传统文化教育。

第二，通过校园文化建设进行传统文化教育。校园文化建设，是借助于一定的物质实体或活动载体来营造一种特定的精神环境和文化氛围。校园文化在较高层次上规范着学生的思想和行为，以提高学生综合素质为目的的校园文化建设应适应形势发展的需要，弘扬优秀传统文化，加强育人功能。学校可以在校园主要干道及主要活动场所设置高雅的人文景观，如与本校有关的名人塑像、表现校园文化的碑刻、富有美感的建筑、以校训或与学校有关的名人名字命名的路牌等，在校园内设置传统文化宣传画廊，在主要教学楼的教室走廊里悬挂文化名人的画像及语录等。这些人文景观每时每刻都向师生们默默地传递着学校的优良传统和校园精神，营造着一种文明、健康、高品位的文化氛围与精神氛围。良好的氛围，有利于陶冶学生的高尚情操，激发学生的爱国情感，鼓舞学生的学习热情，也有利于学生对中华民族优秀传统文化的继承。

学校可以鼓励和指导学生组织文学社、诗社、剧社等社团，开展丰富多彩的校园文化活动。校园文化活动是进行传统文化教育的有效载体，学校应根据学生的特点，大力开展丰富多彩、形式多样的校园文化活动，如举办校史展览，建立校友文献，举办文化节、书画展、文艺演出，举办报告会、优秀古诗词朗诵比赛、经典诵读大赛、历史知识演讲比赛、辩论赛、传统文化知识竞赛等。多种校园文化活动的开展，使学生在思想观念、心理素质、行为方式、价值取向等方面对优秀的民族文化与传统美德产生认同感，掀起学生学习中华传统文化知识的热潮。以传统文化的精髓去影响学生，提高学生的民族自尊心和自信心，使他们能够真正继承并弘扬以爱国主义为核心的中华民族精神。

第三，通过社会实践活动进行传统文化教育。社会实践是最具生机和活力的传统文化教育的“大课堂”，是培育民族精神的有效途径。因此，学校要努力拓展学生社会实践的范围，主要包括暑期“三下乡”，学生的课程实习、社会调查与考察、生产劳动，青年志愿者活动，参观革命教育基地、文化古迹等。同时还可以组织学生进行社会调查，开展主题实践活动，了解社会生活中的人和事，了解改革开放以来人们在生产、生活方面所发生的巨大变化，进而感受和继承中华民族自强不息、开拓进取的奋斗精神；组织学生参观历史纪念馆、革命博物馆、烈士陵园等革命教育基地，缅怀民族英雄、革命先烈的丰功伟绩，培养爱国情操和民族气节；组织学生参观文化古迹。文化古迹融自然景观与人文景观为一体，往往是传统文化的一个缩影，对人们起着无声的教育作用。学生在参观文化古迹过程中，能够亲身感受到民族优秀传统文化的存在和价值，从中受到潜移默化的影响。

在拓展学生社会实践范围的同时，学校还要不断深化学生社会实践的内涵。不仅仅是调查情况、学习知识和掌握技能，而且还要在此基础上进一步延伸学生对社会问题的思考，培养学生投身实践、服务社会的思想观念，让学生在实践中感受社会主义现代化建设的辉煌成就，增进对民族、国家及社会制度的认识和认同，在社会实践中培育和升华民族精神。应该注意的是，任何活动的举行都不应流于形式，应在实效性和创新性上做文章，增强学生参与活动的热情，使其在活动中能够真正受到民族优良文化传统的影响，锻炼自己的意志，提高自身的修养，增强自身的责任感和使命感。

四、优化传统文化融入价值观培育的网络平台

文化是个抽象概念，只有依据不同受众的特点才能定义具体的文化类型，也才能阐述具体的传播行为与路径。对于传统文化的传承与传播而言，网络平台是传播效果与传播目的得以实现的重要手段。

当代大学生生活在计算机与网络技术快速发展的时代，是在数字化、网络化娱乐中成长起来的一代，具有鲜明的文化心理与独特的文化规范。这是在互联网社会语境下传承与传播中华传统文化，弘扬社会主义核心价值观时，我们必须注意的问题。相对于报刊、广播、电视而言，互联网是当今社会文化传播的新形态，其对于文化传承与发展的影响与传统媒体大相径庭。互联网的即时性消解了传统文化传播的时空限制，真正做到了“无缝传播”。从时间上看，互联网将传播的“时间差”压缩为零，举手间便可实现同一时刻的信息共享；从空间上看，互联网让原本存在地域界线的世界缩小成村落，使得不同国家间的文化传统、价值观念都可以在同一平台上充分交流，举手间便打破文化传承与传播的地域限制。因而，通过网络对大学生进行传统文化教育是当前社会主义核心价值观教育的重要途径。同时，需要我们做好如下几方面的工作：

一是做好疏导工作。作为传统文化传播的新载体与新渠道，互联网是把双刃剑。我们可以利用互联网迅速、海量、互动地传播传统文化的优势，通过文字、图片、声音、影像等不同表现手法，获得良好的传统文化教育效果，通过挖掘传统文化的时代性元素，创新多种轻松、娱乐、幽默的表现形式，使学生乐于从网络中学习传统文化，树立正确的网络价值观念。

二是杜绝有害信息进入传统文化教育网络。加强对传统文化网络教学

的管理，校内网络信息管理部门要严格管理，落实责任，引导学生开展健康、文明的网上学习活动，杜绝将电子阅览室和计算机机房变为游戏娱乐场所。应安装安全管理软件，全面落实技术控制措施，对含有不健康内容的网站进行屏蔽，开展形式多样的宣传活动，提高大学生的互联网法律意识、道德意识，自觉接受传统文化的熏陶，杜绝不良网络信息。

三是建立专门的传统文化教育网站。按照“思想健康，内容生动，形式活泼，特色鲜明，贴近学生，紧跟时代”的思路，建设好传统文化教育的相关网站，要融思想性、艺术性、趣味性于一体，增强教育内容的吸引力。建立网络资源共享平台，为学校师生进行传统文化的学习与交流提供方便。在网络上，学生可以超越时间限制和空间约束，与同学、老师进行联系和交流，讨论传统文化学习中共同感兴趣的话题，从而拉进了学生与学生之间、教师与学生之间的距离，增进了人与人之间的情感，使优秀传统文化教育能够在一种自由、平等、开放的环境中进行。

第二节　在家庭教育中筑牢价值观培育的基石

家庭是构成社会的细胞，家庭教育是一个人接受教育的开端，它贯穿于一个人成长的全过程，中华民族自古以来就有重视家庭教育的传统。经过数千年的历史传承和积累下来的家庭教育文化，成为陶冶我们民族精神、锻造我们民族性格、推动社会主义精神文明建设的重要历史文化渊源和动力源泉。习近平总书记于 2016 年 12 月 12 日在会见第一届全国文明家庭代表时说：“中华民族传统家庭美德铭记在中国人的心灵中，融入中国人的血脉中，是支撑中华民族生生不息、薪火相传的重要精神力量，是家庭文明建设的宝贵精神财富。无论时代如何变化，无论经济社会如何发展，对一个社会来说，家庭的生活依托都不可替代，家庭的社会功能都不可替代，家庭的文明作用都不可替代。”①习近平总书记的讲话充分阐明了家庭教育的重要性以及传统文化对于家庭教育的重要意义。

一、在家庭教育中渗透传统文化教育的必要性

家庭教育是传承传统文化，涵育基本价值观念的重要途径。一个人的言谈举止、行为习惯、与外界沟通的能力和水平以及基本的价值理念，最初

① 《习近平在会见第一届全国文明家庭代表时强调：动员社会各界广泛参与家庭文明建设 推动形成社会主义家庭文明新风尚》，载《人民日报》2016 年 12 月 14 日。

即来自他的家庭教育。

首先,中华传统文化有助于提高个人修养,树立正确的成才观。中华传统文化重视个人的身心修养,《礼记·大学》有云:"古之欲明明德于天下者,先治其国;欲治其国者,先齐其家;欲齐其家者,先修其身。"修身是实现个人理想,达到国家治理的基本条件,诚如《论语·宪问》中所说的"修己以敬""修己以安人""修己以安百姓"。此外,中华传统文化强调自强不息,主张勤勉成才,"韦编三绝""悬梁刺股""凿壁偷光""闻鸡起舞""铁杵成针"等故事家喻户晓、妇孺皆知,对于子女勤奋学习、立志成才具有重要的激励作用。

其次,中华传统文化有助于促进和谐人际关系的建立。中华传统文化主张建立一种和谐的人际关系,孔子主张"仁者爱人",要人们"己欲立而立人,己欲达而达人"(《论语·雍也》);主张人们在生活中要互助友爱、与人为善,要常怀"恻隐之心""恭敬之心""羞恶之心""是非之心""诚实之心",进而建立一种"我为人人,人人为我"的和谐友爱的人际关系。中华传统文化的和谐人际观对于改善当前人际关系、促进社会的和谐健康发展及人与人之间的友爱互助无疑具有积极的推动作用。

最后,中华传统文化对于建立良好的道德秩序具有重要的借鉴意义。中华传统文化非常重视人伦关系的道德价值,孟子提出"五伦",即"父子有亲,君臣有义,夫妇有别,长幼有序,朋友有信"(《孟子·滕文公上》)。《礼记·礼运》主张"十义",即"父慈、子孝、兄良、弟悌、夫义、妇贞、长惠、幼顺、君仁、臣忠"。这些都从人与人之间的不同关系角度,规定了每个人为维护良好的人伦关系应当遵守的基本道德准则。同时,中华传统文化强调尊老爱幼,孟子所说的"老吾老,以及人之老;幼吾幼,以及人之幼"(《孟子·梁惠王上》),即体现了崇高的人伦精神。"善不积不足以成名,恶不积不足以灭身"(《周易·系辞下》),"积善之家,必有余庆;积不善之家,必有余殃"(《周易·文言》),"身体发肤,受之父母,不敢毁伤,孝之始也"(《孝经·开宗明义》)等都是良好的家庭教育的内容,对于规范社会道德秩序具有不可忽视的意义和价值。

二、家庭价值观教育的内涵与特点

家庭教育的核心是价值观教育。所谓"家庭价值观教育",就是一个家庭及其成员在家庭内外活动中所信奉的是非、善恶、对错的标准教育,反映了一个家庭及其成员共同的理想信念和做人准则,是家庭成员面对外部世界时所持有的观念、态度和价值标准。一个人的价值观是从出生时开始,在家庭教育及其他因素的影响下逐步形成的。家庭教育是一个人价值观形成的前提和基础，具体来说，家庭价值观教育有如下几个特点：

（一）家庭价值观教育的早期性和长期性

胎儿在孕育的过程中对外界刺激即能感知，母亲的胎教对胎儿亦能产生一定的影响。《颜氏家训・教子》中就提及"古者，圣王有胎教之法：怀子三月，出居别宫，目不邪视，耳不妄听，音声滋味，以礼节之"。就是说，女子在怀孕之后，不听不该听的声音，日常生活中的吃食、听闻、见事，都必须严格地按照礼节去做，不容有失，充分体现了古代对于胎教的重视。可见，对一个人的价值观教育，从胎儿就开始了。孩子出生后，父母的言行举止、家庭氛围、亲子关系等都将对孩子的人格特质、身心健康以及价值观念产生重大的影响。宋代林逋在《省心录》中说"父善教子者，教于孩提"，《颜氏家训・勉学》说"人生小幼，精神专利，长成已后，思虑散逸，固须早教，勿失机也"，都是强调了早期教育的重要性。近代教育家陶行知也说"教人要从小教起。幼儿比如幼苗，培养得宜，方能发芽滋长，否则幼年受了损伤，即不夭折，也难成材"①。近代教育学、心理学的相关研究也表明，孩子在六岁之前所受的教育是其一生发展的重要基础。当孩子离开家庭外出求学时，家庭教育的影响也是持续的和连贯的，即便在成人之后走向社会，家庭教育的影响也不会消失。

（二）家庭价值观教育方式方法的灵活性

中国古代的家庭教育方式较为灵活，方法因人而异，对子女的教育不受时间和地点的限制。在具体的教育方法上，一是重视以身示范的作用。孔子主张正人先正己，"其身正，不令而行；其身不正，虽令不从"（《论语・子路》）。孟子继承并发展了这一思想，他说："吾未闻枉己而正人者也，况辱己以正天下者乎？"（《孟子・万章上》）并且提出"易子而教"的主张，他说："势不行也。教者必以正。以正不行，继之以怒。继之以怒，则反夷矣。'夫子教我以正，夫子未出于正也。'则是父子相夷也。父子相夷，则恶矣。古者易子而教之，父子之间不责善。责善则离，离则不祥莫大焉。"（《孟子・离娄上》）从反面说明了父亲的言行对于子女教育的重要性。此外，曾子杀猪的故事是我国古代言传身教的典范，对当前的家庭价值观教育仍有重要的启示意义。二是强调宽严结合。家庭价值观教育要该宽则宽、该严则严，坚持宽严相济，这样父母才能在孩子面前树立起应有的威信，收到良好的教育效果。中国自古就有宽严结合的家庭教育传统，孔子曾提出"为人父，止于慈"（《礼记・大学》）的观点，《孝经》中说："孝莫大于严父，严父莫大于配天。"

① 陶行知：《陶行知全集》第3卷，四川教育出版社1991年版，第247页。

《颜氏家训》把宽与严结合起来，提出“父母威严而有慈，则父母畏惧而生孝矣”和“父子之严，不可以狎；骨肉之爱，不可以简。简则慈孝不接，狎则怠慢生焉”的观点。中国古代有许多著名的宽严结合的教子故事，其中孟母“断织喻学”的故事家喻户晓，唐朝诗人元稹之母从不体罚子女、宋朝欧阳修母画荻教子识字的佳话，都为人们所称颂。中华传统文化中宽严结合、劝学有方的教子智慧应当引起我们的重视并加以学习和应用，对于引导子女形成正确的价值观，培育和践行社会主义核心价值观具有积极的推动作用。

（三）家庭价值观教育内容的全面性

中国传统的家庭教育以伦理道德为核心，把对孩子的行为习惯、品德教育放于首位，认为良好的思想品德是其做人、立世的根本。因而在家庭教育的内容上，重在勉子立德、诫子自立、教子孝亲、训子以俭，从而把孩子培养成一个有良知、能自立、懂孝道、有责任心的堂堂正正的人。具体来说，一是进行良好的品德教育。《周易·系辞下》说：“善不积不足以成名，恶不积不足以灭身。小人以小善为无益而弗为也，以小恶为无伤而弗去也，故恶积而不可掩，罪大而不可解。”刘备在给其子刘禅的遗诏中说：“勿以恶小而为之，勿以善小而不为。唯贤唯德，能服于人。”（《资治通鉴·魏纪》）意思就是要教育子女做一个品德高尚的人。二是勤俭持家的美德教育。节俭是中华民族的传统美德，自古至今，在俭与侈的问题上，历史上许多哲人的基本态度都是一致的，墨子说：“俭节则昌，淫佚则亡。”（《墨子·辞过》）诸葛亮在《诫子书》中说：“静以修身，俭以养德。”唐代诗人李商隐在《咏史》诗中写道：“历览前贤国与家，成由勤俭败由奢。”司马光重视对儿子的勤俭教育，他引用鲁国大夫御孙的话说：“俭，德之共也；侈，恶之大也。”并告诫子孙：“由俭入奢易，由奢入俭难。”（《温国文正公文集·训俭示》）历朝历代，节俭总是被看作是持家立业的根本、安邦定国的保证。无论在什么样的历史境遇中，勤俭持家都是家庭教育的重要内容，是一种应该代代相传的美德。三是忠恕之道、宽以待人的为人处世教育。我国古代的思想家、教育家重视为人处世的教育，曾子说：“夫子之道，忠恕而已也。”（《论语·里仁》）就是说，孔子将“忠”与“恕”作为教育子女及弟子为人处世的基本原则，林逋在《省心录》中说：“和以处众，宽以接下，恕以待人，君子人也。”就是主张，在人际交往中，人们要心存忠厚，宽以待人。

三、传统文化渗透到家庭教育的途径

（一）提升父母素养，重视言传身教

家长的素质水平决定家庭教育环境和家庭教育效果，因而，对子女进行传统文化教育，父母首先要了解并熟悉传统文化，具备传统文化知识，打好理论基础。只有这样，才能对子女进行有效的教育，才能真正做到言传身教。

首先，要让家长认识到提高自身素养的重要性。家长的言行举止会对子女产生潜移默化的影响，家长良好的行为习惯有利于子女的健康成长。要养成良好的行为习惯，需要加强传统文化的学习，通过不断的学习以提升自身的素质，这样，才能为子女在各个方面做出好的表率。父母作为孩子的第一任老师，在日常生活中的表率作用是潜移默化的。以身作则，言传身教是最有效的教育方式。

其次，家长要说话算数，不轻诺寡信。曾子杀猪的故事为我们树立了一个言而有信、一言九鼎的父亲形象，在对子女的教育过程中，要做到“言必信，行必果”。只有父母言而有信，不轻诺寡信，出尔反尔，才能将孩子培养成言而有信，敢作敢为的人。

最后，要养成良好的学习习惯。当前，家庭价值观教育的一个重要问题就是父母要求孩子积极进取，勤奋学习，但自己却不爱学习，并往往在孩子学习时沉迷于游戏、社交网络及各种娱乐设备。孟子曾提出：“身不行道，不行于妻子；使人不以道，不能行于妻子。”（《孟子·尽心下》）家长首先必须以身作则，才能有教育子女的威信。这进而引申出自身、家庭与国家的关系问题，“人有恒言，皆曰‘天下国家’，天下之本在国，国之本在家，家之本在身”（《孟子·离娄上》）。《大学》提出“修身，齐家，治国，平天下”以及“身修而后家齐，家齐而后国治，国治而后天下平”的“家国一体”的教育理论，明确阐明了家庭教育与国家治理的关系，说明了家庭教育的重要性，对于促进家长重视家庭教育，养成良好的行为和学习习惯具有重要的促进作用。

（二）养成良好家风，发挥传统家训的积极作用

“家风”，又称“门风”，指的是家庭或家族世代相传的风尚、生活作风。[①]家风是建立在中华文化之上的集体认同，是一个家族代代相传沿袭下来的，体现家族成员精神风貌、道德品质、审美格调和整体气质的家族文化风格。家风对家族的传承和民族的发展都起到重要影响。家训是指一个家庭所规定的行为规范，一般是由一个家族所流传下来的教育规范后代子孙的准则，也称“家法”。所谓“国有国法，家有家规”，这里的家规指的就是家训。它是规定家庭成员必须遵从的规矩，诚如孟子所言：“不以规矩，不能成方圆。”（《孟子·离娄上》）一个家族要想兴旺发达，做人做事都要懂得讲规矩。良

① 参见郑好：《家风流变小考》，载《广西社会主义学院学报》2016年第5期。

好的家训、家风是几千年来华夏子孙共同的精神追求和价值取向，是中华民族世代相传的精神瑰宝，也是当前我们培育和践行社会主义核心价值观的重要载体。因而，树立良好的家风，对于弘扬优秀传统文化和传统美德，开展核心价值观宣传教育，具有不可代替的价值和意义。

1. 要重视优秀传统家训家风的学习

对家庭教育来说，家风、家训是一种潜在的教化力量，在日常生活中潜移默化地影响着孩子的心灵，塑造着孩子的人格。家风是无言之教，是一种最基本、最直接、最经常的教育方式，对家庭成员的影响都是全方位的。家庭中每个人的思想观念、价值取向、生活方式、审美情趣、行为规范等方方面面都会带有家风、家训的烙印。因此，有什么样的家风，就会培养家庭成员什么样的精神人格、生命气质、行为规范和处世态度。

在浩如烟海的传统文化典籍中，有大量优秀的家训、家风、家规，如南北朝时期北齐文学家颜之推的《颜氏家训》，共 7 卷 20 篇，包括序致、教子、兄弟、后娶、治家、风操、慕贤、勉学、文章、名实、涉务、省事、止足、诫兵、养生、归心、书证、音辞、杂艺、终制等篇，对于当代家庭伦理建设和道德修养仍有着积极的借鉴意义。北宋天文学家、药物学家苏颂在《苏氏家规》中提出“和善心正，处事必公，费用必俭，举动必端，语言必谨，事君必忠，为官必廉，乡里必和，睦人必善”的“八必”主张。这“八必”不仅是家族成员处事立世的基本原则，而且还是通行的道德规范，值得我们继承和借鉴，以资治家修德，培育和践行社会主义核心价值观。

2. 要营造和睦的家庭氛围

家庭幸福和睦是家风、家训发挥作用的基础条件和必要载体。习近平总书记曾说过：“中华民族自古以来就重视家庭、重视亲情。家和万事兴、天伦之乐、尊老爱幼、贤妻良母、相夫教子、勤俭持家等，都体现了中国人的这种观念。”[①]中华传统文化中所倡导的“夫顺妇随”“父慈子孝”就是家庭和睦的基础，也是良好家风形成的先决条件。因而，家庭成员之间应相互尊重、相互理解、相互支持。在家庭生活空间里，父母的关怀、家庭的温暖、民主平等的关系、文明礼仪的风气、奋发向上的精神力量等，对孩子的成长都是一种积极的动力和催化因素。

3. 创造优美的家庭环境

家是温馨的港湾，是孩子身心健康成长的摇篮。中国古代有“孟母三迁”，荀子也说：“蓬生麻中，不扶而直；白沙在涅，与之俱黑。……故君子居

① 《习近平在 2015 年春节团拜会上的讲话》，载《人民日报》（海外版）2015 年 2 月 17 日。

必择乡,游必就士,所以防邪辟而近中正也。”(《荀子·劝学》)说明了环境对于人的影响的重要性。作为生活生长于其中的家庭环境,其对孩子的成长更加重要,因而创建优美的家庭环境是十分必要的。当然,家庭环境的营造并非指生活用品的时髦和高档,关键是要整洁化、条理化、知识化,孩子置身其间,可得到赏心悦目的精神享受,受到高尚情趣的熏陶,从而产生向上的精神力量。所以说,营造一个和谐幸福的家庭环境,不仅是父母的责任和义务,而且是弘扬中华传统美德义不容辞的责任和义务,更能为孩子开辟一条健康成长、走向成功的康庄大道。

第三节　发挥大学生的主体作用,自觉践行社会主义核心价值观

大学生社会主义核心价值观教育的效果如何,最终取决于作为主体的大学生参与教育及实践的程度。德国古典哲学的开创者康德曾说:“在全部被造物之中,人所愿欲的和他能够支配的一切东西都只能被用作手段;唯有人以及与他一起,每一个理性的创造物,才是目的本身。所以,凭借其自由的自律,他就是道德法则的主体。”[①]也就是说,人的主体作用不是“造物主”赋予的,而是自己在思想和行动中实现的,在主体活动中起决定性作用的是作为主体的人。因而,借助传统文化进行社会主义核心价值观教育,要取得理想的效果,首先需要发挥大学生自身的主体能动性。2014 年 5 月,习近平总书记在北京大学师生座谈会上也讲到,广大青年树立和培育社会主义核心价值观,要从勤学、修德、明辨和笃实上下功夫。[②]

一、勤于学习

学习是知识获取的重要途径,也是大学生社会主义核心价值观确立的重要基础。大学时期是青年大学生社会主义核心价值观形成和确立的关键时期,必须自觉主动地进行学习。正如习近平总书记所指出的,“青年的价值取向决定了未来整个社会的价值取向,而青年又处在价值观形成和确立的时期,抓好这一时期的价值观养成十分重要。这就像穿衣服扣扣子一样,如果第一粒扣子扣错了,剩余的扣子都会扣错。人生的扣子从一开始就要

① [德]康德:《实践理性批判》,韩水法译,商务印书馆 1999 年版,第 95 页。

② 参见习近平:《青年要自觉践行社会主义核心价值观——在北京大学师生座谈会上的讲话》,载《人民日报》2014 年 5 月 5 日。

扣好"①。因而,大学生必须努力把握这一学习的关键时期,以便尽快形成社会主义核心价值观。

首先,大学生要有勤学苦读的精神,熟读传统文化经典。对中华优秀传统文化核心价值观的认知、内化和传承不是一蹴而就的,需要有一个长期学习和积累的过程。当然,中华传统文化博大精深,要获得渊博的学识和高尚的道德情操,必须脚踏实地,勤学苦读。在这一方面,古人为我们做出了很好的榜样,悬梁刺股、凿壁偷光、铁杵磨针、闻鸡起舞、囊萤映雪、负薪挂角讲述了古人夜以继日、废寝忘食地致力于读书的勤学故事。孔子说:"吾尝终日不食,终夜不寝,以思无益,不如学也。"(《论语·卫灵公》)充分强调了学习的重要性。荀子说:"无冥冥之志者,无昭昭之明;无惛惛之事者,无赫赫之功。"(《荀子·劝学篇》)就是强调治学必须有锲而不舍的精神,要脚踏实地,否则难以取得成功。

其次,要加强对核心价值观的理论学习。理论是行动的先导,理论学习是形成社会主义核心价值观的重要保证。因而,大学生一方面要增强理论学习的自觉性和主动性,要有"我要学"的自主学习观念,激发内在动力,从国家发展和民族振兴的高度出发,从适应新形势、新任务的要求出发,深刻认识学习理论的重要性和紧迫性;另一方面,要结合个人的思想实际,深入学习党的路线、方针、政策,及时了解党的重大决策和战略部署,不断提高自身理论水平,增强辨别、批判和抵制错误的世界观、人生观和价值观的能力。

二、加强修养

"道德之于个人、之于社会,都具有基础性意义,做人做事第一位的是崇德修身。"②由此可见,加强个人的道德修养是培育和践行社会主义核心价值观的重要基础。当然,加强修养是一个日积月累的过程,不可能一蹴而就,需要大学生既要立意高远,又要脚踏实地,心无旁骛,一心向学,才能成为一个有修养的人。

首先,大学生要明确自己的理想抱负。理想是人们对未来社会和自我发展的向往与追求,是人们的世界观、人生观、价值观在奋斗目标上的集中体现。理想指引着人前进的方向,如果有了自己的理想,大学生就会为实现自己的抱负而努力学习,严格要求自己;如果没有理想,就没有前进的方向

① 习近平:《青年要自觉践行社会主义核心价值观——在北京大学师生座谈会上的讲话》,载《人民日报》2014年5月5日。

② 习近平:《青年要自觉践行社会主义核心价值观——在北京大学师生座谈会上的讲话》,载《人民日报》2014年5月5日。

和动力，没有奋斗的激情，没有奋发向上的勇气，也就不会有较高的修养，更谈不上将来能为社会做出贡献。因而，大学生首先要明确自己的理想抱负，努力学习专业知识，掌握专业技能，加强个人修养，才能真正担负起历史赋予的重任，为祖国振兴和民族富强贡献自己的力量。

其次，要加强对中华传统美德的传承和践行。中华传统美德是我国劳动人民在长期的生活实践中培育和形成的，是中华优秀传统文化的精髓。中华传统美德涵括了爱国、明志、持节、自强、诚信、仁厚、重义、好学、勤俭等方方面面，是培养大学生爱国敬业、克己奉公、自强不息、改过迁善、重义轻利、勤俭持家、与人为善、诚实守信等美德的重要准则。因而，大学生应努力从中华传统文化中汲取智慧和力量，以加强自身的修养。

再次，要严于律己，勇于反省。在中华传统文化中，反省是加强个人修养的重要途径和方法，"吾日三省吾身：为人谋而不忠乎？与朋友交而不信乎？传不习乎"(《论语·学而》)。就是说自己每天要自我反省三件事：一件是为别人做事是否尽心尽力？与朋友交往是否真诚守信？老师教过的知识是否温习巩固？"见贤思齐焉，见不贤而内自省也"(《论语·里仁》)则指见到贤能的人就要努力向他看齐，见到不贤能的人就要以他为反面教材进行自我反省。可以说，儒家所倡导的严于律己、自我反省是个人道德修养的普遍方法。当代大学生只有具备了不断自我反省的能力，才能不断提高，为培育和践行社会主义核心价值观奠定坚实的基础。

三、善思明辨

"善思"是指在学习时要善于思考，敢于质疑，勇于提出问题，积极探索解决问题的方法。当今时代，经济全球化程度越来越高，文化多元化且相互融合，各种思潮良莠不齐，作为当代大学生，只有善于思考，才能认清美丑，明辨真伪，自觉抵制各种不良思想的侵蚀，从而获得认识世界、认识自身的途径。"明辨"，即明辨是非，明白事理，能够抓住事物的规律和奥妙所在，能够区分真善美和假恶丑。只有明辨是非，才能在鱼龙混杂的社会环境中作出正确的选择，才能在工作、学习和日常生活中面对一些复杂的问题时，明辨是非善恶，把握好自己生活的方向，实现积极向上的人生追求；只有明辨是非，才能在生活中自觉规范自己的言行，加强对自己行为的约束，杜绝不良嗜好，抵制不良诱惑，积极健康的生活；只有明辨是非，才能积极同各种丑恶现象作斗争，才能使自己成为一个正直的人；只有明辨是非，才能把握正确的人生航向，才能培育并践行社会主义核心价值观。

孔子说："君子有九思：视思明，听思聪，色思温，貌思恭，言思忠，事思敬，疑思问，忿思难，见得思义。”(《论语·季氏》)讲的就是要善于思考、明辨是非。善思明辨包含着对事物的体验、领悟与选择，是价值观教育的核心过程，价值观教育正是在大学生善思明辨的积极参与过程中展开的。作为社会主义核心价值观教育主体的大学生，要在正确认识社会主义核心价值观的基础上，将社会主义革命、建设和发展的历史同自身的生活经历相联系，与自身的生命体验相结合。

四、笃实力行

所谓“笃实力行”，就是要认真地去实践。在品行方面，要言行一致、表里如一；在做事方面，要学以致用，注重实践，不空谈，做到知行合一。中华传统文化所倡导的“读万卷书，行万里路”，就是要求我们不能仅局限于对书本知识的学习，不能仅停留在对传统文化表面的理解上，而应将中华传统文化所倡导的核心价值理念在现实中加以运用与继承。

习近平总书记说：“道不可坐论，德不能空谈。于实处用力，从知行合一上下功夫，核心价值观才能内化为人们的精神追求，外化为人们的自觉行动。”[①]可见，社会主义核心价值观的生命力及其价值在于实践。因而，当代大学生应要努力把社会主义核心价值观的要求变成日常的行为准则，自觉奉行，加强道德修养，注重道德实践，并将其与自己的学习、生活、实践紧密结合。放眼未来，胸怀天下，笃实力行，一步一个脚印地往前走，才能取得学业的进步、事业的成功，才能成就宝贵的人生。

① 习近平:《青年要自觉践行社会主义核心价值观——在北京大学师生座谈会上的讲话》，载《人民日报》2014年5月5日。

第七章　实践探索与活动案例

——以济宁医学院为例

济宁医学院遵循“为国家育人才，为大众谋健康”的办学宗旨，秉承“明德，仁爱，博学，至善”的校训，弘扬“求精求是”的学风，突出传承以儒家文化为代表的中华优秀传统文化，顺应医学教育发展规律，着力构建富有儒家文化传统和医学特色的爱心教育体系，努力培养“医德高尚，医术精湛，身心健康”的医疗卫生专业人才。紧密结合学校办学特色和学科专业特点，依托地处孔孟之乡的地域文化优势，以理想信念教育为核心、以爱国主义教育为重点、以道德规范为基础、以校园文化活动为载体、以全面发展为目标，多渠道、多层次、全方位地开展教育活动，塑造济医学子“怀仁德，明哲理，有爱心，乐奉献”的道德品格。学校持续实施“双馨”教育工程，着力在传授医术的同时，加强医德教育，培养医术精湛、医德高尚的双馨人才。不断加强德育科学研究，努力探索新形势下德育工作新路子，切实加强德育教育的针对性、实效性、亲和力。积极开展人文素质教育，继续深化“仁爱”教育，把“仁爱”思想内化为广大青年学生自觉的精神追求。

第一节　以“大爱讲堂”为载体，将中华传统文化融入医学生社会主义核心价值观培育

爱心教育既是医学院校大学生思想政治教育的重要内容，也是济宁医学院的育人特色。学校以“立德树人”为目标，遵循“为国家育人才，为大众谋健康”的办学宗旨，坚持从时代发展和全面育人的现实需要出发，以“大爱讲堂”为载体，将传统文化融入医学生社会主义核心价值观培育，创新医学生思想政治教育，在推动医学生专业素质和人文素养均衡发展，促进医学生认同并践行社会主义核心价值观，成长为“医德高尚，医术精湛，身心健康”的优秀医疗人才等方面起到了积极的促进作用。

一、以“大爱讲堂”为载体，将传统文化融入医学生社会主义核心价值观培育的必要性

“大爱讲堂”是济宁医学院以爱心教育为主题、以专题讲座的形式创新思想政治教育的一种形式。紧紧围绕继承和弘扬儒家文化精髓，结合医学院校的办学特色，着力构建富有儒家文化和医学特色的爱心教育体系，努力培养医德高尚、医术精湛、身心健康的医疗卫生专门人才。济宁医学院以“大爱讲堂”为载体，创新医学生思想政治教育，是基于培育学生社会主义核心价值观、引导学生传承弘扬中华传统文化、提高医学生综合素质、转变学生思想观念的需要。

首先，是培育学生社会主义核心价值观的需要。党的十八大报告首次以24个字概括了社会主义核心价值观：倡导富强、民主、文明、和谐，倡导自由、平等、公正、法治，倡导爱国、敬业、诚信、友善。这与中国特色社会主义发展要求相契合，与中华传统文化脉络相承接。高等学校中知识分子和青年学生高度集中，这两类人群思想最活跃，其新思维、新思潮往往引领着社会文化发展方向。找准其思想的共鸣点和利益的交汇点，把培育和践行社会主义核心价值观融入思想政治教育全过程，既是党中央对高等教育的明确要求，也是促进大学生成长成才的现实需要。“大爱讲堂”就是把学生的价值观培养放在思想政治教育的首位，通过开展涵养社会主义核心价值观的实践活动，落实到人格塑造和价值观培养上。这与社会主义核心价值观所坚持的以人为本、以理想信念为核心是一致的，是用学生喜闻乐见的方式，搭建便于学生参与的教育平台的现实实践。

其次，是传承弘扬中华传统文化的需要。“仁爱”思想是中国传统伦理道德的精髓，“大爱”是中华民族传统文化的瑰宝。济宁医学院提倡的大爱

精神和大爱育人理念，继承和发扬了中华传统文化“仁爱”思想的精华，是富有责任感和时代感的“大爱”，充满了人文关怀与价值取向。“大爱讲堂”育人模式，以大爱理念引导学生，以大爱之心培育学生，以大爱之德感染熏陶学生，以大爱之举关心帮助学生，形成独具特色的爱心教育体系。通过充分挖掘和发挥文化育人的作用，推进体现社会主义时代特征、医学特色的大学文化建设，不断拓宽文化育人的新平台、新阵地。

再次，是提高医学生综合素质的需要。在加快推进建设特色鲜明、国内知名的高等医科院校进程中，济宁医学院从战略发展高度，组织实施了独树一帜的“加强德育教育，培养德医双馨人才”教育工程，旨在拓展大学生人文素质教育，主张把“仁爱”思想内化为青年学生自觉的精神追求。“大爱讲堂”育人模式正是契合了“双馨”教育工程目标发展要求，积极塑造学生“怀仁德，明哲理，有爱心，乐奉献”的道德品格。随着“双馨”建设工程的深入推进，以“大爱讲堂”为代表的爱心教育进入新的发展时期，也必将会成为推进德育工作重要的文化品牌。

最后，是转变学生思想观念的需要。当前社会上的急功近利、重义轻利、贪图享受等消极思想观念在高校学生中有一定的市场，少数医护人员医德缺失现象、社会上医患关系的相对紧张也对医学生产生了一些不良影响。面对严峻的现实挑战，学校在新一轮人才培养方案修订中，特别强调爱心教育的重要性和必要性，注重加强对大爱精神的教育和引导，以师生喜闻乐见的形式，使得大爱教育这一承担育人重要任务的教育理念得到充分的重视。作为医学生应该在社会主义共同理想的指引下，树立崇高的医德理想，坚持医德信念，明确医德追求。这是因为医生的职业性质决定了不仅要关心患者的“病情”，而且还要关注患者的“心情”，能与患者感同身受，真正把“大爱”理念融入到工作中，并转化为终身坚守的职业精神。

二、“大爱讲堂”育人模式构建的目标与思路

教育的根本任务是立德树人。立德树人就是要解决“培养什么人，怎样培养人”这些重大问题，具体到教育实践中就是要做到价值塑造、能力培养和知识传授的“三位一体”，从而实现学生价值塑造、品格养成和能力提升。“大爱讲堂”育人模式要求树立“大爱为基，育人为本，用大爱育人，育大爱之医”的人才培养观，定期邀请文化名家、医学大家走进校园，举办演讲和交流活动，用丰富的传统文化和现代医学知识为学生提供精神食粮。

首先，以推动医学生专业素质和人文素养均衡发展为目标。长期以来，由于高等医学院校过于偏重对专业知识的传授，忽视人文素质的培养，从而

导致人文精神缺失、伦理道德滑坡等诸多问题。为办好人民满意的高等医学教育，教育部和卫生部提出要大力加强医学人文建设，加强医师职业精神培养，强化医学内部及外部的学科交叉整合。“大爱讲堂”育人模式提出，培养治病救人、悬壶济世的医生要做到“济人”“济世”“济医”，只有这样才能把学生培养好，才能保一方安宁，才能真正达到“济宁”的效果，这是济宁医学院办学精髓所在，也是对培养医德高尚、医术精湛、身心健康的医疗卫生专门人才的最有力佐证。

其次，以推进校园文化建设为契合点。大学不仅是文化的高地，而且师生的行为活动也是社会风尚的风向标。校园文化建设作为高等学校育人工作的重要环节，对促进大学生全面成才具有重大的意义。发挥大学的示范引领作用，首先要加强校园文化建设，主动用社会主义核心价值观占领校园主流思想和阵地。“大爱讲堂”对校风、学风、文化传统、价值观念的形成具有促进作用，是校园文化建设的有机组成。“大爱讲堂”包容多样化的学风，有利于在尊重差异中扩大社会认同，在包容多样性中增进思想共识，营造具有极大的集体合力、奋发向上的群体意识及宽容自由的学术氛围。

再次，作为学校教学和课程改革的重要内容。将“大爱讲堂”纳入学生爱心教育课程体系，并作为医学生人文素质教育课程列入选修课程，也成为学生思想政治理论课的有效补充。“大爱讲堂”把德育与智育、美育有机结合起来，寓教育于活动之中，在格调高雅、积极健康、富有特色的校园氛围中实现思想政治教育目标。以思想政治教育之“神”统摄大爱讲堂之“形”，使政治文化、道德文化、学术文化和文体文化有机结合，互补互动，相辅相成，形成推进学生综合素质全面发展的文化育人环境，从而达到促进学生综合素质全面发展的育人目标。

最后，作为第二课堂建设的重要内容。在传统大学教育教学体系中，第二课堂有被学校育人系统边缘化的趋势。第二课堂的课程建设，从实践内容、活动方式和形式来看，尽可能要张扬学生的主体精神，体现学生自主、自由、自觉地接受教育的目的。“大爱讲堂”所要体现的第二课堂建设主要表现为“三个我”：即“我听”，听取文化名家讲课；“我思”，对讲堂内容深入思考；“我行”，引导学生常怀仁爱之心，把大爱精神真正融入到学习和工作中。它的成功是创新思想政治教育的必然结果，其形式和内容体现出时代感、针对性与亲和力，增强了思想政治教育的科学性和有效性。

“大爱讲堂”育人模式是爱心教育体系中重要的组成部分。“大爱讲堂”主题鲜明、内容前沿、组织规范，设置有固定的场所，场所正面有专属背景和LOGO标识，目前已连续举办近30期。受邀讲座嘉宾中，有原曲阜师大校长儒学专家傅永聚教授，国学大师、台湾慈济大学林安梧教授，国家千人计划专家侯士峰教授，济医杰出校友、亚洲肝病委员会副主席、北京友谊医院肝病中心主任贾旭东教授等，他们分别以“中华文化伟大复兴的宣言书——纪念习总书记视察曲阜讲话一周年”“儒释道思想与21世纪文明”“如何做一名好医生”为题，用自己的学识和经历，全方位展现了传统文化、人生哲学、人文知识和职业素养等方面的魅力。同时还鼓励师生撰写心得并编辑成册，在报纸、宣传栏、网站等开辟专栏刊登优秀作品，形成内容翔实的资料库。从教育效果来看，对思想政治教育的创新性改革，增强了思想政治教育的实效性，已成为学校加强德育教育、弘扬中华优秀传统文化的教育品牌。

三、“大爱讲堂”育人模式构建的启示与思考

“大爱讲堂”育人模式的探索与实践，为新形势下开展医学生思想道德建设积累了经验，也为思想政治教育带来很多启示与思考。

首先，加强大学生思想政治教育，是学校育人工作的中心环节。在社会转型的形势下，各种社会问题几乎同时出现，带来了前所未有的文明冲突和文化碰撞，历史与现实、传统与现代多重因素交织在一起，这就可能带来大学生政治信仰、理想信念、价值取向等迷茫和模糊现象。在教育教学中，要把大学生的思想政治教育培养放在首位。“大爱讲堂”根据不同时期、不同形势的发展需求，对内容和形式有针对性地调整和补充，在教育引导大学生认同并践行社会主义核心价值观方面发挥着积极作用。

其次，加强大学生思想政治教育，要体现“育人为本，德育为先”教育理念。高校的根本任务是人才培养。思想政治教育的最终目标是提高人的综合素质，实现人的全面发展。“大爱讲堂”的核心内容与高等教育理念的实质是高度一致的。在思想政治教育过程中，应把价值观教育作为思想政治教育的核心内容，充分体现“学校教育，育人为本，德育为先”的教育理念，并落到实处，发挥实效。人的综合素质作为有机的整体，主要包括思想道德素质、科学文化素质和身心健康素质。“大爱讲堂”育人的终极目标是将思想政治教育融于其中，并通过学生自身积极参与，在特定内容的文化氛围中受到熏陶、感染和激励，最终达到育人目的。

再次，加强大学生思想政治教育，要不断创新实践载体。思想政治教育是提高学生的综合素质、丰富学生的精神、增强学生的精神力量、培育和践行社会主义核心价值观的有效途径。作为思想政治教育主体，大学生既是主要参与者也是主要受益者。“大爱讲堂”育人模式富有专业性、知识性和吸引力等特点，作为一种实体互动的形式，学生在倾听大家、名家讲述的同

时，还可以与其面对面的交流，充分激发了学生的参与热度，将传统学术报告“要我听”的模式变为“我要听”，实现知与行的统一，增强了思想政治教育的针对性和时效性。

最后，加强大学生思想政治教育，要重视和加强品牌建设。面对新时期大学生思想观念日益更新、价值取向日益多元的情况，思想政治教育必须坚持“贴近实际，贴近生活，贴近学生”的原则，多用学生的视角思考问题，多用学生喜闻乐见形式的方法，把正确的思想观念灌输到学生的头脑中。作为思想政治教育的有效途径，“大爱讲堂”围绕爱心教育主题，从提高活动质量入手，采取系列措施，着力提高活动知名度，提升宣传影响力，在校园内形成了传递正能量的文化品牌。通过品牌效应表明，“大爱讲堂”丰富了教育教学手段，强化了教育者的品牌意识，也使大学生在长期熏陶中受到相应的教育。

四、“大爱讲堂”案例

活动简介：为树立济宁医学院医学人文素质教育品牌，更好地为学生和医护人员提供文化服务，我校联合中国孔子基金会、山东广播电视台，全力打造文化讲堂——“大爱讲堂”，定期邀请文化名家走进校园，站在医学人文的角度，与医学生交流，引起大学生强烈反响。

活动内容：自 2013 年“大爱讲堂”开办以来，至今已举办 29 期。具体内容如下。

表 7-1 “大爱讲堂”活动内容表

期　数	主　讲	题　　目
第 1 期	王大千	用经典为青春补钙
第 2 期	贾继东	临床医生应具备的人文知识和职业素养
第 3 期	王新陆	学习与临床思维
第 4 期	侯士峰	坚持与放弃——中西文化里的人生哲学
第 5 期	谢安庆	让爱为人生导航
第 6 期	林安梧	儒释道三教与 21 世纪人类文明
第 7 期	陈玉国	做一名合格的医生，实现人生理想——从齐鲁医院急诊科的成长历程看中国急诊医学的未来发展
第 8 期	傅永聚	中华民族伟大文化复兴的宣言书
第 9 期	胡大一	理解医学，学做合格医生

续表

期　数	主　讲	题　　目
第 10 期	白波	让爱为生命护航
第 11 期	贾巨川	老一辈革命家的家国情怀
第 12 期	黄达人	关于大学行政文化建设的一些思考
第 13 期	孟凡珍 张　波	医者仁心 爱洒乡村
第 14 期	张　瑜	钱学森先生引领的成才之路
第 15 期	别敦荣	大学战略规划与文化建设
第 16 期	樊代明	医学与科学
第 17 期	陈玉国	如何成长为好医生
第 18 期	杨朝明	孔庙与中华传统文化
第 19 期	骆承烈	弘扬中华优秀传统文化
第 20 期	王立新	伟大的长征，永恒的精神
第 21 期	柯庆昌	美国的医学教育与口腔医学教育
第 22 期	张建青	回顾医学历史，回归医学人文
第 23 期	杜怡峰	专注岐黄，敬畏生命——我的从医之路
第 24 期	石　礼	博采众长，做人文医者
第 25 期	杨志寅	行为决定健康
第 26 期	毕振强	公共卫生与健康中国
第 27 期	李文文	用经典点燃生命
第 28 期	宋咏梅	科学——滋养身心的艺术
第 29 期	杨义堂	抗战救护史 民族真英雄

附1:“大爱讲堂”活动掠影

临床医生应该具备的人文知识和职业素养
——校友贾继东来校作报告

2013年11月16日上午,学校在图文信息楼举行了“大爱讲堂”第二期讲座,特邀我校校友,国际肝病学会(IASL)副主席、首都医科大学附属北京友谊医院肝病中心主任、博士生导师贾继东来校,为广大师生作了题为“临床医生应该具备的人文知识和职业素养”的报告。副院长赵敏主持了报告会,500余名师生听取了讲座。

贾继东教授对学校的邀请表示感谢,他从人文情怀、医学职业精神、医学伦理等方面阐释了报告主题。他认为,医学生需时刻谨记医生的责任与使命,树立对生命、对人类的基本价值观念。知识固然重要,技能可以在实践中获得,而态度则是人内在的素质体现。光芒照耀下的白衣天使不仅要掌握基础知识,而且还要树立认真负责的态度,通过实践和经历提高技能。现代医学教育对医学生和医生有以下要求:职业价值、态度、行为和伦理,医学科学基础知识,沟通技能,临床技能,群体健康和卫生系统,信息管理,批判性思维和研究。现代医学生要以正确的价值观和态度来面对当今社会,既要在诱惑颇多的社会中生存,也不能忘记自己治病救人的责任。贾继东告诫大家,这个社会有着太多的诱惑,仅靠我们自己是无法改变这个社会的,但是很多人一起努力,就会有文明进步,世界终究会改变。

演讲过程中,听众聚精会神,会场的气氛热烈而不喧闹。在互动环节,同学们踊跃提出自己的疑惑,其中不乏尖锐的问题。比如,有同学问了关于医者收红包的问题,贾教授严肃指出,收红包就如同饮鸩止渴,乍一看似乎是得到了好处,但最后往往害了自己。有同学问到面对从事医学事业的各种风险,我们应该采取怎样的态度时,贾教授认为,没有什么工作不需要代价，我们要做到“能和天使对话，也能与魔鬼畅谈”，只要他是病人，我们就尽自己最大的努力拯救他。最后，讲座在热烈的掌声中结束。

学习与临床思维

——王新陆教授做客“大爱讲堂”并作专题报告

2013年12月3日，“大爱讲堂”第三讲在图文信息楼报告厅举行。第十二届全国政协常委、山东省政协副主席、山东中医药大学名誉校长、博士生导师、中华中医药学会首席健康科普专家王新陆教授作了题为“学习与临床思维”的报告。副院长李建军出席报告会，副院长赵敏主持报告会。学校相关部门负责人、教师代表以及学生代表600余人聆听了本次报告。

报告会上，王新陆首先从孔子的“仁爱”思想谈起，强调医学生树立“大爱”思想的至关重要。他围绕心理健康，什么是学习，学习进步的智力与非智力因素、医学知识的特点，医学思维过程和思维模式展开阐述。在谈到“何谓学习”时，他说学习就是理论与实习相结合，是一个学并且不断重复实践的过程。要想学习好，不仅需要一定的智力，而且非智力因素往往更加重要。他指出，要保持愉快的心情，就是要使自己的身心健康，使自己的情绪可控，让自己拥有一颗忍让与包容之心，要有正向思维，保持乐观的心态。一个人只有调适好心态，才能充满自信、充满爱心。他表示，医学知识浩瀚如海，涉及面广，且多变、快、杂、难，学医的同学一定要打好基础，掌握缜密的思维过程，建立科学的思维模式，将学到的知识融入自己的脑海里，不断地应用于实践中，才能成长为一名合格的医务工作者。

王新陆教授还现场解答了学生们的提问，他丰富广博的知识，幽默诙谐的语言，挥洒自如的讲解，充分展示了医学大家的风范，赢得了在场师生的热烈掌声。

坚持与放弃

——侯士峰教授做客“大爱讲堂”并作报告

2014年3月23日下午，第四期“大爱讲堂”在图文信息楼开讲。国家“千人计划”海外特聘专家、美国蒙特克莱尔大学教授、我校生物与纳米工程材料中心主任侯士峰博士为广大师生作了题为“坚持与放弃——中西文化里的人生哲学”的报告。副院长赵敏主持了报告会，并代表师生对侯士峰博士表示欢迎，并为大家介绍了他的基本情况及取得的成就。学校相关部门负责人，教师代表以及学生代表500余人聆听了报告。

侯士峰从大学的责任谈起，告诫大家在学业和生活中要有充分的准备和信心，确立明确的目标。他以自身求学的经历论证了坚持与放弃的关系，认为在实现目标的道路上，坚持的是方向和目标，放弃的是路径和方式。关于人生目标的坚持与放弃，他提出，坚持靠信念，放弃靠理性，对人生应有积极的态度，保持信心和勇气，把每一天当作生命的最后一天去生活，在任何时候，都求知若渴，虚心若愚；要把失败视作上天的礼物，尊重对手和敌人，放弃怨恨，选择宽容，放弃埋怨，选择进取。在事业中的坚持与放弃，他认为放弃的勇气往往超过坚持，真正的坚持容易，理性的放弃很难。在大学生情感的选择上，他勉励大家要做到为内心的坚持而感动，为挣扎的选择而深思，为理性的放弃而鼓掌。在互动环节，同学们就学业、生活、感情等方面的问题踊跃提问，侯士峰博士给予了精彩实用的回答。

让爱为人生导航

——谢安庆教授做客第五期“大爱讲堂”

2014年4月10日下午，中国音乐文学学会副主席、教育部艺术指导委员会专家、山东音乐家协会副主席、我校客座教授谢安庆做客第五期“大爱讲堂”，给大家带来了题为“让爱为人生导航”的精彩报告。院长白波主持报告会并讲话，副院长赵敏出席报告会。

白波院长介绍了谢安庆教授的基本情况。他说，作为中国著名词作家，作为济宁医学院校歌的词作者，谢安庆教授近年来在很多高校作了儒家文化传统文化讲座，引起了极大反响。近年来，学校加强校园文化建设，打造了“大爱讲堂”这一文化品牌，根据这一主题，谢教授精心准备了这场报告。学校提出要“为国家育人才，为大众谋健康”，就是要培养医德高尚、医术精湛的人才。希望通过这一系列讲座，培养学生高尚的职业道德，形成有济医特色的校园文化，让大家在儒家文化、传统文化、爱心文化的熏陶下，成长为国家有用的人才、建设的栋梁。

谢安庆从中共十八大提出的“三个倡导”谈起，引导大家思考作为圣人故里人，如何在“首善之区”释放“爱”的正能量，做“最好”的“首善之人”；如何成为一个真正的人、拥有有意义的人生。他引领大家感抒生活，感知生命，从爱是一种天性，一种修行，一种文化，一种给予，一种尊严，一种责任，一种品德，一种良知，一种报答入手，深刻阐述了爱的内涵，并多次以音乐的形式为大家解读。他勉励大家，人的一生只有一次，要倍加珍惜；要用坚实的脚步丈量人生，用有爱的人生变得无价；要学会感恩、学会奉献、学会分享、学会担当。

儒释道三教与21世纪人类文明

——国学大师林安梧做客我校“大爱讲堂”

2014年5月20日，台湾慈济大学宗教与人文研究所所长、尼山圣源书院副院长、著名国学大师林安梧教授应邀做客“大爱讲堂”，并与师生进行了交流。座谈会由赵敏主持，有关部门负责人、社科部教师及学生代表参加了座谈会。

当日上午，党委副书记、院长白波，副院长赵敏会见了林安梧教授。白波对林安梧莅临我校表示欢迎，双方就慈济大学医学院及我校的有关情况、两岸的文化和医疗制度等进行了交流。白波向林安梧颁发了学校客座教授聘书。林安梧教授为学校留下墨宝“天下道济万国咸宁，安邦如医教化成学”。

随后，林安梧在图文信息楼五楼报告厅为师生作了题为“儒释道三教与21世纪人类文明”的国学讲座。白波主持讲座并讲话，学校领导侯端敏、李建军、赵敏出席讲座。

白波说，在几千年的人文历史发展长河之中，中华文明为人类历史发展做出了巨大贡献，中华文明波澜壮阔、博大精深，无论在北美西海岸最繁华的曼哈顿，还是非洲大陆欠发达的撒哈拉以南，不管是祥和安宁的莎士比亚故乡，还是烽火连天的中东地区，只要有人烟的地方就有中国人，只要有中国人的地方，就有中国味、中华情。所谓“中国味、中华情”，是一种文化的味道，是中华文明的光辉。而什么是中华文化，中华文化在世界文明的进展中发挥了怎样的作用，则是讲座所要诠释的。白波还介绍了林安梧教授的基本情况和教学、学术成就。

林安悟教授在讲座中认为，儒、道、佛是中国文化的核心，儒、释、道三教和谐共生，相互影响和融合，形成了极具韧性的中华文化。在中国，儒、释、道三教本来就是统合为一的。在华人世界中，儒、释、道三教的生活世界一直是相通的。在林教授看来，中国的儒家与道家是同源互补的，而自魏晋时代以来，儒家也一直在尝试着与佛教的融通。

林安梧讲道，在17世纪以来的近400年，人类文明走上了偏路，而中国文化是一个丰富的思想宝库，我们需要认真思考如何让其参与到现代化的进程中，在人类文化的走势中起到重要的调节性作用，对人类的文明有更大的贡献。中华文化是“以德行仁”，行王道，“四海之内皆兄弟”，“长吾长、幼吾幼”，是文化与文化的交谈和融合，共生、共长、共存、共荣，而不是压倒别人，侵略别人。林安悟教授表示，21世纪人类文明需要更多的交谈、互动和融通，唯有如此才能共生，共长，共存，共荣。无论就人与自然的友好相处，还是就社会的和谐发展，抑或就个体人格的健康发展，人类在21世纪应更加需要借助优秀的中国文化和人生智慧。以儒家敬而无妄的精神，以佛教的净而无染的思想，以道家致虚守静的主张，宁静其心，端正其志向，让中华文明在人类发展过程里，真正发挥一个造化生生不息的功能。

林安梧教授还揭示出中华民族的生生不息的奥秘是孝、悌、慈三个字。道家追求自然，佛家追求自在，儒家讲求自觉。自觉就是顺着生命的本体，由孝而悌，由悌而慈。这也正是佛家与道家共同认可的价值观。如何让当今学子认识并将儒释道文化精华落实到日常生活中，他认为家庭教育、社会教育、学校教育缺一不可。他还从中国文字的角度分析了儒道佛文化的精神，向大家展示了传统文化的魅力。

白波在总结讲话时说，在我们聆听精彩报告、探讨中华传统文化与世界文明的交流融合时，亚信上海峰会也正在召开，积极推进泛亚各国安全合作，加强沟通、凝聚共识。这是一个巧合，也是当今政治文化的一个趋势。他感谢林安梧教授为我们带来的精彩讲座，并邀请林教授经常来校讲学。

当日下午，林安梧教授就中华优秀传统文化与医学生人文素养与师生进行了座谈。他介绍了台湾慈济大学医学院在骨髓移植、"大体老师"等医学人文方面开展的活动，改变了台湾地区民众对于"大体"的看法，增强了敬畏生命的理念。他就与会教师提出的医德建设，"仁爱"、传统文化通识教育，孔子、孟子、荀子学说的区别和特点，如何开展经典教育，如何培养公民意识，儒学与马克思主义及现代文化的关系，医学生人文素养的培养与思考等进行了解答和交流。

赵敏表示，经过聆听报告和座谈，受益匪浅。文化具有民族性，同时具有世界性，中华传统文化在21世纪如何发扬和传承，作为高校和高校教师有义不容辞的责任。作为医学院校，如何把传统文化与医学人文结合，让学生不仅有精湛的医术，而且还有高尚的医德，是医学院校师生需要思索和践行的。

如何成长为好医生

——山东大学陈玉国教授做客我校"大爱讲堂"

2014年10月11日上午，山东大学齐鲁医院副院长、"泰山学者"特聘教授、博士生导师、我校82级校友陈玉国教授做客我校第七期"大爱讲堂"，以"从齐鲁医院急诊科发展的历程看中国急诊医学的未来发展——做一名合格的医生，实现人生理想"为题作了报告。学校党委委员、副院长赵敏主持报告会。党委宣传部、学生工作处、团委有关部门、单位负责人，临床学院、护理学院辅导员和近600学生参加了大爱讲堂报告会。

陈玉国从急诊医学发展史，急诊科面临的困难、挑战和发展方向，急诊临床诊断思维，急诊病情评估的方法学，医患沟通——临床医生基本功，急诊医学目前亟待解决的问题，急诊医学学科建设之思考以及山东大学齐鲁医院急诊科发展的轨迹带来的启示等九个方面进行了阐述。他认为，急诊医学是一门年轻但重要的临床学科，面临着严峻的困难和挑战，需要加快步伐，改善设施，提高技术水平。作为一名急诊科医生，不但要学习临床各学科知识，掌握过硬的急救技术，而且还要有高度的责任感、善良正直、富有爱心，还要培养良好的医患沟通能力。运用精湛的急救技术加上高超的沟通艺术，再加上人文精神的翅膀，在生命的海洋里自由遨游，服务更多患者，造福人类健康，筑起生命的一道防线。最后，他将医学界传承了多年的一句话“道无术不成，术无道不久”送给在座学生，鼓励同学们认真学习医学知识，培育仁爱情怀，将大爱进行到底。

报告结束后，陈玉国教授与同学们进行了交流，就医患纠纷如何解决、医生性别差异、学历层次差异等问题一一作了解答，赢得了同学们的阵阵掌声。

中华民族伟大文化复兴的宣言书

——傅永聚做客第八期“大爱讲堂”

2014年12月10日下午，曲阜师范大学国学院院长、孔子文化研究院院长傅永聚教授受邀做客我校第八期“大爱讲堂”，作了题为“中华民族伟大文化复兴的宣言书——纪念习总书记视察曲阜讲话一周年”讲座。本期“大爱讲堂”由党委副书记、院长白波主持，副院长赵敏出席。党委宣传部、学生工作处、社科部、图书馆、团委负责人以及各学院书记、全体辅导员和学生代表共计500余人参加了讲座。

傅永聚作为多年研究儒家文化的专家，从“如何对待传统文化”谈起。他说，中华优秀传统文化就是以孔子儒家思想为主流的文化，习总书记在从2013年夏天至2014年12月发表的一系列讲话中多次提到要实现中华民族的伟大复兴就必须弘扬中华优秀传统文化。他围绕孔子与儒学文化的理论与现实意义这个主题进行了四个方面的论述。一是直面当前我国经济发展初步进入小康之后，整个社会道德状况的困惑问题，解决国内理想和信仰共识；二是直面中国在复杂多变的国际环境中走自己的路，营造良好的国际发展生态环境的问题；三是为海峡两岸统一、完成民族统一大业奠定了深厚的文化基础；四是有效地解决了马克思主义与儒学、社会主义核心价值观与中华优秀传统文化之间的关系，使中国道路建立在自己民族文化的基础上，成为凝聚人心、实现中国梦的精气神。

傅永聚对习总书记在视察北大时提出当代大学生要做到“勤学、修德、明辨、笃行”的要求作了深刻解读，强调中华优秀传统文化是中华民族之根、之魂，是社会主义核心价值观的立足之处，更是实现我们民族伟大复兴梦的不竭源泉和最大的软实力。高校要大力弘扬中华优秀传统文化，把社会主义核心价值观融入到“德”的要求中，育人为本，立德树人，努力培养新一代具有高尚品德的大学生。

与会学生还就当代大学生如何弘扬中华优秀传统文化、立足实际，实现“中国梦”进行了互动交流。

白波在总结中说，傅永聚教授所讲的内容不仅是对大学生有重要意义，对整个社会来说，如何复兴中国优秀传统文化都是一个重要的课题。他要求同学们从现在做起、从我做起，多读中华优秀传统文化的精华，丰富自己、充实自己、提高自己，才能引领社会文化发展，带动整个社会中华优秀传统文化的弘扬和传承。

理解医学，学做合格医生

——胡大一做客第九期“大爱讲堂”

2014年12月17日下午，国家和北京市突出贡献专家、卫生部健康教育首席专家、国家重点学科心血管内科负责人、北京大学博士生导师胡大一教授莅临“大爱讲堂”讲学，为我校师生作《理解医学，学做合格医生》的专题讲座。党委副书记、院长白波主持，党委副书记、纪委书记温杭东、副院长赵敏出席讲座。党委宣传部、学生工作处、团委、附属医院负责人以及临床、护理学院书记、全体辅导员和学生代表500余人参加了讲座。

胡大一教授根据自己40多年从医的亲身感受，紧扣新千年医师专业精神的核心，以医学的目的、价值和责任“三个不变”推动医学模式的“三个转变”为主题，结合国内外医学发展趋势，以及自己开展“双心医学模式”的探索创新，深度剖析了现阶段医生职业发展中医学目的的迷失、价值体系的混乱带来的医疗危机；详细介绍了循证医学和价值医学的理念，阐明了医疗服务的可及性、实现健康的公平公正性，明确了医生肩负的双重责任和双重身份，使医生和医学变得温暖和人性。他还从医学的方法论、医学与哲学的关系等方面进行了深入浅出的剖析和讲解。胡教授始终强调医学是建立在以患者为中心，关爱和尊重患者、患者利益至上的理念之上的，强调了重铸医学人文精神的重要性。他作为在医学道路上的实践者、教育者和探索者，他的大医风范及人格魅力征服了现场师生，多次赢得雷鸣般的掌声。胡大一还就学生提出的医学生未来要准备什么、怎样看待当前的医患关系等进行了交流。

白波高度评价了胡大一教授的讲座。他说，本次讲座水平高、质量高、层次高，既是医学人文讲座，也是医学专业讲座，在座的聆听者都深受教育。胡教授作为医学教育家，教育同学们如何理解医学，作为一名名医，教育同学们如何学医，如何做一名好医生。值得一提的是，胡教授的母亲胡佩兰先生曾当选2013年“感动中国”十大人物，她是中国医学界的代表，也是中国医生的代表。由胡教授来给我们讲如何理解医学，做一个好医生，更生动、更深入、更入木三分，更具有说服力。他希望同学们刻苦学习、勤于实践，争做医德高尚、医术精湛、身心健康的好医生。

让爱为生命护航

——白波院长做客第十期“大爱讲堂”

2015年3月24日上午，中华医学会行为医学分会主任委员、中国高等教育学会高等教育管理委员会理事、我院院长白波教授亲临“大爱讲堂”，为学校师生带来“让爱为生命护航”的主题报告。本期大爱讲堂由副院长赵敏主持。党委宣传(统战)部、学生工作处、团委、各学院党总支书记、全体辅导员和学生代表500余人参加了讲座。

作为多年从事医学教学和科研的教育家，白波认为，大学要有大爱，大学要育大爱，培养医德、培育爱心是基础，爱心教育既要在课堂上学习，在医疗实践中学习，也要在大学爱心文化的环境中熏陶，潜移默化中提高。特别是高等医学院校，更要培养医德高尚、医术精湛、身心健康的医学人才。

白波将爱分为四个层次，包括自爱、友爱、博爱、大爱。他以百岁仁医胡佩兰，连续5天手术累死在工作岗位上的我校82级校友、武警总医院心外科主任王奇，将遗体献给学校作为大体老师(遗体捐赠者)的济宁医学院原党委书记于叔奎，我校95届校友、全国最美乡村医生张波，抗击埃博拉病毒的中国援非医疗队等医者为例，诠释了爱的十个方面的深刻含义——爱是天性、爱是精神、爱是文化、爱是给予、爱是尊严、爱是责任、爱是敬畏、爱是品德、爱是良知、爱是报答。

白波最后指出，医学的本质属性决定了医学事业是爱的事业，医学生的首要任务是做人，培养良好的医德。学校一直在进行爱心教育，坚持开展以“爱心教育”为特色的医学生人文素质教育和职业道德教育：一方面修订培养方案,加强理想信念教育、通识教育、传统文化教育、医学史教育、爱心教育;另一方面将爱心教育融入专业基础课、专业课和实习、实践中。如学校开展的"六个一"工程,就是要教育每一个医学生多给患者一分钟专注倾听;多给患者一个友善的微笑;多给患者一份温馨的体贴;多给患者一句亲切的安慰;多给患者一次及时的搀扶;多给患者一份应有的尊重。白波希望能够通过学校的努力,使每一位医学生拥有为病患服务的爱心和情怀。

赵敏在总结中说,白波院长利用丰富的事例和精湛的理论,向我们诠释了爱与生命的价值以及如何使医学生有大爱情怀,这对同学们的大学生活甚至以后整个人生都有很大的教育意义。希望同学们能够用刻苦学习、淬炼品德来体现济宁医学院"明德、仁爱、博学、至善"的校训,不辜负白院长的期望,成为医德高尚、医术精湛、身心健康的医学人才。

附 2:“大爱讲堂”学生听后感

让爱为生命护航

2013 级研究生　李亚楠

刚刚踏入学校开始研究生阶段的学习,即幸遇学校“大爱讲堂”开讲,王大千老师为“大爱讲堂”作了首场报告。报告以“让经典为青春补钙”为题,从“人要了解和感恩所生活生长的土地”“人文与人生”“孔子及其大学之道”“孝的文化”“医者仁心,大医怀仁”“求仁之路”等六个方面,对读经典与成就幸福人生的意义,读经典、继承传统文化对我们医学生成为“大医”“名医”的重要作用作了深刻的解读。听完王老师的报告,我第一次对大爱有了一些深刻的体会。大爱无疆,生命对于每个人只有一次,作为芸芸众生的一个,我们应该敬畏生命;作为救死扶伤的医生,我们应该时刻牢记医者仁心,大医怀仁。

一、爱自己——敬畏生命

前几日回家,听说村里一个 40 岁的大叔在公路上被撞死;在科室,看到一个 8 岁的小男孩被告知得了肾母细胞瘤;新闻报道上,一名女研究生不堪压力,跳楼自杀了,我不禁深思……

在这些心痛的背后,我深思的是:如何敬畏生命!

敬畏生命,其前提是生命仍在延续,其对象是自我和非我。对于人这个个体来讲,自我才最根本,意识决定行动——一个连自己的生命都不太珍视的人,如何去爱他人,进而推己及人,敬畏他人的生命!

我很赞同阳光文化公司的理念:信念第一,家庭第二,事业第三。我们是朝气蓬勃、外表美丽、内心脆弱的一代,追求的不该是活着这个状态。有的人活着,他已经死了;有的人死了,他还活着——我们撇开原作之意而赋予这句话一些现实意义,拷问自己的心灵:你懂这句话的意思吗?

罗曼·罗兰有句话:生活有两种,一种是腐烂,一种是燃烧。信念是生命价值的体现,支撑着我们遥远的梦想。生活烦琐,要想积极健康地生活,除了对生活本身充满激情,仍需莫大的勇气和耐性。考验人的时刻无处不在,生活中无处不存在敬畏生命的艺术。

人生短暂,我们都行走在消逝中。而如今我们的年轻人,往往忽视了自身所处环境却巴望着未来,总觉得现实太残酷,理想世界肯定会很美。理想与实践完全脱节,梦想越来越虚无,人越来越盲目,心理越来越变态。这是一系列的连锁反应。

我所体味的敬畏生命是：热爱生活，把握现在，活在当下！不丧失对生活敏锐的感知，善待自己，善待他人。

二、爱他人——医者仁心

作为一名未来的医生，我们应该懂得医者父母心，对病人要有一心的慈悲。何为慈悲？所谓慈，如耄耋老人对垂髫幼儿的善待与包容；所谓悲，如己染疾的感同身受。只有这样，才能衍生出做人和为医的原则和职责，只有这样才能在医学的漫漫征途中坚持走下去，走得无怨无悔，走得更深更远，走得更坚定、更执着。有时候也许名医大家和杏林众生的差别也就在这悬壶济世之后仍存有一心的慈悲吧！现在，在医患关系屡有冲突的外界大环境下，我们看到了很多被程序化或公式化处理的病人，形形色色的医疗文书筑起一面自我保护的柏林墙，不可否认，在某种意义上它带着几分自欺欺人的伪装。殊不知，医患之间并无不可调和的矛盾，更多的是休戚相关、唇亡齿寒的相互依存。世间的生命个体，主动或被动地参与着生老病死的循环。当面对病人时，想到他或她如果是你那两鬓斑驳的双亲、一脉相连的手足、幼齿蹒跚的儿女，那么你有的不只是慈悲，因为你同样希望当他们被病痛折磨时也能得到这样人性化的医治。你不经意间的一句简单问候，或是很平淡的称赞，抑或轻而易举的一个动作，传递给病人的都是被几倍放大的关注和关心。

在《天堂没有路标》这本关于中国第一代妇产科专家林巧稚的传记中，有这样一句话："日复一日地面对仿佛永无尽头的疾病，面对一个个因疾病而痛苦不堪的女人，即使是医生，即使有着更坚强的神经系统，是不是也有厌倦和疲惫的时候？"[①]可无论什么时候，林巧稚总是和悦地接待每一个人。她所做的一切，不仅出于道义和责任，而且还源于她的信仰和内心的需求。能够为别人所需要，能够帮助和给予别人，使他的生存有了明确的意义。身体虽然匮乏，心灵却平安而宁静。这是怎样的一种大爱啊，这应是我们该秉承的吧！

作为一个胸中燃烧着梦想的年轻人，该奋起拼搏，追逐梦想，迎着阳光，将阴影甩在身后。所有年轻人都应如此，更何况将来要阅尽世间病痛生死的医学生！生命如此脆弱，一条尽情燃烧着我们生命的路很清晰地摆在面前：学好专业知识，充实自己，服务社会。

---

① 赖妙宽：《天堂没有路标》，鹭江出版社2006年版，第101页。

让爱为生命护航！用一颗仁爱之心拥抱未来，热爱自己，热爱他人，热爱我们的家！

医德仁术，大爱无疆

2013级研究生　刘雪琴

有幸参加了济医“大爱讲堂”启动仪式，并聆听了孔子基金会理事长王大千教授的一堂课——“让经典为青春补钙”。王教授旁征博引，立意深刻，幽默中不乏独到的见解。他把经典融入时尚，让80、90后们在熟知的领域中了解经典，参悟经典，为我们的青春增添了一剂动力之源。

王教授以一句“见面就是亲，有心才有爱”开场，一个“亲们”的问候，立即拉近了彼此，让我们突然感觉不到代沟的存在，他的导读式原生态演讲就此拉开了序幕。王教授分别从六个方面阐述经典为何以及如何为青春补钙。

一、为人之道

王教授用“天高地厚”来警醒我们。他说我们首先要了解脚下这片土地，因为文化自信来自土地的了解，所谓“一方水土养一方人”，只有了解它，产生文化认同感，才有资格研究其文化渊源。我们来到植根于孔孟圣地的济医，便要入乡随俗，学习孔孟之礼——人生四礼。入学之礼是其一，古有三拜九叩，“先正衣冠，后明事理”。现在的我们不需要行大礼，但仍要用一颗虔诚的心对待大学生活，不要荒废学业。其次，讲的是“慎独”，即做最好的自己，无外人监督的时候也要严格要求自己。最后，关于“厚德”，厚德载物，德是一个人的价值体现，是日积月累的沉淀。我们用眼睛去接受知识，内化为自己的东西才能不断提升自己，此为“厚德”。

二、人生之道

人文是人生重要的支撑。“人文”是一种生活方式，不仅包含衣食住行，而且还包含人们内在的心理、意识和思维活动。“古今欲治天下者，先治其身，欲治其身者，先治其心。”(《原道》)用经典构成的人文知识来支撑我们的人生，定能历久弥新，具有巨大的包容性。其心正，身行，才能平天下。

三、为学之道

现在大多数年轻人对孔子的了解仅限于《论语》的一两句之乎者也的表

面。王教授给我们讲述了我们所不了解的孔子，将孔子的“道”用浅显易懂的方式传授给我们，孔子之学为我们提供了构建本土精神家园的价值体系。教育分教和育。教即上所施下所效；育即养子使作善也。大学是教育的最高学府，在此，我们要学的不仅是高深的知识，而且还是孔子之“道”，小到个人修身正心诚意，大到齐家治国平天下。

四、为孝之道

“百善孝为先。”孝远不止于赡养父母，更深处是对父母的“敬”和“顺”。要敬畏父母更要敬畏父母所赐予的生命。孝经所讲“身体发肤，受之父母，不敢伤毁，孝之始也”便是这个道理。顺从父母意愿，谨遵教诲，要不因时间而改变，“父在观其志，父殁观其行，三年不改父之道，可谓孝也”。作为新一代医学生，我们要时刻谨记父母恩，孝敬父母，爱惜自己。

五、为医之道

现在医患关系紧张，在此环境下要做到“大医精诚”就要有洞察力，有包容心。古人云：“不为良相，便为良医。”一个治国一个救人，都需要敏锐的头脑、清晰的判断。在掌握精湛医术的同时用一颗宽容的心善待别人尤其是患者，才能成为合格的双馨人才，才能做好“健康所系，性命相托”的医者。

六、求仁之道

求仁之路是一名医生毕生的追求。我们在学好技能的同时，还要努力做到“仁”。因而，提高自身素养，提升医德，不只是口头应承，更要修身、践行。“见贤思齐”“三省吾身”后而能将“仁爱之心”融入职业价值观念，实现人生价值。

王教授博古论今，将传统经典与医德修养相结合，为我们的青春指明了前进的方向。推动医学进步和发展的不仅仅是先进的科学技术，而且还需要医务工作者的奉献精神。作为孔孟之乡，济医学子的我们更要秉承“明德、仁爱、博学、至善”的校训，发扬儒风，学做儒医。在学习高超医术的同时，加强医德医风的修养。用一颗“仁爱”之心，把医疗行善作为实现自我价值和社会价值的途径。

有时去治愈，常常去帮助，总是去安慰

2013级研究生　张怀晨

医学作为思想的、观念的、历史的学科是对人生命认识、反思与体悟的“人学”哲学的折射。无论是西方医学奠基者希波克拉底的名著《希波克拉底文集》，还是中国古代医家孙思邈的名篇《大医精诚》；无论是古代医家崇尚的“医乃仁术”，还是现代医者倡导的“人道主义”，都毫无例外地表明：人文关怀不仅是中国医学崇尚的精髓，而且还是西方医学的核心精神，是医学价值取向的终极体现。

听了关于“临床医生应具备得人文知识和职业素养”的专题讲座，感觉受益颇多。就用里面的一句话作为本文的标题吧：有时去治愈，常常去帮助，总是去安慰。

如今的医学教育，大都只是讲疾病的诊断、治疗，却忽视了与病人真正的沟通与了解。我们总被教导“救死扶伤”，这是必需的，但知道这些的同时，我们也应该知道人文关怀。医学人文关怀对于如今的医疗事业非常重要，虽然医生的工作量非常大，但是只要我们把人文精神融入到我们的工作当中，那么医患之间就会多一分理解，多一份信任，少很多分歧。在这样的环境下不仅病人会心情舒畅，而且我们的工作也会更加顺利与顺心。

何为人文关怀？人文关怀一般认为发端于西方的人文主义传统，其核心在于肯定人性和人的价值。人文关怀要求人的个性解放和自由平等，尊重人的理性思考，关怀人的精神生活等。在思想政治工作中，人文关怀是指尊重人的主体地位和个性差异，关心丰富多样的个体需求，激发人的主动性、积极性、创造性，促进人的自由全面发展。

医学生需时刻谨记医生的责任与使命，树立对生命、对人类的基本价值观念。知识固然重要，技能可以在实践中获得，而态度则是人内在的素质体现。光芒照耀下的白衣天使不仅要掌握基础知识，而且还要树立认真负责的态度，通过实践和经历提高技能。现代医学教育对医学生和医生有以下要求：职业价值、态度、行为和伦理，医学科学基础知识，沟通技能，临床技能，群体健康和卫生系统，信息管理，批判性思维和研究。现代医学生要以正确的价值观和态度来面对当今社会，既要在诱惑颇多的社会中生存，也不能忘记自己治病救人的职责。贾继东告诫大家，这个社会有着太多的诱惑，仅靠我们自己是无法改变这个社会的，但是很多人一起努力，就会有文明进步，世界终究会改变。

现在医疗大环境并不安全，但即使这样，医生仍然会不遗余力地去救治病患，依然“治愈、帮助、安慰”。

作为一名优秀的医生，不仅要有扎实的专业技术，而且还要有良好的职业素养。医生应具备什么样的职业素养呢？执业医师的职业素质是指与职业要求相应的素质，包括：医德医风、沟通能力等。医德医风是指执业医师应具有的医学道德和风尚，属于医学职业道德的范畴。执业医师担负着维护和促进人类健康的使命，关系到人的健康和生命。因此，执业医师在职业活动中，不仅在医疗技术上要逐渐达到精良，而且面对一个个的患者还需要有亲切的语言、和蔼的态度、高度的责任感和高尚的医学道德情操，只有这样才能使自己成为德才兼备的医学人才和担负起“救死扶伤，治病救人”的光荣使命，也才能成为一个受人民群众爱戴的医生。

沟通是指人际沟通，而人际沟通又是指人与人以全方位的信息交流以达到人际间建立共识、分享利益并发展人际关系的过程。执业医师在职业活动中，要与其他医务人员、医院管理人员、医院后勤人员、特别是患者及其家属进行沟通。医患沟通使医患双方更好地了解，有利于诊治、护理的进行，进而使医疗质量和服务水平得以提高以及促进病人的康复。同时，由于医学技术的进步，大量的诊疗设备的介入使医生的诊断、治疗越来越有效，然而医生对这些设备的依赖性也逐渐增强，医患之间有形的医疗机器或设备的出现，致使医患双方的思想交流减少，相互之间感情也容易淡漠，即医患关系在一定程度上被物化了，并且医生重视的只是疾病。因此，较好的医患沟通可以弥补上述缺陷，也可以消除双方的误会、减轻医患关系紧张以及减少医患矛盾或纠纷，进而有利于建立和谐的医患关系。

医生不好做，病人不好当，相互理解最重要。但是作为医生，还是有时去治愈，常常去帮助，总是去安慰。

理解医学，学做合格医生

2014级临床本科2班　张 童

2014年12月17日下午，我有幸观参加了胡大一教授的“理解医学，学做合格医生”的专题讲座，受益匪浅。胡大一教授是国家和北京市突出贡献专家、卫生部健康教育首席专家、国家重点学科心血管内科负责人、北京大学博士生导师，但是在我看来，胡大一教授更是医学生的榜样！

胡大一教授的谆谆教诲令我感触极深。作为医学生，将来的医生，最重要的就是具有医师专业精神，坚守三个不变——价值不变、目的不变、责任不变。所谓价值不变，即以人为本，患者利益至上。医师专业精神的核心就是建立以患者为中心，关爱和尊重患者，并把患者的利益置于个人利益之上的价值体系和重铸医学人文精神。我们医学生要持有对患者的同情心，设身处地地为患者着想，急患者所急，痛患者所痛，并在为患者服务的过程中，学习为患者服务的本领。而目的不变则是明确身为医学生、医生的根本目的，医学的目的迷失往往会导致医疗危机，致使价值体系混乱，导致医学知识和技术的误用，所以要明确我们的目的，努力做到促进健康、预防疾病，把医学发展的优先战略从"以治愈疾病为目的的高技术追求"，转向"预防疾病和损伤，维持和促进健康"。只有以"预防疾病，促进健康"为首要目的，才是供得起、可持续的医学，才是公平和公正的医学。责任不变，是要求我们始终明确我们肩负着的责任，我们有责任努力推动基本医疗服务公平普及，实现人人享有基本医疗保健服务，促进健康公平。总之，作为医学生、医生，我们要做到时时考虑患者疾苦，一切为了人民健康。

为了将来做一名合格的医生，如今身为医学生的我们，应当从现在做起，从自身做起。胡大一教授提到，我们医学生应该重视培养能力。医学生首要具备的便是自学能力，医学课程繁多，但是课上只能学习部分重要知识点，很多知识需要我们在课下自学。此时便需要我们具备自学能力，利用课下时间学习知识，掌握更多重要知识点。因此，作为刚走入大学的我们，应该提高自学能力。提高自学能力，掌握正确的学习方法很重要。在平时的学习生活中，重视课下时间的自学，充分利用图书馆学习资源，学会把学习知识的过程化解为提出问题、分析问题、解决问题的过程，把要学习的知识分解为具体问题去学习、领会和掌握。

培养独立思考分析问题和解决问题能力同样重要。独立思考是人的基本特征和基本权利之一，也是人类历史文明不断进步的重要动力之一。独立思考能力的形成有赖于两方面的因素：一是具备承认独立思考是人的基本权利和属性的外部人文环境和制度保障，二是个体具有看问题的独特角度、宽阔的视野、科学的分析、归纳、判断、推理的方法和充分真实的材料。在日常的学习生活中，我们要注重提高独立思考分析问题的能力，学会自主解决问题。

除了自学能力和独立思考分析问题和解决问题的能力，胡大一教授还提到，身为医学生的我们，还需要培养与患者、社会的沟通能力。沟通是人与人之间、人与群体之间思想与感情的传递和反馈的过程，以求思想达成一致和感情的通畅。医生和患者之间尤其需要沟通，许多医患问题都是由沟通不当或缺少沟通而引起的，结果会不可避免地导致误传或误解。作为大学生，我们可以在与同学之间的交往过程中培养沟通能力。沟通是人生存很重要的一课，说话谁都会，但如何把话说得艺术，如何跟他人进行很好的沟通，建立良好的人际关系，就不是每个人都能做好。想更好地与人沟通，就得学习一点沟通的技巧。首先，在生活中我们要站在他人的角度设身处地地为他人着想，在接纳和谅解的基础上去适应他人。其次，我们要注重自己能力的培养和人格塑造。最后，在交往中要学会做个有心人，善于体察他人的心境，主动关心他人，采取不同的方式使他们感受到您的善意和温暖。

胡大一教授提到作为医学生要做到16个字——坚持实践、刻苦读书、善于联想、勤于笔耕。通过此次专题讲座，我学到了很多，在以后的医学学习生活中，我会谨记胡大一教授的教诲，努力学习，做一名合格的医学生，在以后的生活中，以胡大一教授为榜样，做一名合格的医生！

大医风范

2014级临床本科2班　贾诚轩

我有幸听到北大医学教授胡大一给我们这些即将踏入医学事业的大一新生的讲座。胡大一是“感动中国”的医学模范胡佩兰的儿子，又是一名杰出的医学专家，是我国在心血管疾病的预防与治疗方面的开拓者与奠基人。

而今天，我们有幸在刚刚踏入大学的校门，尚未接触医学知识素养前，聆听他对于医生这个伟大而光荣的职业的看法，听他分享自己从医近50年的经验心得，这将会是我们跨入医学殿堂的过程中最为重要而且生动的一课，会在我们从医道路上留下灿烂的一笔。在我们懵懂未知的时候，胡大一教授带着对未来的憧憬和对祖国未来医学事业的期待走入课堂，与我们交流，同我们探讨。犹如一盏明灯照亮我们在行医道路前进的方向，他的教导犹如清泉汩汩流进干涸的麦田。其中，最打动我的是“大医品行”“大医风范”。

所谓“大医风范”，就是指一名医生不仅拥有杰出的医学素养，而且还以高超的医护技能、大爱无疆的仁者之心，树行业之正气，行回春之妙术，成医患之和谐。这是现代社会在医患矛盾凸显、部分医生医德沦丧的现实情况下所迫切需要的一种品格。古人说“医者，父母心也”。就是说的，一名医生最主要的方面是医术和医德，而医德又是要置于医术之前的。一个医生医术不济最多无法治病救人，而一个医生从医无德则会祸乱社会，害得患者家庭破乱、妻离子散。胡大一教授讲述了她母亲胡佩兰女士的事迹与精神，胡佩兰女士作为一名普通的妇产科医生，根据自己多年的临床经验，平时看病不太依靠高科技仪器。因为慕名找上门的病人多，胡佩兰每天都会坚持看完所有病人才下班，对患者也极有耐心，给病人开药，很少超过100元。当她80多岁时，记忆明显下降，耳朵也不如以前，但病人的情况她却记得清清楚楚，耳朵里放着助听器，听不清的地方，便由旁边的学生解释。2014年1月22日5时30分，胡佩兰逝世。这位退休后在社区坐诊20年、开药很少超百元，获评2013年央视“感动中国”候选人的大医，留给世人的最后一句话是“病人看完了，回家吧”。

“技不在高，而在德；术不在巧，而在仁。医者，看的是病，救的是心，开的是药，给的是情。扈江离与辟芷兮，纫秋兰以为佩。你是仁医，是济世良药。”这是2013年“感动中国”对胡佩兰女士的颁奖词，在胡大一教授看来，这就是大医精神的最好诠释，仁医，济世，便是大医精神；慈悲之心，济世情怀便是大医之魂。

做人先立德，德是立人之本。医生，作为一种职业，也是要具有德之品论的，医德，更是一名合格医生的必要素养。树立正确的价值观，养成“仁”的医德，树立慈悲济世的情怀，从大处来说，可以缓解医患间紧张的社会关系；从小处看，做一名有医德的医生，不违良心，上可对得起父母抚养，老师教导，下可对得起自己的内心，堂堂正正地做一名好医生。

为大医者，先为医；筑大医之魂者，必养大医之精神，必须具备古人说的“悬壶济世”“普度”之心，堂堂正正行医，坦坦荡荡从医。

如何做好一名合格的医生

2014级护理专科1班　朱敏

俗语说“德不近佛者不可以为医，才不近仙者不可以为医”。炼成钢铁很困难，而成为一个合格的医生更艰难。怎样成长为一个理想的合格医生？每个人的答案都不尽相同。自古至今，人们都认为医学是一个崇高的职业。但医生的成材之路是一个漫长的过程。做医生不难，做好医生很难，永远做好医生就更难。在听完陈玉国教授的讲座之后，更让我对“如何做好一名合格的医生”有了进一步的认识。

今天的讲座，真的是深有感触，要做一名合格的医务工作者，光有一腔热情远远不够，要有本着“以病人为中心”的宗旨，热情服务。医务工作者是一种特殊的职业，不能用金钱和时间的多少衡量。要做一名合格的医务人员，必须树立以人为本的观念，做一名让患者满意的医务人员。

陈玉国教授在讲座中提到，做好一名合格医生，一定要掌握足够的医学理论知识，正确的临床思维模式，并能很好地应用于临床，时刻关注医学发展的前沿动态，了解更为尖端的医学技术。并且提到“做人要知足，做事要不知足，做学问要知不足”。要做一个好医生，勤奋学习是必须具备的素质。“工欲善其事，必先利其器”只有足够的医学知识、临床经验和正确的临床思维模式才能更好地服务于病人。只有踏踏实实坚持在临床一线，才能德艺双馨。因为医学是一门实践性很强的学科，只有不断地积累和磨炼，通过长期的临床实践才能获得丰富的临床经验和纯熟的操作技能，才能在以后的工作中得心应手，运用自如，有所成就。而这些技能是需要我们长期学习积累来的。

做好一名合格医生，更要学会做人。拥有同情心，拥有高尚的情感。不只是医生，任何行业的优秀代表，一定做人很成功，否则他不会受到大家的信赖和尊重。无论是中医还是西医都极为重视医德，古人有云：“凡为医之道，先正己，然后正物。正己者，谓能明理以尽术也；正物者，谓能用药以对病也……若不能正己，岂能正物？不能正物，岂能愈疾？”其意是医者医德不高，不明理，即使医术高，也不能愈病救人。唐代医家孙思邈提出“大医精诚”对医界影响甚大，“精”指医术精，“诚”指医心诚，即医德高。在讲座中我总结了一下主要有以下几个方面：敬业乐业，淡泊名利，诊疗优化原则，医心仁爱。最重要的一点是学会与患者沟通，陈教授在讲座中提到了急诊科医患沟通的重要性，医患沟通作为急救服务的重要组成部分，贯穿于急诊急救服务的全过程。良好的沟通是构建和谐医患关系的前提和基础，是医学生的必修课程。

最后，也是非常重要的一点，就是要保持自身的健康，唯有健康的体魄、正常的心智、健全的人格，才具有成为一名好医生的基本条件。医生工作强度是比较大的，这就要求要有好的身体，才能全心全意地为病人服务。拥有正常的心智才能深切体会病人的痛苦，尽最大能力为病人解除痛苦。拥有健全的人格真正才能为病人、为社会服务。

当然要成为一名合格、优秀的医生，需要具备的素质还有很多。唯有不断地提高，不断地学习才能完善自我，提高自我，从而实现自己的价值，才能成为合格的医生。

听“大爱讲堂”有感

2014级中西医1班　陈大千

2014年10月11日上午，著名教授陈玉国做客我校第七期“大爱讲堂”，我有幸聆听了这次讲座，并深深地感受到了作为一名医生的责任与义务。

医术医人,医德医心。作为一名医生,心有大爱才能担起扶危济困之重担。故吾辈之术要精,德更要先行。手术台上,我们手里掌握的是生命与希望。术要精,不能含糊,失之毫厘或能阴阳两隔;身要正,厚德载物,挚情能暖病患之心。医所是神圣的净土,不容俗尘的功利名誉玷污,医生是大爱的使者,承病人之灾噩而无怨言。现在多发医患纠纷,出了事故,有些医生只会推卸责任,不顾及伤患及其家人的感受,甚至不惜歪曲事实。看看墙上这一面面锦旗,不觉得自己在沽名钓誉吗?这是一种耻辱,更是一种警诫,如若医生救人只为赚钱,那他手里拿的就不再是手术刀,而是杀人剑。

德者,为医之根本也,古代就有“无恒德者,不可为医”之论述。孔子曾经说:“德之不修,学之不讲,闻义不能徙,不善不能改,吾之忧也。”他把德行列为最重要的修养内容,说明德之重要。一个好医生应是高尚医德和精湛医术的完美结合。“医乃仁术,医德至上。”一个好医生必须具备良好的医德,当医生就要怀揣“悬壶济世”的理想,从扁鹊、华佗、张仲景到孙思邈、李时珍,每个人都曾演绎过心系百姓疾苦、救百姓于危难之中的佳话。医生的天职是救死扶伤,我们从事的是神圣的职业,被赋予这样的使命——对生命负责!

“杏林春暖”医生的医德应体现在热爱生命、对生命充满敬畏和实行人道主义。“医者父母心”,好医生应有博爱之心和高度的责任感。好医生对病人有关怀,有同情,有交流,有尊重,而不是机械的表情和语焉不详的回答,好医生可以给病人希望和温暖,好医生可以增强病人战胜病魔的信心和毅力。从某种意义上来说,当病人走进医院,就将自己宝贵的生命托付给了医生,我们只有换位思考,才能真正地急病人所急,想病人所想。我们应该分析患者的真正需要,病人希望得到医生详细的解释,应该认真告诉病人的。

另外,治疗应选用最简单而有效的方法,既能节约病人的时间,又能少受痛苦少花钱。如果我们在治疗上没有优势,就应该向病人推荐去哪里治疗,这是作医生的责任,也是对生命的尊重。外科鼻祖裘法祖曾感叹:“德不近佛者不可为医,术不近仙者不可为医。”医学的根本任务在于以术济人,良好的医德必须以精湛的医术为载体。因此,中国历代医家都十分重视把“精术”作为“立德”的根本和基础。

孙思邈在《大医精诚》中首先强调了医学乃“至精至微之事”,故“学者必须博极医源,精勤不倦”。一个医生若无精良医术,即使仁心厚重,也毫无用处;不能救人于病危之中,医德也便是一句空话。叶天士更是入木三分地指出“术不精则无异于杀人”,一语警人,当为医者谨记借鉴。所以,追求精湛的医术是医生的职责。

自古至今，求医问药这个问题便被人们赋予极高的关注，医者的重要性也不言而喻。中国有一个成语叫“悬壶济世”，医者当济世，讲的就是行医之人应有的担当。而今，越来越多的人开始追求更多的利益反而忽略了作为一个医生应该有的责任，医患纠纷等问题同样开始变得日益尖锐起来。而我们，作为新生，未来即将走上手术台的医者难道没有责任来改变这样的局面吗？或许之前我们还对医德有些陌生和不理解，但是现在我们更清楚地认识到了自己所处的位置和应该做些什么。

成为良医是我们追求的目标，不管结果如何我们都应该努力提升自己的才干与素养，为医学事业做出应有之贡献。而如果以大爱为风，以责任为帆，那我们行医的理想便将行的更远。

浅谈科学与医学——听樊代明院士讲座有感

2015级研究生　李盼盼

科学与医学，这两个概念是我不曾放在一起考虑过的。那么医学与科学又有着怎样的渊源呢？在听樊教授的讲座之前我未曾深刻考虑过这个问题。

医学与科学有着千丝万缕的联系。医学的发展和需求催生了科学，科学的出现和发展同时又给医学带来了福音，加速了医学的改革及进步。随着科学的进步，在医学中逐渐出现了各种高科技，用来诊断和治疗疾病。之前认为不可能解决的医学难题，现在我们却轻而易举地做到了。可以说，科学提高了医学水平，提高了整个社会的健康水平。医学与科学在相互作用、相互联系中经过时间的洗涤走到了现在，共同为人类文明的进步做出了不可磨灭的贡献。

但是，医学与科学又有着截然不同的区别，医学不全是科学。科学研究的目的是寻找事物的普遍性，其研究对象是物，而医学的研究对象是生命。既然是生命就有其特殊性，就拿人来说，我们在给病人看病的时候，总不能把其当作没有情感的机器人对待。病人有自己的思想、感情，我们在看病的同时还要学会看心。曾听过这样一句话，对我感触很深，“医生是三分看病，七分看心，一个好的医生不仅会看病，而且还会看心”。一个医术精湛的医生如果不能揣摩患者的心理，不能很好地和患者沟通的话，就不能建立良好的医患关系，患者就不会百分百地信任医生，恐怕治疗过程应该也不会太顺利。医闹，每当听到这个词语，大多数医生都会感到心寒，我们医生辛辛苦苦地为患者看病，到头来，他们反而来医院闹事甚至伤及医生的性命。但是，我们应该辩证地看待这个问题，医闹的发生难道说就没有医生的半点责任吗？我想，很多医闹是由于医生在和患者沟通时缺乏技巧而出现问题，从而导致双方之间连最基本的信任都消失了。我想，这也充分体现了医学与科学之间的巨大差异。

众所周知，科学讲求的是数据和证据，你拿出的数据越精确，别人会说你做得越科学。在医学中，我们讲求的是事实和经验，当然，我不是说数据在医学中不重要，但是要因人而异，要讲究个体化原则。对于一位肿瘤患者，我们不能斩钉截铁地说其复发率是多少，即使是1%复发的可能，但是发生在这位患者身上，那也是100%。作为医生，我们会从事实出发，综合考虑各种因素来判断其愈后情况。医生的经验对一个医生来说是一辈子的财富，患者总是喜欢找老医生看病，比较信任资质长的医生，这无疑是相信他们有较多的临床经验，更会看病。经验丰富的医生总是比较容易取得患者的信任，所以我们说，要用科学数据助诊医学，但不能用之取代医生。

医学与科学的区别体现在方方面面，如科学的研究是静态的，但医学的研究是动态的。科学是在外界环境中进行的，但是医学更加注重生命的内环境等，因此，医生在行医的过程中，要正确看待医学与科学的辩证关系，让医学与科学更好地结合，从而使我们在医生的岗位上发光发热。借用樊院士的一句话就是：用科学理论帮扶医学，但不能用之束缚医学。用科学方法研究医学，但不能用之误解医学。用科学共识形成指南，但不能用之以偏概全。

关于“整合医学”的思考

2015级研究生　董小帝

生命科学的发展从宏观到微观无所不包，促使医学分科也越来越细。但是，随着人们生活方式的改变和疾病谱的变化，分科已经到了尽头，患者成了器官，疾病成了症状，临床成了检验，医师成了药师。靠无限的分科已经解决不了医疗存在的许多问题，不解决好这个难题，现代医学的发展不仅会严重受阻，而且还有可能误入歧途。而如何解决这个难题，樊代明院士在我校的这次“大爱讲堂”中给了我们启示，并为我们指明了方向。这就是“整合医学”理念。

那么，什么是“整合医学”？根据北京大学霍勇教授从狭义和广义对“整合医学”进行了界定。他说狭义的“整合医学”是将医学各领域的知识理论和实践经验加以整合，使之成为更适合人体健康和疾病治疗的医学体系；广义的“整合医学”是将医学与其他科学、基础研究、预防、人文等加以整合，使之更全方位地促进人类健康和疾病防控。人是一个整体,是由生理、心理和社会三方面组成的统一整体,三者相互作用,相互影响,任何一方面的障碍或失调,都会影响到其他部分以致整体。人生活在自然和社会环境中,总是不断与周围环境进行着物质、能量和信息的交换,人体不仅会因环境刺激的改变发生变化,而且还会由于机体的特异性发生不一样的改变。对于这些生理性的病理性的变化,当我们苦苦专研于某一点时,百思不得其解。然而"不识庐山真面目,只缘身在此山中"。

樊代明院士在讲座中赠予我们研究生三条宝贵的理念:(1)从没有药效中找疗效。(2)从没有药理中找道理。(3)从老药中找新药。这三条理念看似晦涩难懂却蕴藏着深刻的道理,并且被越来越多的例子证实着。诺贝尔医学奖获得者中国科学家屠呦呦,在研究黄花蒿抗疟效果的过程中,得到葛洪《肘后备急方》的启发,改换了提取方式,从而成功获得了有活性的青蒿素。我国中医博大精深,从古至今中药的书籍很多,如东汉末期的《神农本草经》、南北朝时期的《本草拾遗》、明朝李时珍的《本草纲目》等。当我们在追求创新时,若停下匆匆的脚步,静下心来去研读一下我们的药典,也许会从中获得启发,收获惊喜。在我们临床工作过程中,要综合考虑病人的情况,选择治疗方案。例如,对于高血压患者,我们该选择何种降压药物,不仅要看患者的血压值与标准血压值的差别,而且还要考虑患者平时血压值,同时还要考虑患者是否合并其他疾病。对于脑梗急性期的病人,如果血压不是很高,我们一般不应用降压药物。对于心梗的病人,ACEI 类降压药是治疗的基本药物。如果当病人脑梗合并心梗,我们该如何处理?对于这些问题我们没有一致的标准,如果说有的话,那就是病人每时每刻的病情决定着我们的选择。曾经在临床实习中遇到过这样一个例子,一个无力咳痰又伴有严重肺部感染的病人,为了让病人及时咳出痰液防止感染进一步加重。在考虑患者血压、肾功能等情况允许的条件下,给予病人 ACEI 类药物进行治疗,而此时正是应用了 ACEI 类药物所谓的副作用(引起咳嗽)来达到治疗效果的。所谓药物的作用、副作用源于人们的规定,当我们转换思路,往往便能"柳暗花明又一村"。

医学是什么?正如樊代明院士说的那样,我们不能明确地说出医学是什么,但我们可以说它不是什么。医学不是纯粹的科学,也不是单纯的哲学,医学充满了科学和哲学,但还涵盖有社会学、人学、艺术、心理学等。而作为医学工作者,我们也不能以科学的标准来规范自己。正如古人所言:"夫医者,非仁爱之士,不可托也;非聪明达理,不可任也;非廉洁善良,不可信也。"作为新一代医学接班人,医学发展的进步给我们提出了更高的要求,扎实的医学基础、科学的辩证思维、各方面综合素质的培养、正确的医学理念等将对我们的医学工作产生重大影响。

大医精诚，医者仁心

2014 级临本 10 班　王治铭

2015 年 10 月 25 日，六楼报告厅。这次的"大爱讲堂"，请到了两位平凡而又伟大的基层医生——张波、孟凡珍。同为济医校友的两位劳模，向大家分享了他们的故事。

张波，济宁市微山县人。他以优异的成绩从学校毕业以后，放弃了在城市大医院工作的机会，谢绝了恩师的挽留，甚至放弃了出国深造的大好机会，义无反顾地回到微山县微山湖里的一个小岛上，默默地为村民行医治病。时光飞逝，不知不觉张医生已经独自在岛上行医 17 年了。在这 17 年里，他一直坚持"先看病，后给钱"的治病原则，有时候遇见没带够钱的村民，他甚至自掏腰包送患者去更好点的医院看病。十几年下来，记录村民欠款的记账本堆了一本又一本，算下来所欠的医药费高达 43 万余元，张医生不得不从农村信用社贷款来维持卫生室的运转。他甚至以养鱼为副业补贴卫生室的日常费用。

这样一位好医生，自然得到了当地村民的爱戴与敬重。张波说，自己一刻也没有停止过学习，医学的发展速度实在是太快，而他大部分医学知识和临床经验，竟来自他的病人。原来，每次遇到解决不了的问题，他就垫付医药费，将患者转去县里、市里的医院，等到患者回来还钱的同时，张波就向患者请教其他医生是如何处理这样的病症。长年累月的积累，让处在小岛、信息闭塞的张波与时俱进，及时更新了自己的医学知识。他说，这样的法子不花一分钱却收获巨大，可以更好地为村民服务，他感到很幸福。

大医精诚，仁心至斯，张波医生始终以一种乐观的态度面对人生。与此相对应，孟凡珍医生以严谨的态度和对患者负责的责任感获得了"全国劳模"的荣誉称号。两位校友，一动一静，一庄重一幽默，为我们这些医学生、未来的医者树立了理应为之奋斗的真正的医生的形象。

孟凡珍医生同样扎根基层多年，他针对地方上的常见病、多发病，潜心琢磨，总结经验，周围的群众都十分信赖他高超的医术，甚至有几十里外的群众驱车前来找他看病。君子之泽，惠及百里。我想，我们应当学习他这种精神。1989 年起，孟凡珍开始注意到传统方法治疗腰椎间盘突出的弊端，推拿、牵引、针灸、按摩这些沿袭千年的疗法，疗程长，见效慢，病人所受的痛苦极大，相当一部分病人最后又不得不转为手术治疗。基于这种想法，他刻苦研读相关书籍，并多次去市里人民医院和重庆市中医研究所找专家请教。最后，他结合临床实践，取众家之长，大胆探索，研究出治疗腰腿疼，腰椎间盘突出症的新疗法——破膜外腔滴液疗法，疗效显著，受到了广泛患者的信任与欢迎。近几年来，孟凡珍医生利用这一新疗法，治愈了数万名腰腿疼痛患者，广受好评。他以自己的双手，默默地为万千群众解除了病痛的侵扰。

我认为，孟凡珍、张波医生之所以被评为劳模，受到广大群众的喜爱和爱戴，正是因为他们有一颗精诚的心。当下社会，有相当一部分医生受到利益驱使，做了一些不该做的事情，医患关系的不和谐或许这部分人有很大的责任。而两位医者的所言所行，为广大医生树立了一个榜样——大医精诚，医者仁心，愿圣洁的医学领域雾霾不再，愿爱与信任永存。

让光辉照亮我们前行的路

2014级临本9班　张一帆

有德行之人总会影响一代人或几代人，而后辈们会把这种“影响”传递下去，而张瑜教授便是这样的使者。正如张老先生所说：钱学森改变和影响了我的人生。听完之后我有所感悟。

每次听到钱学森的名字时，首先想到的无非是他的爱国情怀和对工作的严谨态度与敬业精神。在听过讲座后，加深了我对钱学森的了解，钱学森不仅是伟大的科学家，而且还是一个视培养国家优秀人才为己任的杰出教育家和独具战略眼光的文学工作者。

在教育方面，他的认真态度使我感到敬佩。正如张瑜教授所说：钱学森在人才培养方面投入了大量的时间和心血，完成了一个又一个奇迹。在他授课的前两届学生中，仅500人就出现了35名院士，这种“百人一院士”的现象，为人们所赞美，而那“千人九将军”的故事更被传为佳话。

钱学森为了回到祖国，振兴中华，抛弃了国外优越的条件，经历各种阻挠，却未能动摇他的爱国之心。这种爱国精神正是我们这代人需要学习的。他用一生对正义的追求践行了一个共产党员对祖国、对人民的庄严承诺，他用他的一生对国家的奉献传递给我们满满的正能量。看到张瑜教授每次讲到钱学森时，话中满满的全是敬意。钱学森将自己对祖国的爱意传递给了自己的学生，而他的学生正在全国各地将他的思想传递给新一代。

在对工作的态度方面。钱学森将自己的态度教授给了自己的学生。我看到张瑜教授一直在台上授课，坐得笔直。一位古稀之年的老者在用自己的行为教育我们,让我们看到对工作严谨求实的态度。

整个讲堂中,让我印象最深刻的故事,也是张瑜教授深深记住的故事:钱学森在全系大会上宣布任课教师时,脸上流露出兴奋的神情,他高声喊道:"我把科学院的大炮都给你们调来了!"通过这个故事可看出他时时刻刻为教育事业着想,在他眼中,自己只是一名教师,只是一名物理学者,一名普普通通的中国共产党党员。这种为人民着想的精神使人印象深刻。而当我看到钱学森在讲堂上朴素衣着的照片时,让我更坚信这一点。

人的一生多姿多彩,有些人想要平凡地度过一生,有些人想要自己的人生伟大,而钱学森的一生是平凡又伟大的。平凡的是他对人的态度与谦虚的品格,伟大的是他对国家的奉献与严谨的工作态度。这正应该是我们新一代所要学习的。

大爱讲堂,传递给我们的是思想,是一代科学巨匠用尽一生来诠释的爱国主义和敬业精神。总有一些路很难走,总有一些山难以越过,但凡事都有方法,只要你有毅力,只要你够认真!

如何做一名好医生

2014 级临本 4 班　孙文广

怎样做一个好医生,这是我们每个医学生都要面对的问题,这是一个既简单又复杂的老话题。见仁见智,每个人对此会有不同的理解。听了孙敬平教授的讲座后,不免对这个问题产生思考。

医学之父希波克拉底曾经说过:"医生的天职就是用知识、能力、爱心与正直去承担最艰难的工作。"职业的特殊性决定了医生的成材之路比其他专业的要漫长,医生的成材包括专业技术和道德修养。高尚的医德和精湛的技术是一名好医生必备的条件。那么,患者心目中的好医生是什么标准呢?概括起来有以下几点:对病人有着高度的责任心、同情心;医德高尚;医术精湛;人文功底深厚。对医生而言,要树立全心全意为病人服务的思想,要有高度的责任感、同情心。很多医生会说,工作中常常会有"如临深渊、如履薄冰"之感,或许就是这种责任感的具体体现。因此,要做一名好医生,我认为应从以下几方面做起:

首先,要有高尚的医德。关于医德,现代汉语词典里并没有给出确切的定义,按我的理解就是急病人之所急,想病人之所想,把病人当作自己的亲人。一位医学大家说得更直截了当:"医德是什么?医德就是让病人一看到你,病就好了一半了。"

其次，要有精湛的技术。众所周知，医学是一门实践性很强的学科，不仅需要积极投身临床实践，而且还需要高屋建瓴式的理论作为指导。换言之，做医生就是做学问。国学大家王国维曾用三句词文来形容做学问的三种境界："昨夜西风凋碧树，独上高楼，望尽天涯路"；"衣带渐宽终不悔，为伊消得人憔悴"；"众里寻他千百度，蓦然回首，那人却在灯火阑珊处。"大概是说做学问要经历登高远望、确立目标，然后废寝忘食、苦心孤诣，最后在不经意间实现夙愿的过程。几句看似信手拈来的词文，却道出了做学问的磨难与艰辛。的确，知识的问题无任何捷径可走，做一名好医生何尝不需要如此？名医姜泗长也说过："行医是个苦行当，想舒坦轻松的人，最好不要念医科大学。"我想，当医生需要付出，更需要奉献，当别人品尝佳肴美味的时候，也许你在病房争分夺秒地抢救危重患者；当别人悠闲散步的时候，你或许正伏案挑灯夜读……正所谓"医生苦尽，病人甘来"。

再次，要学会合作，善于沟通。哈佛大学心理学教授乔治·赫华斯博士根据多年研究认为：一个人事业的成败在于人品的优劣，他把"与同事真诚合作"列为成功的九大要素之一，而把"言行孤僻，不善于与人合作"列为失败的九大要素之首。我们无论生活、工作都离不开人与人之间的配合与合作，当医生更是如此。缺少合作，再高明的医生在专业上也难有成就。关于沟通，希波克拉底也说过"医生有三大法宝，即语言、药物和手术刀"，其将语言排在首位足以说明沟通在医疗行为中的重要性。作为医生，必须充分认识构建和谐医患关系的必要性和紧迫性，而沟通则是构建和谐医患关系的基础。医患之间的沟通应该是心灵和感情的沟通：一是医学信息交流，二是社会情感交流。要知道医生的微笑是对患者最好的安慰。

最后，艺术服务。艺术服务是由医生的一言一行构成的，应该是崇高医德和精湛技术的完美结合。大致包括耐心倾听病人诉说，深入了解病人心态，仔细解答病人疑问，本着平等、尊重的原则，不居高临下，不随意插话，态度不卑不亢，声音不高不低……凡此种种，不一而足。

总之，对于医生尤其是年轻医生而言，选择这个职业就意味着辛苦和奉献。有人曾比喻医生要有鹰一样的眼睛（思维敏捷）、豹一样的速度（反应迅速）、熊一样的身体（精力充沛）、牛一样的奉献精神（乐于奉献），虽不贴切却也道出了医务人员努力的方向。面对不容乐观的医疗环境，纷繁复杂的医患关系，医务人员路在何方？爱人者人恒爱之！我们要以医生的职业道德标准规范自己的行为，增强为病人服务的意识、法律法规意识、医疗安全意识、忧患意识，只要用爱心、真心、诚心、责任心去善待每一位患者，我们的付出一定会得到社会的认可与尊重！

第二节 中华传统文化融入医学生社会主义核心价值观培育的活动案例

将中华传统文化融入大学生日常教育和生活中，是培育大学生社会主义核心价值观的有效方式，使学生易于理解、把握和接受。结合医学生的专业特点和将来要从事的医疗卫生事业的需要，济宁医学院通过开展中华传统文化教育活动的方式，寓教于文化活动之中，收到了很好的效果。

一、"孔子学堂"案例

活动简介：济宁医学院"孔子学堂"自建成以来，始终坚持以培育和践行社会主义核心价值观、弘扬优秀传统文化为目标，以"读好书，写好字，做好人"为宗旨，形成了鲜明的人文素质教育特色，着力构建富有地域和医学特色的"大爱"教育体系，为培养德医双馨的"大医""良医"搭建平台，是山东省首批 29 所高校"孔子学堂"建设优秀单位之一，经团中央"青年之声"国学教育联盟评定，被授予"'青年之声'国学教育示范基地"称号。

活动形式：通过名师讲座、读书交流、书画创作等活动，有效传播孔子"仁、义、礼、智、信"等传统文化精髓，落实"孔子学堂"公益性社会教育基地的作用，努力将其打造成为传承与弘扬中华民族优秀传统文化、教化与开启新风的文化阵地。

参与人员：淇奥国学社、读者协会、海天文学社、书画协会

活动内容：

1. 知名专家做客"孔子学堂"

孔子学堂——读书分享会

2015 年 5 月 11 日，济宁医学院举行孔子学堂揭牌并举行首场报告会，中国孔子基金会副理事长邢成湖，著名党史研究专家、陕西省委党史研究室研究员、陕西省渭南师范学院教授、《习仲勋传》作者贾巨川，济宁医学院院长白波、副院长赵敏等出席揭牌仪式。

2016 年 6 月 18 日，中国孔子研究院院长、国际儒学联合会副理事长、中华孔子学会副会长杨朝明教授参观了我校孔子学堂，并与国学社学生一起诵读了《大学》(节选)。

2016 年 11 月 7 日，山东大学文学与新闻传播学院史建国博士应邀做客"孔子学堂"，并与文学爱好者们交流了中国文学史的发展、部分作家及他们的作品、当代文化现象等。

2016 年 11 月 15 日，曲阜师范大学历史文化学院教授、博士生导师王曰美到我校孔子学堂参观指导，并与部分大学生文学爱好者进行了座谈交流。

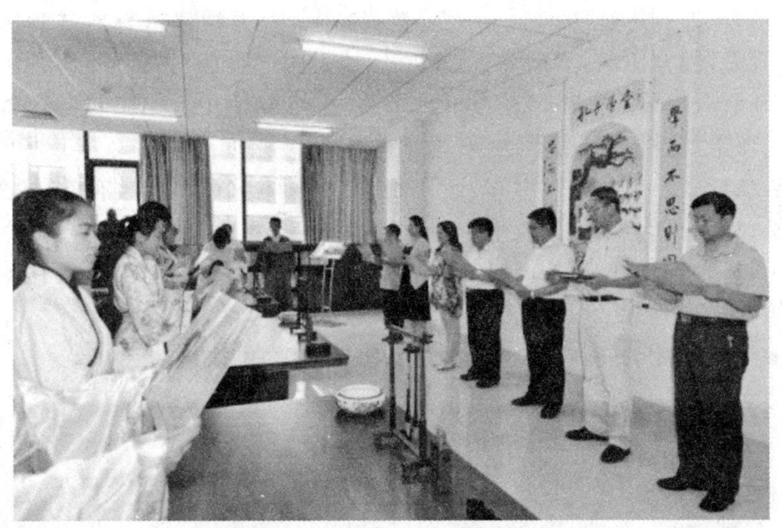

孔子研究院院长杨朝明做客孔子学堂

2. 特色常规活动

"青青子衿"：中国古代男子女子发饰演变讲解、儒家礼仪交流会、茶文化的介绍与交流、国学课之仁义与医德、"笔墨丹青"书法绘画教程、"一二·九运动"——论当代大学生新风貌、"雅俗共赏话诗词"主题讲座等。

二、"悦读时光"读书会案例

活动目的：天下第一雅事乐事，还是读书。一个人的精神成熟，少不了平时的自主阅读。学会读书，养成良好的阅读习惯，对于提高自身的生活能力，积累丰富的精神资源和财富，丰富人生的阅历，大有裨益。然而，在这个电子产品泛滥、读书时间被种种事由“绑架”的时代，大学生不再与书结伴，以饱读诗书为傲。著名教育家陶行知说过“先生不应该专教书，他的责任是教人做人”。我校管理学院“悦读时光”活动就是将“教书”与“育人”相结合，通过读经典、用经典，培养当代大学生的价值理想和信念。

活动形式：通过师生读书交流的形式，研习古今中外文化经典，汲取先哲智慧，践行儒家知识分子“修身、齐家、治国、平天下”的理想。

研读篇目：《论语》《大学》《中庸》《弟子规》《老子》《庄子》《周易》《黄帝内经》《寂静的春天》《增长的极限》《中国哲学史》《新教伦理与资本主义精神》等。

“悦读时光”读书会

三、“中医经典诵读大赛”案例

活动目标：中医经典著作是经过千百年中医临床实践检验的经验结晶，蕴含着中医学的基本思维方法，为中医学的奠基和发展起着导向作用，是中医学术发展的源头活水。研读经典为历代中医所重视，学好经典是成为良医不可或缺的重要环节。中华中医药学会会长佘静曾说“中医经典是中医药学的理论渊源和学术精华所在，熟读中医经典是培养优秀中医人才的关键举措和重要经验之一”。读《黄帝内经》《伤寒杂病论》位居中医四大经典课程之列，是中医专业学生的必修课程，对于培养学生临床思辨能力和创新能力至关重要。为了提高学生学习中医经典著作的积极性，营造学习经典的浓厚氛围，打牢中医基础，我校中西医结合学院在中西医临床医学专业学生中开展中医经典诵读大赛，收到了良好效果。

活动时间：每年的5～6月份，“内经选读”和“伤寒论选读”两门课程结束后。

参与范围：我校中西医结合学院中西医临床医学专业大二、大三学生。

活动形式：竞赛分为主题演讲和知识问答两部分，按照“内经”队、“伤寒”队交替进行。

1. 主题演讲

自由选取对经典条文中理解或感悟比较深刻的内容为主题，配以PPT，可加用视频、音频，搭配服饰、舞蹈等元素，进行限时演讲。

中医经典诵读大赛

第二届中医经典诵读大赛

2. 知识问答

题目涉及教学大纲中的一、二级条文的背诵、理解及运用。采取初赛、复赛及决赛形式进行，初赛采用笔试形式，全部学生参加相应课程考试。复赛、决赛分组进行必答和抢答。

比赛期间穿插学生编排的舞蹈、太极拳、武术等传统表演节目，比赛分设思辨奖、诵读奖、最佳组织奖、最佳表现奖等奖项。

四、“儒家经典诵读演说”活动案例

活动目的：中华文明源远流长，汉语言文化博大精深，千百年来流传下来的优秀诗词歌赋浓缩了汉语韵律、辞章之美，寄寓着中华民族传统的价值追求和审美理想，闪烁着以天下为己任的爱国主义光辉，展现出自强不息、团结奋进的高尚情怀。这些经典是我们民族文化的重要标志，是人类的共同财富，成为启迪一代又一代人的智慧，丰富我们情感世界的精神源泉。为创新实践教学新形式，切实提高大学生思想政治理论课教育教学效果，我校马克思主义学院课程组把“中华传统文化教育”引入课堂，将思想政治专业教育与儒家经典诵读演说活动相结合，使在校大学生在活动参与中进一步感受中华优秀传统文化的魅力，增强了对中华文化的认同感和民族文化的自信心，为更好地学习和践行社会主义核心价值观提供了丰富的精神滋养。

活动形式：

1. 学生从推荐篇目中选择一篇进行诵读，并结合自身感悟，上交一篇不少于 2000 字的心得体会。

2. 根据自选内容自由组成学习小组，每组不超过 10 人，并选取一种形式对所选篇目进行节目编排，朗诵、演讲、话剧等形式不限。每组展示时间 10 分钟左右。

3. 通过课堂展演的形式进行初赛，入围者进入复赛，最终选择 15 组左右的优秀作品进行集中展示并评奖。

推荐篇目：《论语》《孟子》《大学》《中庸》《礼记》《孝经》

济宁医学院第四届儒家经典诵读演说活动汇演

第四届儒家经典诵读演说活动汇演

附录

中华传统文化与大学生价值观认知调查问卷

亲爱的同学：

您好！我们正在做关于中华传统文化与大学生价值观认知状况的调查研究，十分感谢您能在百忙之中抽空填写本问卷，请您在符合情况的选项前打“√”或在______处填写信息。谢谢您的大力支持！

本次调查采用不记名方式，不会对您产生任何影响。希望您能认真填写，正确地表达出您的观点，您的回答将会对我们的研究有很大的价值，谢谢！

性别：　　年龄：　　周岁　　年级：　　专业：

专业类别：A. 理科　　B. 文科

层次：A. 专科　　B. 专升本　　C. 本科　　D. 研究生

是否学生干部：A. 是　　B. 否

是否党员(含预备党员)：A. 是　　B. 否

1. 您认为中华传统文化的基本精神有哪些？(可多选)

A. 刚健有为　　B. 以人为本　　C. 天人合一　　D. 贵和尚中

2. 在大学里您是否接触过有关传统文化的课程？

A. 接触过　　B. 没接触过

3. 您如何看待中华传统文化？

A. 陈旧过时　　B. 糟粕

C. 阻碍中国的发展　　D. 中国人的精神家园

4. 下列句子中，与孔子有关的是

A. 老吾老，以及人之老；幼吾幼，以及人之幼

B. 君子坦荡荡，小人长戚戚

C. 锲而不舍,金石可镂

D. 上善若水

5. 下列人物中不属于儒家学者的是

A. 朱熹　B. 管仲　C. 庄周　D. 韩非

6. 与道家文化相关的是

A. 莫高窟　B. 大雁塔　C. 崂山　D. 普陀山

7. 孔子思想的核心是

A. 仁　B. 义　C. 礼　D. 中庸

8. 下列不属于"四书五经"范围的是

A.《孝经》　B.《大学》　C.《论语》

D.《诗经》　E.《周易》

9. 您有没有想了解传统文化但又苦于无从下手的感觉?

A. 一点儿没有　B. 没有　C. 偶尔有　D. 有

E. 这种感觉很强烈

10. 您希望以怎样的方式了解传统文化

A. 影视传媒

B. 读书

C. 有关传统文化的社会实践活动

D. 课堂老师讲解

11. 若您所在的学校实施了一些传统文化教育,您认为它对您有一定的熏陶作用吗?

A. 有　B. 没有　C. 有一点儿　D. 影响很大

12. 若您曾经学过传统文化,您认为它对您的最大影响是什么?

A. 提升道德修养

B. 更加灵活地为人处世

C. 提升敢于担当的责任感

D. 积极进取的精神

E. 更加乐观的生活态度

13. 您对社会主义核心价值观的了解程度如何?

A. 能够准确说出全部内容

B. 能够说出其中几个

C. 完全不知道

14. 您对社会主义核心价值观认可吗?

A. 认可　B. 不认可　C. 说不清　D. 无所谓

15. 您认为高校有无开展价值观教育的必要？

A. 有必要　　B. 无必要　　C. 无所谓

16. 您认为传统文化对大学生价值观的培育有没有作用？

A. 有，能更好地促进大学生价值观的培育

B. 没有，市场经济条件下，传统文化的作用难以发挥

C. 有，需对传统文化有选择地吸收

D. 没有，对大学生价值观的培育有消极作用

17. 您认可国家的路线、方针、政策吗？

A. 深信不疑　　B. 不确定　　C. 丝毫不认可

18. 对我国实现“两个一百年”的奋斗目标有信心吗？

A. 有信心　　B. 不好说，太漫长了　　C. 没有信心

19 您认为我们国家目前在富强、民主、文明、和谐这几个方面，取得的效果如何？

A. 很好　　B. 较好　　C. 一般

D. 有些不足　　E. 有较大不足

20. 如何看待老人摔倒，围观者多、出手帮助者少这一现象？

A. 愤怒　　B. 平静　　C. 不关注

21. 您愿意为构建安定有序的社会环境贡献自己的力量吗？

A. 这是每个社会人应尽的职责

B. 要视情况而定

C. 我行我素，只为自己负责

22. 在“自由、平等、公正、法治”中，您认为哪方面更重要？

A. 几个方面同样重要

B. 自由更重要

C. 平等更重要

D. 公正更重要

E. 法治更重要

23. 您认为我们国家目前在自由、平等、公正、法治这几个方面，取得的效果如何？

A. 很好　　B. 较好　　C. 一般　　D. 有些不足

E. 有较大不足

24. 业余时间，您会参与社会实践或者志愿服务活动吗？

A. 经常参加并且已经形成习惯

B. 不确定，有时间就参加，没时间就不参加

C. 几乎不参加

25. 如何看待“修身、齐家、治国”?

A. 前者是后者的基础,应该尽力顾全

B. 精力有限,只做到其中一点即可

C. 只是一句古语,当代已过时

26. 如何看待党员干部中以权谋私的贪污分子?

A. 强烈谴责　　B. 习以为常　　C. 不关心

27. 您会做一个品质高尚.有社会公德的人吗?

A. 会将此作为一生的目标

B. 视情况而定

C. 不会,现在社会当好人会吃亏

28. 在“爱岗、敬业、诚信、友善”中,您认为哪方面更重要?

A. 几个方面同样重要

B. 爱岗更重要

C. 敬业更重要

D. 诚信更重要

E. 友善更重要

29. 您将来参加工作,能做到爱岗、敬业吗?

A. 一定能　　B. 不一定　　C. 视情况而定

D. 很难做到　　E. 一定做不到

30. 您认为当代大学生的主流价值观体现在哪些方面?(多选)

A. 爱国　　B. 敬业　　C. 诚信　　D. 友善

E. 独立　　F. 创新　　G. 乐观　　H. 自信

31. 您是否支持在大学各专业中开设与传统文化有关的课程?

A. 支持　　B. 不支持　　C. 不好说

32. 如果传统文化能促进大学生价值观培育,您认为通过什么途径能更好地了解和接受传统文化?

A. 增加传统文化课程,通过课堂学习

B. 通过传统文化经典的诵读

C. 通过报纸杂志、网络、电视等媒体的宣传

D. 重视传统节日,开展有关活动

33. 您认为大学生良好价值观的形成主要依靠

A. 家庭教育　　B. 学校教育　　C. 自身努力

D. 环境影响　　E. 法律约束

34. 教师在课堂教学中会进行价值观教育吗?

A. 会,大部分教师都会渗透价值观教育

B. 不会,课堂上只是进行专业知识的讲授

C. 很少,偶尔有教师会进行价值观引导

35. 您认为学校主要通过哪些形式对大学生进行价值观教育?

A. 课堂教学　　B. 校园文化

C. 社会实践　　D. 尚未实施

36. 您认为高校应如何提高大学生价值观教育的效果?

A. 开设人文课程,重视传统文化教育

B. 改进教育方式,转变育人理念

C. 重视社会实践的作用

D. 其他____________

37. 您认为高校应如何发挥传统文化在大学生价值观教育中的作用?

A. 改变传统文化的表现形式,使之更符合当代大学生的需求

B. 引进优秀的专业教师,让大学生感受到传统文化的魅力

C. 采取灵活的教育方式,课内课外结合、理论与实践结合等

D. 增加学时和学分,加强考核

38. 您认为有效的价值观教育的方法有哪些?

A. 课堂灌输法

B. 网络宣传法

C. 情感转化法

D. 自我教育法

E. 校园文化感染法

F. 其他____________

39. 您认为高校应从哪些方面来加强大学生价值观教育?

A. 重视社会思潮的引领

B. 发挥校园网络宣传作用

C. 搭建学生交往交流的平台

D. 营造良好的校园文化氛围

主要参考文献

一、中文著作

1.《马克思恩格斯选集》,人民出版社 1995 年版。

2.《马克思恩格斯全集》,人民出版社 1963 年版。

3.《列宁选集》,人民出版社 1995 年版。

4.《毛泽东选集》,人民出版社 1991 年版。

5. 习近平:《习近平谈治国理政》,外交出版社 2014 年版。

6. 杨伯峻译注:《论语译注》,中华书局 1980 年版。

7. 陈鼓应:《老子注译及评介》,中华书局 1984 年版。

8. 华中师范学院教育科学研究所主编:《陶行知全集》,湖南教育出版社 1985 年版。

9. 罗国杰主编:《伦理学》,人民出版社 1989 年版。

10. 袁贵仁:《价值学引论》,北京师范大学出版社 1991 年版。

11. 中国民俗学会编:《中国民俗学研究》第 2 辑,中央民族大学出版社 1996 年版。

12. 中共中央文献研究室编:《十四大以来重要文献选编》,人民出版社 1996 年版。

13. 邱伟光、张耀灿主编:《思想政治教育学原理》,高等教育出版社 1999 年版。

14. 姜广辉:《中国经学思想史》,中国社会科学出版社 2003 年版。

15. 张岱年、方克立:《中国文化概论》,北京师范大学出版社 2004 年版。

16. 冯天瑜、何晓明、周积明:《中华文化史》,上海人民出版社 2005 年版。

17. 袁贵仁:《价值观的理论与实践:价值观若干问题的思考》,北京师范大学出版社 2006 年版。

18. 张耀灿等:《思想政治教育学前沿》,人民出版社 2006 年版。

19. 张耀灿、郑永廷等:《现代思想政治教育学》,人民出版社 2006 年版。

20. 刘海龙:《大众传播理论:范式与流派》,中国人民大学出版社 2008 年版。

21. 王葎:《价值观教育的合法性》,北京师范大学出版社 2009 年版。

22. 孙熙国、刘志国:《全球化与中华传统文化的现代转换》,山东大学出版社 2009 年版。

23. 许倬云:《万古江河——中国历史文化的转折与开展》,上海文艺出版社 2006 年版。

24. 王炳照、李国均、阎国华主编:《中国教育通史》,北京师范大学出版社 2013 年版。

25. 方旭光:《认同的价值与价值的认同:社会主义核心价值观论》,中国社会科学出版社 2014 年版。

26. 郑灿珠等编:《国家意识形态安全与大学生社会主义核心价值观教育研究》,人民出版社 2014 年版。

27. 王燕文主编:《社会主义核心价值观研究丛书·总论》,江苏人民出版社 2014 年版。

28. 房广顺:《社会主义核心价值观与中华传统文化》,人民出版社 2015 年版。

29. 温小勇:《怡养涵育:培育社会主义核心价值观的传统理路》,中国社会科学出版社 2015 年版。

30. 姚小玲、陈萌:《中国传统伦理思想:社会主义核心价值体系构建的文化底蕴》,人民出版社 2015 年版。

31. 陈薛俊怡:《中国古代典籍》,中国商业出版社 2015 年版。

32. 赵智奎:《我们的核心价值观》(总论篇),黄山书社 2016 年版。

33. 王永磊:《我们的核心价值观》(公民篇),黄山书社 2016 年版。

二、英文译作

1. [法]圣西门:《圣西门选集》第 2 卷,董果良译,商务印书馆 1952 年版。

2. [德]文德尔班:《哲学史教程》上卷,罗达仁译,商务印书馆 1987 年版。

3. [法]卢梭:《社会契约论》,何兆武译,商务印书馆 1980 年版。

4. [美]邓尔麟:《钱穆与七房桥世界》,蓝桦译,社会科学文献出版社 1998 年版。

5.［德］康德:《实践理性批判》,韩水法译,商务印书馆 1999 年版。

6.［俄］弗兰克:《实在与人:人的存在的形而上学》,李昭时译,浙江人民出版社 1999 年版。

7.［英］罗素:《罗素论中西文化》,杨发庭译,北京出版社 2010 年版。

8.［美］塞缪尔·亨廷顿、劳伦斯·哈里森主编:《文化的重要作用——价值观如何影响人类进步》,程克维译,新华出版社 2010 年版。

9.［英］H. G. 威尔斯:《世界简史》,卜仙元译,新世界出版社 2016 年版。

三、期刊论文

1. 吴忠民:《公正新论》,载《中国社会科学》2000 年第 4 期。

2. 陈光舍:《当前我国若干重大社会结构变化与结构性矛盾》,载《新华文摘》2008 年第 8 期。

3. 傅维利、王丹、刘磊、李德显:《诚信观的构成及其对诚信教育的启示》,载《教育研究》2010 年第 1 期。

4. 戴木才、黄士安:《论"富强民主文明和谐"》,载《马克思主义研究》2010 年第 5 期。

5. 胡新生:《礼制的特性与中国文化的礼制印记》,载《文史哲》2014 年第 3 期。

6. 崔宜明:《社会主义核心价值观与中华优秀传统文化的再认识》,载《道德与文明》2014 年第 5 期。

7. 刘书林:《论社会主义核心价值观的几个重要关系》,载《思想理论教育导刊》2014 年第 9 期。

8. 杨华:《中国古代礼仪制度的几个特征》,载《武汉大学学报》(人文科学版)2015 年第 1 期。

9. 杨叔子:《下学上达文质相宜》,载《山东工业大学学报》(社会科学版)1998 年第 2 期。

10. 杨建毅:《试述当代大学生自我修养的原则》,载《河西学院学报》2004 年第 1 期。

11. 卢献、郑岩滨:《略论"知情意行"行为辅导模式》,载《教育探索》2004 年第 4 期。

12. 郑永廷、朱孔军:《以科学发展观主导大学生思想政治教育》,载《思想教育研究》2005 年第 3 期。

13. 吴德:《"和谐发展观"引发教育的嬗变》,载《教育探索》2006 年第 12 期。

14. 徐琼:《网络对大学生社会心理与行为的影响调查》,载《当代传播》2008 年第 5 期。

15. 周倩平:《冠礼文化探微——中国古代成年礼的文化特征》,载《文艺评论》2011 年第 8 期。

16. 陈卫平:《在全面建成小康社会中倡导平等价值观》,载《探索与争鸣》2012 年第 12 期。

17. 程孝良、李苑静:《大学生价值观形成发展的链式分析模型及其影响机制》,载《现代教育管理》2013 年第 1 期。

18. 燕继荣:《民主及民主的质量》,载《经济社会体制比较》2014 年第 3 期。

19. 饶品良:《当代大学生对中华传统文化的认知现状分析》,载《教育探索》2014 年第 6 期。

20. 陈佳维:《略论中国古代的五刑制度》,载《社会科学论坛》2014 年第 7 期。

21. 邱柏生:《试论价值观的形成是一个过程》,载《社会主义核心价值观研究》2015 年第 1 期。

22. 丁鼎、王聪:《中国古代的"礼法合治"思想及其当代价值》,载《孔子研究》2015 年第 5 期。

23. 李德嘉:《儒家"德治"思想的社会治理创新价值》,载《理论与改革》2016 年第 1 期。

24. 韩振峰:《文明:社会主义核心价值观的文化价值目标》,载《社会主义核心价值观研究》2016 年第 4 期。

25. 夏元珍:《社会主义核心价值观中的"法治"解读》,载《文教资料》2016 年第 5 期。

四、学位论文

1. 王若宇:《马克思、恩格斯公正思想及其当代价值》,西南大学博士学位论文,2012 年。

2. 朱琳:《全球化背景下的爱国主义研究》,西南财经大学博士学位论文,2012 年。

3. 类延村:《规则之治——社会诚信体系治理模式研究》,西南政法大学博士学位论文,2013 年。

4. 王会军:《中国特色社会主义法治理念研究》,东北师范大学博士学位论文,2014 年。

5. 孙杰:《当代中国社会主义核心价值观研究》,中共中央党校博士学位论文,2014 年。

6. 张科:《中国特色社会主义民主政治发展道路研究》,中共中央党校博士学位论文,2015 年。

7. 邬巧飞:《马克思的社会公正思想及当代价值》,中共中央党校博士学位论文,2015 年。

8. 樊婧:《当代中国公民的敬业观教育研究》,湖南师范大学硕士学位论文,2015 年。

9. 于游:《社会主义核心价值观中“公正”问题探究》,东北师范大学硕士学位论文,2016 年。

后　记

夏花烂漫，蝉鸣清脆。

在目送2018届毕业生离开校园之后，在稍显宁静的校园里，伴着淡淡的花香，静下心来整理一下思绪，梳理一下搁置了一段时间的书稿，才发现在匆匆过去的岁月里，对学生的关心还不够细致，更多的是感性认知。我们是否更应从理性的角度来认真思索一下，如何对我们的大学生进行价值观引领与培育，尤其是如何挖掘中华传统文化宝库中的博大精深的资源，以学生喜闻乐见的方式，进行润物细无声的教育，让学生接受熏陶，成长为全面发展的栋梁之材。

正是基于这样的考虑，我与济宁医学院的倪守建、陶圣叶、王汉苗、李善勇等几位老师申请了山东省社科规划课题"中华传统文化融入社会主义核心价值观培育研究"，围绕这个问题进行了研究与探讨，在梳理前期研究文献的基础上，形成了我们的研究思路，设计了调查问卷，在山东省高校大学生中进行了问卷调查，在分析当前大学生价值观现状的基础上，提出了中华传统文化融入大学生社会主义核心价值观培育的理论架构、原则与路径，并将我们的一些教育思路在济宁医学院进行了实践。但我们深知无论是研究还是实践都存在一些不足，这些都需要以后进一步探索与改进。时代在发展，大学生在成长，我们的探索将永无止境。

书稿即将付梓之际，感谢山东省社科规划办公室、山东省高校德育研究中心对我们的课题研究给予的大力支持，感谢济宁医学院的领导和课题组同仁们给予的帮助，感谢山东大学出版社王桂琴编辑给予的关心和指导。本书的出版得到了山东省"十三五"人文社会科学研究基地：济宁医学院医学人文素质教育研究基地的资助，在此一并表示感谢。

赵　敏

2018年7月3日